해양경찰

종합적성검사

SD에듀
㈜시대고시기획

2024 최신판 SD에듀 해양경찰 종합적성검사
최신기출유형+모의고사 4회

Always **with you**

사람의 인연은 길에서 우연하게 만나거나 함께 살아가는 것만을 의미하지는 않습니다.
책을 펴내는 출판사와 그 책을 읽는 독자의 만남도 소중한 인연입니다.
SD에듀는 항상 독자의 마음을 헤아리기 위해 노력하고 있습니다. 늘 독자와 함께하겠습니다.

머리말

해양경찰은 1953년 창설되어 바다에서의 국민의 생명과 안전, 질서유지의 임무를 수행하고 있다. 소중한 자국의 해양영토를 수호하고 재난과 범죄로부터 국민을 보호하며, 깨끗한 바다환경 조성을 위해 노력하고 있다.

해양경찰공무원 채용시험은 필기시험, 적성 및 체력, 면접 세 가지 전형으로 진행되며, 이 세가지 전형의 점수를 합산한 값으로 합격자가 정해진다. 그러므로 세 가지 전형 어느 것 하나 소홀히 해서는 안 된다.

필기시험과 면접 전형에 대해서는 잘 알려져 있지만 적성 전형에 대해 알려진 바는 많지 않다. 해양경찰 적성이 IQ검사와 비슷하다고 알려진 것과 달리, 문제를 많이 접하고 풀어보면 충분히 점수를 올릴 수 있는 유형이 출제되고 있다. 또한 문제 유형이 매번 바뀌는 것처럼 보이기도 하지만 어려운 난도는 아니므로 침착히 문제를 해결하면 보는 데 무리가 없을 것이다.

이에 SD에듀에서는 해양경찰 종합적성검사에 대한 '철저한 준비'를 할 수 있도록 다음과 같이 교재를 구성하였다.

도서의 특징

❶ 핵심이론 ➡ 대표유형 ➡ 적중예상문제를 통해 단계별로 학습이 가능하게 하였다.

❷ 최종점검 모의고사 2회분과 OMR 답안지를 수록하여 실제와 같은 연습을 할 수 있게 하였다.

끝으로 본서가 해양경찰 채용을 준비하는 여러분 모두에게 합격의 기쁨을 전달하기를 진심으로 기원한다.

최윤지, SDC(Sidae Data Center) 씀

해양경찰 이야기

채용절차

원서접수 → 필 · 실기시험 → 적성 및 체력검사* → 서류전형 → 면접시험 → 최종합격자 발표

※ 전형별 배점 : 필 · 실기(50%)+체력검사(25%)+면접(20%)+자격증(5%)   *체력이 제외되는 경우 필 · 실기 (75%) 반영
※ 2023년 채용부터 적성검사 결과 점수화 폐지 및 면접 참고자료로 활용

적성검사

영역	문항 수	제한 시간
언어이해	30문항	15분
언어비판	30문항	20분
수열추리	30문항	10분
도형추리	30문항	15분
문제해결	30문항	30분

인성검사

영역	문항 수	제한 시간
인성검사1	111문항	60분
인성검사2	218문항	30분

체력검사

구분	측정 기준	과락
100미터 달리기	초/100m	1종목 이상 가장 낮은 점수인 1점을 받은 경우(10점 만점 기준)
윗몸일으키기	회/60초	
팔굽혀펴기	회/60초	
좌우악력	왼손, 오른손 2회씩 총 4회 실시해 최댓값(kg) 기록 ※ 2024년부터 평가기준이 2024년부터 변경될 예정 : 평균값 → 최댓값	
50m 수영	초/50m	• 남자 : 130초 초과 • 여자 : 150초 초과 ※ 2026년부터 남녀 공통기준 적용 및 점수제로 변경

해양경찰 채용 FAQ

Q 해양경찰청 소속 경찰공무원 응시가능 연령은?

A 응시연령은 채용 분야별로 다르며, 남자의 경우 군복무 기간 1년 미만 1세, 1년 이상 2년 미만 2세, 2년 이상은 3세를 각각 연장한다.

분야	응시연령	분야	응시연령
간부후보	21세 이상 40세 이하	함정요원 (해기사 · 해군)	18세 이상 40세 이하
공채순경	18세 이상 40세 이하	헬기조종	23세 이상 45세 이하
해경학과	20세 이상 40세 이하	해수산계고교	18세 이상
함정요원 (의무경찰)	20세 이상 30세 이하	해상교통관제 수사	20세 이상 40세 이하

Q 해양경찰청 소속 경찰공무원 임용자격 및 결격사유는?

A 임용자격 및 결격사유

「경찰공무원법」 제8조 임용자격 및 결격사유에 따라 신체 및 사상이 건전하고 품행이 방정한 사람 중에서 임용하게 되며, 다음 각 호의 어느 하나에 해당하는 사람은 경찰공무원으로 임용될 수 없다.

❶ 대한민국 국적을 가지지 아니한 사람
❷ 복수국적자
❸ 피성년후견인 또는 피한정후견인
❹ 파산선고를 받고 복권되지 아니한 사람
❺ 자격정지 이상의 형(刑)을 선고받은 사람
❻ 자격정지 이상의 형의 선고유예를 선고받고 그 유예기간 중에 있는 사람
❼ 공무원으로 재직기간 중 직무와 관련하여 「형법」 제355조 및 제356조에 규정된 죄를 범한 자로서 300만 원 이상의 벌금형을 선고받고 그 형이 확정된 후 2년이 지나지 아니한 사람
❽ 「성폭력범죄의 처벌 등에 관한 특례법」 제2조에 규정된 죄를 범한 사람으로서 100만 원 이상의 벌금형을 선고받고 그 형이 확정된 후 3년이 지나지 아니한 사람
❾ 성폭력범죄 및 아동 · 청소년대상 성범죄를 저질러 형 또는 치료감호가 확정된 사람
❿ 징계에 의하여 파면 또는 해임처분을 받은 사람

❖ 응시연령 및 결격사유는 변동될 수 있으므로 해양경찰청 홈페이지를 참고하기 바랍니다.

도서 200% 활용하기

1 핵심이론으로 개념 정리하기

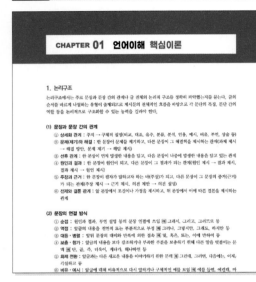

▶ 영역별로 핵심이론을 수록하여 학습 전 개념을 충분히 정리할 수 있도록 하였다.

2 대표유형 & 적중예상문제로 단계별 학습하기

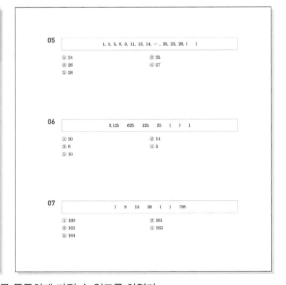

▶ 이론을 바탕으로 한 대표유형과 적중예상문제로 기본기를 튼튼하게 다질 수 있도록 하였다.

3 최종점검 모의고사 + OMR 답안지로 실전 연습하기

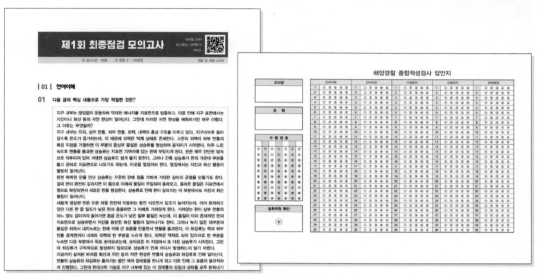

▶ 실제 시험 시간과 문항 수에 맞춰 최종점검 모의고사 2회분 및 OMR 답안지를 수록하여 실전과 같은 연습이 가능하도록 하였다.

4 정답 및 오답분석으로 풀이까지 완벽 마무리

▶ 정답에 대한 자세한 해설은 물론 문제별로 오답분석을 수록하여 오답이 되는 이유를 올바르게 이해할 수 있도록 하였다.

이 책의 차례

CONTENTS

적성검사

1. 논리구조

논리구조에서는 주로 문장과 문장 간의 관계나 글 전체의 논리적 구조를 정확히 파악했는지를 묻는다. 글의 순서를 바르게 나열하는 유형이 출제되므로 제시문의 전체적인 흐름을 바탕으로 각 문단의 특징, 문단 간의 역할 등을 논리적으로 구조화할 수 있는 능력을 길러야 한다.

(1) 문장과 문장 간의 관계

① 상세화 관계 : 주지 → 구체적 설명(비교, 대조, 유추, 분류, 분석, 인용, 예시, 비유, 부연, 상술 등)

② 문제(제기)와 해결 : 한 문장이 문제를 제기하고, 다른 문장이 그 해결책을 제시하는 관계(과제 제시 → 해결 방안, 문제 제기 → 해답 제시)

③ 선후 관계 : 한 문장이 먼저 발생한 내용을 담고, 다음 문장이 나중에 발생한 내용을 담고 있는 관계

④ 원인과 결과 : 한 문장이 원인이 되고, 다른 문장이 그 결과가 되는 관계(원인 제시 → 결과 제시, 결과 제시 → 원인 제시)

⑤ 주장과 근거 : 한 문장이 필자가 말하고자 하는 바(주장)가 되고, 다른 문장이 그 문장의 증거(근거)가 되는 관계(주장 제시 → 근거 제시, 의견 제안 → 의견 설명)

⑥ 전제와 결론 관계 : 앞 문장에서 조건이나 가정을 제시하고, 뒤 문장에서 이에 따른 결론을 제시하는 관계

(2) 문장의 연결 방식

① 순접 : 원인과 결과, 부연 설명 등의 문장 연결에 쓰임 예 그래서, 그리고, 그러므로 등

② 역접 : 앞글의 내용을 전면적 또는 부분적으로 부정 예 그러나, 그렇지만, 그래도, 하지만 등

③ 대등·병렬 : 앞뒤 문장의 대비와 반복에 의한 접속 예 및, 혹은, 또는, 이에 반하여 등

④ 보충·첨가 : 앞글의 내용을 보다 강조하거나 부족한 부분을 보충하기 위해 다른 말을 덧붙이는 문맥 예 단, 곧, 즉, 더욱이, 게다가, 왜냐하면 등

⑤ 화제 전환 : 앞글과는 다른 새로운 내용을 이야기하기 위한 문맥 예 그런데, 그러면, 다음에는, 이제, 각설하고 등

⑥ 비유·예시 : 앞글에 대해 비유적으로 다시 말하거나 구체적인 예를 보임 예 예를 들면, 예컨대, 마치 등

(3) 논리구조의 원리 접근법

앞뒤 문장의 중심 의미 파악		앞뒤 문장의 중심 내용이 어떤 관계인지 파악		문장 간의 접속어, 지시어의 의미와 기능 파악		문장의 의미와 관계성 파악
각 문장의 의미를 어떤 관계로 연결해서 글을 전개하는지 파악해야 한다.	→	지문 안의 모든 문장은 서로 논리적 관계성이 있다.	→	접속어와 지시어를 음미하는 것은 독해의 길잡이 역할을 한다.	→	문단의 중심 내용을 알기 위한 기본 분석 과정이다.

핵심예제

다음 문단을 논리적 순서대로 바르게 나열한 것은?

(가) 환경부 국장은 "급식인원이 하루 50만 명에 이르는 E놀이공원이 음식문화 개선에 앞장서는 것은 큰 의미가 있다."면서, "이번 협약을 계기로 대기업 중심의 범국민적인 음식문화 개선 운동이 빠르게 확산될 것으로 기대한다."고 말했다.

(나) 놀이공원은 환경부와 하루 평균 15,000여 톤에 이르는 과도한 음식물쓰레기 발생으로 연간 20조 원의 경제적인 낭비가 초래되고 있는 심각성에 인식을 같이하고, 상호협력하여 음식물 쓰레기 줄이기를 적극 추진하기로 했다.

(다) 이날 체결한 협약에 따라 E놀이공원에서 운영하는 전국 500여 단체급식 사업장과 외식사업장에서는 구매, 조리, 배식 등 단계별로 음식물쓰레기 줄이기 활동을 전개하고, 사업장별 특성에 맞는 감량 활동 및 다양한 홍보 캠페인 실시, 인센티브 제공을 통해 이용 고객들의 적극적인 참여를 유도할 계획이다.

(라) 이에, 환경부 국장과 E놀이공원 사업부장은 지난 26일, 환경부, 환경연구소 및 E놀이공원관계자 등이 참석한 가운데, 〈음식문화 개선대책〉에 관한 자발적 협약을 체결하였다.

① (나) – (라) – (가) – (다) 　　② (라) – (다) – (나) – (가)

③ (라) – (다) – (가) – (나) 　　④ (나) – (라) – (다) – (가)

⑤ (라) – (나) – (다) – (가)

| 해설 | 제시문은 E놀이공원이 음식물쓰레기로 인한 낭비의 심각성을 인식하여 환경부와 함께 음식문화 개선대책 협약을 맺었고, 이 협약으로 인해 대기업 중심의 국민적인 음식문화 개선 운동이 확산될 것이라는 내용의 글이다. 따라서 (나) 음식물쓰레기로 인한 낭비에 대한 심각성을 인식한 E놀이공원과 환경부 → (라) 음식문화 개선 대책 협약 체결 → (다) 협약에 따라 사업장별 특성에 맞는 음식물쓰레기 감량 활동 전개하는 E놀이공원 → (가) 협약을 계기로 대기업 중심의 범국민적 음식문화 개선 운동이 확산될 것을 기대하는 환경부 국장의 순서대로 나열하는 것이 가장 적절하다.

정답 ④

2. 논리적 이해

(1) 분석적 이해

글의 내용을 분석적으로 파악하는 것으로, 분석적 이해의 핵심은 글의 세부 내용을 파악하고, 이를 바탕으로 글의 중심 내용을 파악하는 것이다.

① 글을 구성하는 각 단위의 내용 관계 파악하기 : 글은 단어, 문장, 문단 등의 단위가 모여 이루어진다. 글을 이해하기 위해서는 각각의 단어와 단어들이 모여 이루어진 문장, 문장들이 모여 이루어진 문단의 내용을 정확하게 파악하고 각각의 의미 관계를 이해하는 것이 필요하다.

② 글의 중심 내용 파악하기 : 글의 작은 단위를 분석하여 부분적인 내용을 파악했더라도 글 전체의 중심 내용을 파악했다고 할 수 없다. 글의 중심 내용을 파악하는 데는 글을 구성하고 있는 각 단위, 특히 문단의 중심 내용이 중요하다. 따라서 글의 전체적인 맥락을 고려해야 하고, 중심 내용을 파악해 내는 기술이 필요하다.

③ 글의 전개 방식과 구조적 특징 파악하기 : 모든 글은 종류에 따라 다양한 전개 방식을 활용하고 있다. 대표적인 전개 방식은 서사, 비교, 대조, 열거, 인과, 논증 등이 있다. 이와 같은 전개 방식을 이해하면 글의 내용을 이해하는 데 큰 도움이 된다.

핵심예제

다음 글의 제목으로 가장 적절한 것은?

우리는 비극을 즐긴다. 비극적인 희곡과 소설을 즐기고, 비극적인 그림과 영화 그리고 비극적인 음악과 유행가도 즐긴다. 슬픔, 애절, 우수의 심연에 빠질 것을 알면서도 소포클레스의 『안티고네』, 셰익스피어의 『햄릿』을 찾고, 베토벤의 '운명', 차이코프스키의 '비창', 피카소의 '우는 연인'을 즐긴다. 아니면 텔레비전의 멜로드라마를 보고 값싼 눈물이라도 흘린다. 이를 동정과 측은과 충격에 의한 '카타르시스', 즉 마음의 세척으로 설명한 아리스토텔레스의 주장은 유명하다. 그것은 마치 눈물로 스스로의 불안, 고민, 고통을 씻어내는 역할을 한다는 것이다.

니체는 좀 더 심각한 견해를 갖는다. 그는 "비극은 언제나 삶에 아주 긴요한 기능을 가지고 있다. 비극은 사람들에게 그들을 싸고도는 생명 파멸의 비운을 똑바로 인식해야 할 부담을 덜어주고, 동시에 비극 자체의 암울하고 음침한 원류에서 벗어나게 해서 그들의 삶의 흥취를 다시 돋우어 준다."라고 하였다. 그런 비운을 직접 전면적으로 목격하는 일, 또 더구나 스스로 직접 그것을 겪는 일이라는 것은 너무나 끔찍한 일이기에, 그것을 간접경험으로 희석한 비극을 봄으로써 '비운'이란 그런 것이라는 이해와 측은지심을 갖게 되고, 동시에 실제 비극이 아닌 그 가상적인 환영(幻影) 속에서 비극에 대한 어떤 안도감도 맛보게 된다.

① 비극의 현대적 의의　　　　　　② 비극을 즐기는 이유
③ 비극의 기원과 역사　　　　　　④ 비극에 반영된 삶
⑤ 문학작품 속의 비극

| **해설** | 첫 번째 문단에서 '카타르시스'와 니체가 말한 비극의 기능을 제시하며 비극을 즐기는 이유를 설명하고 있다.

정답 ②

(2) 추론적 이해

제시문에 나와 있는 정보들의 관계를 파악하거나 글에서 명시되지 않은 생략된 내용을 상상하며 글을 읽고 내용을 파악하는 것이다. 제시문의 정보를 근거로 하여 글에 드러나 있지 않은 정보를 추리해 낼 수 있어야 한다.

① **내용의 추론** : 제시문의 정보를 바탕으로 숨겨진 의미를 찾거나 생략된 의미를 앞뒤 내용의 흐름 및 내용 정보의 관계를 통해서 짐작한 다음, 다른 상황에 적용할 수 있어야 한다.
  ㉠ 숨겨진 정보를 추리하기
  ㉡ 제시되지 않은 부분의 내용을 추리하기
  ㉢ 문맥 속의 의미나 함축적 의미를 추리하기
  ㉣ 알고 있는 지식을 다른 상황에 적용하기

② **과정의 추론** : 제시문에 설명된 정보에 대한 가정이나 그것의 전체 또는 대상을 보는 관점, 태도나 입장을 파악하는 것이다.
  ㉠ 정보의 가정이나 전제
  ㉡ 글을 쓰는 관점 추리하기
  ㉢ 글 속에 나타나는 대상 또는 정서·심리 상태, 어조 추리하기
  ㉣ 글을 쓰게 된 동기나 목적 추리하기

핵심예제

다음 글의 흐름으로 보아 결론으로 가장 적절한 것은?

> 오늘날 정보 통신의 중심에 놓이는 인터넷에는 수천만 명에서 수억 명에 이르는 사용자들이 매일 서로 다른 정보들에 접속하지만, 이들 가운데 거의 대부분은 주요한 국제 정보통신망을 사용하고 있으며, 적은 수의 정보 서비스에 가입해 있다고 한다. 대표적인 예로 MSN을 운영하는 마이크로 소프트사는 CNN과 정보를 독점적으로 공유하고, 미디어 대국의 구축을 목표로 기업 간 통합에 앞장선다. 이들이 제공하는 상업 광고로부터 자유로운 정보사용자는 없으며, 이들이 제공하는 뉴스의 사실성이나 공정성 여부를 검증할 수 있는 정보사용자 역시 극히 적은 실정이다.

① 정보 사회는 경직된 사회적 관계를 인간적인 관계로 변모시킨다.
② 정보 사회는 정보를 원하는 시간, 원하는 장소에 공급한다.
③ 정보 사회는 육체노동의 구속으로부터 사람들을 해방시킨다.
④ 정보 사회는 정보의 질과 소통 방식이 불균등하게 이루어진다.
⑤ 정보 사회는 힘과 영향력에 상관없이 모든 기업이 동등한 위치에 있다.

> **|해설|** 제시문의 중심 내용은 '거대 회사가 정보를 독점적으로 공유하며, 거대 미디어들이 제공하는 뉴스의 사실성·공정성을 검증할 수 있는 정보사용자가 없다.'는 것이다. 따라서 이에 대한 결론으로 가장 적절한 것은 정보 사회의 단점을 언급한 ④이다.
>
> **정답** ④

③ 구조의 추론
　　㉠ 구성 방식 : 전체 글의 짜임새 및 단락의 짜임새
　　㉡ 구성 원리 : 정확한 의미 전달을 위한 통일성, 완결성, 일관성

(3) 비판적 이해

제시문의 주요 논지에 대한 비판의 여지를 탐색하고 따져보거나 글이나 자료의 생성 과정 및 그것을 구성한 관점, 태도 등을 파악하는 등 글의 내용으로부터 객관적인 거리를 두고 판단하거나 평가함으로써 도달하는 것이다.

① 핵심어 이해 : 제시문이 객관적인지, 또는 현실과 어떤 연관성이 있는지 등을 판단해 본다. 그리고 핵심 개념을 정의하는 부분에 비논리적 내용이나 주제를 강조하기 위한 의도에서 오류는 없는지를 파악해 본다.
② 쟁점 파악 : 제시문의 핵심 내용을 파악했다면, 주장이 무엇인지, 그리고 타당한지를 비판적으로 고려해 보아야 한다.
③ 주장과 근거 : 제시문의 주제를 비판적으로 고려했다면, 그 주장이 어떤 근거에 바탕을 두고 있는지, 그리고 근거와 주장 사이에 논리적 오류가 없는지 비판적으로 생각해 본다.

핵심예제

다음 글의 내용과 맥락이 일치하는 것은?

> 무시무시한 자연재해가 자연을 정복하려는 인간에 대한 자연의 '보복'이라고 자책할 필요는 없다. 자연이 만물의 영장인 우리에게 특별한 관심을 보여 주기를 바라는 것은 우리의 소박한 희망일 뿐이다. 자연은 누구에게도 그런 너그러움을 보여줄 뜻이 없는 것이 확실하다. 위험한 자연에서 스스로 생존을 지켜내는 것은 우리의 가장 중요한 책무이다. 따라서 과학을 이용해 자연재해의 피해를 줄이고, 더욱 안전하고 안락한 삶을 추구하려는 우리의 노력은 계속되어야 한다.

① 과욕을 버리면 질병이 치유될 수 있다. 왜냐하면 질병은 인간의 과욕이 부른 결과이기 때문이다.
② 인간의 몸은 스스로 치유의 능력이 있다. 예전에 아무런 의학처방 없이 많은 질병이 치유된 것도 이 때문이다.
③ 의약품이 인간의 질병을 치유한 경우도 많다. 그러나 의약품 때문에 발생하는 질병도 많다.
④ 의학은 인간의 자연 치유력을 감소시킨 측면이 있다. 하지만 질병을 극복하기 위해서는 의학이 필요하다.
⑤ 과학의 발달로 인해 이전보다 자연에 더 큰 피해를 준다.

> **| 해설 |**　제시문은 자연재해는 자연현상으로 넘기고, 과학을 통해 이러한 자연현상까지 극복하여 안락한 삶을 추구하고자 하는 인간의 노력을 중시하자는 내용이다. 이는 ④에서 의학이 인간의 자연 치유력을 감소시키더라도 인간의 능력(의학)으로 질병을 극복할 수 있다고 한 것과 같은 맥락이다.
>
> 　　**정답** ④

대표유형 1 내용일치

---

01 다음 글의 내용으로 가장 적절한 것은?

> 세계관은 세계의 존재와 본성, 가치 등에 관한 신념들의 체계이다. 세계를 해석하고 평가하는 준거인 세계관은 곧 우리 사고와 행동의 토대가 되므로, 우리는 최대한 정합성과 근거를 갖추도록 노력해야 한다. 모순되거나 일관되지 못한 신념은 우리의 사고와 행동을 혼란시킬 것이므로 세계관에 대한 관심과 검토는 중요하다. 세계관을 이루는 여러 신념 가운데 가장 근본적인 수준의 신념은 '세계는 존재한다.'이다. 이 신념이 성립해야만 세계에 관한 다른 신념, 이를테면 세계가 항상 변화한다든가 불변한다든가 하는 등의 신념이 성립하기 때문이다.
>
> 실재론은 이 근본적 신념에 덧붙여 세계가 '우리 정신과 독립적으로' 존재함을 주장한다. 내가 만들어 날린 종이비행기는 멀리 날아가, 볼 수 없게 되었다 해도 여전히 존재한다. 이는 명확해서 논란의 여지가 없어 보이지만, 반실재론자는 이 상식에 도전한다. 유명한 반실재론자인 버클리는 세계의 독립적 존재를 부정한다. 그는 이를 바탕으로 세계에 관한 주장을 편다. 그에 의하면 '주관적' 성질인 색깔, 소리, 냄새, 맛 등은 물론, '객관적'으로 성립한다고 여겨지는 형태, 공간을 차지함, 딱딱함, 운동 등의 성질도 오로지 우리가 감각할 수 있을 때만 존재하는 주관적 속성이다. 세계 속의 대상과 현상이란 이런 속성으로 구성되므로 세계는 감각으로 인식될 때만 존재한다는 것이다.
>
> 버클리의 주장은 우리의 통념과 충돌한다. 당시 어떤 사람이 돌을 차면서 "나는 이렇게 버클리를 반박한다!"라고 외쳤다고 한다. 그는 날아간 돌이 엄연히 존재한다는 점을 근거로 버클리의 주장을 반박하고자 한 것이다. 그러나 버클리를 비롯한 반실재론자들이 부정한 것은 세계가 정신과 독립하여 그 자체로 존재한다는 신념이다. 따라서 돌을 찬 사람은 그들을 제대로 반박하지 못했다고 볼 수 있다.
>
> 최근까지도 새로운 형태의 반실재론이 제기되어 활발한 논의가 진행 중이다. 논증의 성패를 떠나 반실재론자는 타성에 젖은 실재론적 세계관의 토대에 대해 성찰할 기회를 제공한다.

① 발로 찼을 때 날아간 돌은 실재론자의 주장이 옳다는 사실을 증명한다.

② 실재론자에게 있어서 세계는 감각할 수 있는 요소에 한정된다.

③ 형태나 운동 등이 객관적인 속성을 갖췄다는 사실은 실재론자나 반실재론자 모두 인정하는 부분이다.

④ 실재론이나 반실재론 모두 세계는 존재한다는 공통적인 전제를 깔고 있다.

⑤ 현대사회에서는 실재론이 쇠퇴하고 반실재론에 관한 논의가 활발하게 진행되며 거의 정론으로 받아들여지고 있다.

02 다음 글의 내용으로 적절하지 않은 것은?

> 치매(Dementia)는 유발 요인에 따라 여러 종류로 나뉜다. 미국 정신의학 협회에서 발간한 '정신
> 질환 진단 및 통계 편람(DSN–IV)'에서는 치매를 혈관성 치매, 두뇌손상성 치매, 파킨슨병에 의한
> 치매 등 11가지 종류로 분류하고 있다. 뉴욕 알버트 아인슈타인 의과대학의 로버트 카츠만(Robert
> Katzman)은 1976년 이 중에서도 알츠하이머형(型) 치매 환자가 전체 치매 환자의 50 ∼ 60%를 차
> 지하는 것으로 추정했다. 이후 알츠하이머형 치매의 특징적 임상양상을 평가하는 것이 중요하게 생
> 각되었지만, 당시 의학기술로는 부검으로만 특징적 병리조직을 확인할 수 있었다.
> 이처럼 과거에는 치매가 한참 진행된 다음에야 추정을 할 수 있었고, 사실상의 확진은 부검을 통해
> 서만 가능했다. 하지만 최근에는 영상의학적 진단법의 발달로 치매의 진단 방법도 비약적으로 발전
> 했다. 알츠하이머 치매는 신경섬유와 시냅스의 손실이 두드러지게 나타나는데, 이는 컴퓨터단층촬
> 영(Computed Tomography, CT)이나 자기공명영상(Magnetic Resonance Imaging, MRI) 등의
> 영상의학을 통해 어렵지 않게 진단할 수 있게 되었으며, 특히 핵의학적 영상학인 단일광자단층촬영
> (Single Photon Emission Computed Tomography, SPECT)과 양전자방출단층촬영(Positron
> Emission Tomography, PET)을 통해 혈류의 저하를 측정하거나 치매 초기 특징적 부위의 조직기
> 능 저하를 측정하여 과거보다 훨씬 빠르게 치매를 진단할 수 있게 되었다.

① 미국 정신의학 협회에서는 치매를 11가지 종류로 분류한다.
② 알츠하이머형 치매 환자는 전체 치매 환자의 50 ∼ 60%를 차지하는 것으로 추정되었다.
③ 알츠하이머형 치매 환자에서는 혈류의 저하가 측정된다.
④ 과거에도 알츠하이머형 치매의 확진은 환자의 생전에 가능했다.
⑤ 치매에는 여러 유발 요인이 있다.

03 다음 글의 내용으로 적절하지 않은 것은?

> 언어도 인간처럼 생로병사의 과정을 겪는다. 언어가 새로 생겨나기도 하고 사멸 위기에 처하기도 하는 것이다.
>
> 하와이어도 사멸 위기를 겪었다. 하와이어의 포식 언어는 영어였다. 1778년 당시 80만 명에 달했던 하와이 원주민은 외부로부터 유입된 감기, 홍역 등의 질병과 정치·문화적 박해로 1900년에는 4만 명까지 감소했다. 당연히 하와이어의 사용자도 급감했다. 1898년에 하와이가 미국에 합병되면서부터 인구가 증가하였으나, 하와이어의 위상은 영어 공용어 교육 정책 시행으로 인하여 크게 위축되었다. 1978년부터 몰입식 공교육을 통한 하와이어 복원이 시도되고 있으나, 하와이어 모국어를 구사할 수 있는 원주민 수는 현재 1,000명 정도에 불과하다.
>
> 언어의 사멸은 급속도로 진행된다. 어떤 조사에 따르면 평균 2주에 1개 정도의 언어가 사멸하고 있다. 우비크, 쿠페뇨, 맹크스, 쿤월, 음바바람, 메로에, 컴브리아어 등이 사라진 언어이다. 이러한 상태라면 금세기 말까지 지구에 존재하는 언어 가운데 90%가 사라지게 될 것이라는 추산도 가능하다.

① 하와이 원주민의 수는 1900년 이후 100여 년 사이에 약 $\frac{1}{40}$ 로 감소하였다.

② 하와이 원주민은 120여 년 사이에 숫자가 약 $\frac{1}{20}$ 로 감소하였다.

③ 최근 미국의 교육 정책은 하와이어를 보존하기 위한 방향으로 변화되었다.

④ 언어는 끊임없이 새로 생겨나고, 또 사라진다.

⑤ 하와이는 미국에 합병된 후 인구가 증가하였다.

위기지학(爲己之學)이란 15세기의 사림파 선비들이 『소학(小學)』을 강조하면서 내세운 공부 태도를 가리킨다. 원래 이 말은 위인지학(爲人之學)과 함께 『논어(論語)』에 나오는 말이다. '옛날에 공부하던 사람들은 자기를 위해 공부했는데, 요즘 사람들은 남을 위해 공부한다.' 즉, 공자는 공부하는 사람의 관심이 어디에 있느냐를 가지고 학자를 두 부류로 구분했다. 어떤 학자는 '위기(爲己)란 자아가 성숙하는 것을 추구하며, 위인(爲人)이란 남들에게서 인정받기를 바라는 태도'라고 했다.

조선 시대를 대표하는 지식인 퇴계 이황(李滉)은 이렇게 말했다. '위기지학이란, 우리가 마땅히 알아야 할 바가 도리이며, 우리가 마땅히 행해야 할 바가 덕행이라는 것을 믿고, 가까운 데서부터 착수해 나가되 자신의 이해를 통해서 몸소 실천하는 것을 목표로 삼는 공부이다. 반면 위인지학이란, 내면의 공허함을 감추고 관심을 바깥으로 돌려 지위와 명성을 취하는 공부이다.' 위기지학과 위인지학의 차이는 공부의 대상이 무엇이냐에 있다기보다 공부를 하는 사람의 일차적 관심과 태도가 자신을 내면적으로 성숙시키는 데 있느냐 아니면 다른 사람으로부터 인정을 받는 데 있느냐에 있다는 것이다.

이것은 학문의 목적이 외재적 가치에 의해서가 아니라 내재적 가치에 의해서 정당화된다는 사고방식이 나타났음을 뜻한다. 이로써 당시 사대부들은 출사(出仕)를 통해 정치에 참여하는 것 외에 학문과 교육에 종사하면서도 자신의 사회적 존재 의의를 주장할 수 있다고 믿었다. 더 나아가 학자 또는 교육자로서 사는 것이 관료 또는 정치가로서 사는 것보다 훌륭한 것이라고 주장할 수 있게 되었다. 또한 위기지학의 출현은 종래 과거제에 종속되어 있던 교육에 독자적 가치를 부여했다는 점에서 역사적 사건으로 평가받아 마땅하다.

① 국가가 위기지학을 권장함으로써 그 위상이 높아졌다.
② 위인지학을 추구하는 사람들은 체면과 인정을 중시했다.
③ 위기적 태도를 견지한 사람들은 자아의 성숙을 추구했다.
④ 공자는 학문을 대하는 태도를 기준으로 삼아 학자들을 나누었다.
⑤ 위기지학은 사대부에게 출사만이 훌륭한 것은 아니라는 근거를 제공했다.

05 다음 글의 내용으로 가장 적절한 것은?

> 멋은 일상생활의 단조로움이나 생활의 압박에서 해방되려는 노력의 하나일 것이다. 끊임없는 일상의 복장, 그 복장이 주는 압박감에서 벗어나기 위해 옷을 잘 차려 입는 사람은 그래서 멋쟁이이다. 또는 삶을 공리적 계산으로서가 아니라 즐김의 대상으로 볼 수 있게 해 주는 활동, 가령 서도(書道)라든가 다도(茶道)라든가 꽃꽂이라든가 하는 일을 과외로 즐길 줄 아는 사람을 우리는 생활의 멋을 아는 사람이라고 말한다. 그러나 그렇다고 해서 값비싸고 화려한 복장, 어떠한 종류의 스타일과 수련을 전제하는 활동만이 멋을 나타내는 것이 아니다. 경우에 따라서는 털털한 옷차림, 겉으로 내세울 것이 없는 소탈한 생활 태도가 멋있게 생각될 수도 있다. 기준적인 것에 변화를 더하는 것이 중요한 것이다. 그러나 기준으로부터의 편차가 너무 커서는 안 된다. 혐오감을 불러일으킬 정도의 몸가짐, 몸짓 또는 생활 태도는 멋이 있는 것으로 생각되지 않는다. 편차는 어디까지나 기준에 의해서만 존재하는 것이다.

① 다양한 종류의 옷을 가지고 있는 사람은 멋쟁이이다.
② 값비싸고 화려한 복장을 하는 사람은 공리적 계산을 하는 사람이다.
③ 소탈한 생활 태도를 갖는 것이 가장 중요하다.
④ 꽃꽂이를 과외로 즐길 줄 아는 사람은 생활의 멋을 아는 사람이다.
⑤ 차는 종류별로 즐길 줄 알아야 진정한 멋을 아는 사람이다.

06 다음 글의 제목으로 가장 적절한 것은?

영양분이 과도하게 많은 물에서는 오히려 물고기의 생존이 어렵다. 농업용 비료나 하수 등에서 배출되는 질소와 인 등으로 영양분이 많아진 하천의 수온이 상승하면 식물성 플랑크톤이 대량으로 증식하게 된다. 녹색을 띠는 플랑크톤이 수면을 뒤덮으면 물속으로 햇빛이 닿지 못하고 결국 물속의 산소가 고갈되어 물고기는 숨을 쉬기 어려워진다. 즉, 물속의 과도한 영양분이 오히려 물고기의 생존을 위협하는 것이다.

이처럼 부영양화된 물에서의 플랑크톤 증식으로 인한 녹조 현상은 경제발전과 각종 오염물질 배출량의 증가로 인해 심각한 사회문제가 되고 있다. 녹조는 냄새를 유발하는 물질과 함께 독소를 생성하여 수돗물의 수질을 저하시킨다. 특히 독성물질을 배출하는 녹조를 유해 녹조로 지정하여 관리하고 있는 현실을 고려하면 이제 녹조는 생태계뿐만 아니라 먹는 물의 안전까지도 위협한다.

하천의 생태계를 보호하고 우리가 먹는 물을 보호하기 위해서는 녹조의 발생 원인을 사전에 제거해야 한다. 이를 위해서는 무엇보다 생활 속에서의 작은 실천이 중요하다. 질소나 인이 첨가되지 않은 세제를 사용하고, 농가에서는 화학 비료 사용을 최소화하며 하천에 오염된 물이 흘러 들어가지 않도록 철저히 관리하는 노력을 기울여야 한다.

① 물고기의 생존을 위협하는 하천의 수질 오염
② 녹조를 가속화하는 이상 기온 현상
③ 물고기와 인간의 안전을 위협하는 하천의 부영양화
④ 녹조 예방을 위한 정부의 철저한 관리
⑤ 수돗물 수질 향상을 위한 기술 개발의 필요성

07 다음 글의 제목으로 가장 적절한 것은?

코로나19의 지역 감염이 확산됨에 따라 감염병 위기경보 수준이 '경계'에서 '심각'으로 격상되었다. 이처럼 감염병 위기 단계가 높아지면 무엇이 달라질까?

감염병 위기경보 수준은 '관심', '주의', '경계', '심각'의 4단계로 나뉘며, 각 단계에 따라 정부의 주요 대응 활동이 달라진다. 먼저, 해외에서 신종감염병이 발생하여 유행하거나 국내에서 원인불명 또는 재출현 감염병이 발생하면 '관심' 단계의 위기경보가 발령된다. '관심' 단계에서 질병관리본부는 대책반을 운영하여 위기 징후를 모니터링하고, 필요할 경우 현장 방역 조치와 방역 인프라를 가동한다. 해외에서의 신종감염병이 국내로 유입되거나 국내에서 원인불명 또는 재출현 감염병이 제한적으로 전파되면 '주의' 단계가 된다. '주의' 단계에서는 질병관리본부의 중앙방역대책본부가 설치되어 운영되며, 유관기관은 협조체계를 가동한다. 또한 '관심' 단계에서 가동된 현장 방역 조치와 방역 인프라, 모니터링 및 감시 시스템은 더욱 강화된다. 국내로 유입된 해외의 신종감염병이 제한적으로 전파되거나 국내에서 발생한 원인불명 또는 재출현 감염병이 지역 사회로 전파되면 '경계' 단계로 격상된다. '경계' 단계에서는 중앙방역대책본부의 운영과 함께 보건복지부 산하에 중앙사고수습본부가 설치된다. 필요할 경우 총리 주재하에 범정부 회의가 개최되고, 행정안전부는 범정부 지원본부의 운영을 검토한다. 마지막으로 해외의 신종감염병이 국내에서 지역사회 전파 및 전국 확산을 일으키거나 국내 원인불명 또는 재출현 감염병이 전국적으로 확산되면 위기경보의 가장 높은 단계인 '심각' 단계로 격상된다. 이 단계에서는 범정부적 총력 대응과 함께 필요할 경우 중앙재난안전대책본부를 운영하게 된다. 이때 '경계' 단계에서의 총리 주재하에 범정부 회의가 이루어지던 방식은 중앙재난안전대책본부가 대규모 재난의 예방·대비·대응·복구 등에 관한 사항을 총괄하고 조정하는 방식으로 달라진다.

① 코로나19 감염 확산에 따른 대응 방안
② 감염병 위기경보 단계 상향에 따른 국민 행동수칙 변화
③ 시간에 따른 감염병 위기경보 단계의 변화
④ 위기경보 '심각' 단계 상향에 따른 정부의 특별 지원
⑤ 감염병 위기경보 단계에 따른 정부의 대응 변화

08 다음 글의 제목으로 가장 적절한 것은?

주어진 개념에 포섭시킬 수 없는 대상(의 표상)을 만난 경우, 상상력은 처음에는 기지의 보편에 포섭시킬 수 있도록 직관의 다양을 종합할 것이다. 말하자면 뉴턴의 절대 공간, 역학의 법칙 등의 개념(보편)과 자신이 가지고 있는 특수(빛의 휘어짐)가 일치하는가, 조화로운가를 비교할 것이다. 하지만 일치되는 것이 없으므로, 상상력은 또다시 여행을 떠난다. 즉 새로운 형태의 다양한 종합 활동을 수행해 볼 것이다. 이것은 미지의 세계로 향한 여행이다. 그리고 이 여행에는 주어진 목적지가 없기 때문에 자유롭다.

이런 자유로운 여행을 통해 예들 들어 상대 공간, 상대 시간, 공간의 만곡, 상대성 이론이라는 새로운 개념들을 가능하게 하는 새로운 도식들을 산출한다면, 그 여행은 종결될 것이다. 여기서 우리는 왜 칸트가 상상력의 자유로운 유희라는 표현을 사용하는지 이해할 수 있게 된다. '상상력의 자유로운 유희'란 이렇게 정해진 개념이나 목적이 없는 상황에서 상상력이 그 개념이나 목적을 찾는 과정을 의미한다고 볼 수 있다. 이는 게임이다. 그리고 그 게임에 있어서 반드시 성취해야 할 그 어떤 것이 없다면, 순수한 놀이(유희)가 성립할 수 있을 것이다.

– 칸트, 『판단력 비판』

① 상상력의 재발견
② 인식능력으로서의 상상력
③ 목적 없는 상상력의 활동
④ 자유로운 유희로서의 상상력의 역할
⑤ 과학적 발견의 원동력으로서의 상상력

09 밑줄 친 ⊙과 가까운 사례를 추론한 것으로 가장 적절한 것은?

> 화학 공정을 통하여 저렴하고 풍부한 원료로부터 원하는 물질을 제조하고자 할 때, 촉매는 활성화 에너지가 낮은 새로운 반응 경로를 제공하여 마치 마술처럼 원하는 반응이 쉽게 일어나도록 돕는다. 제1차 세계 대전 직전에 식량 증산에 크게 기여하였던 철촉매에서부터 최근 배기가스를 정화하는 데 사용되는 백금 촉매에 이르기까지 다양한 촉매가 여러 가지 문제 해결의 핵심 기술이 되고 있다. 그러나 전통적인 공업용 촉매개발은 시행착오를 반복하다가 요행히 촉매를 발견하는 식이었다.
>
> 이러한 문제점을 해결하기 위해 촉매 설계 방법이 제안되었는데, 이는 표면 화학 기술과 촉매 공학의 발전으로 가능해졌다. 촉매 설계 방법은 ⊙ 회귀 경로를 통하여 오류를 최소 과정 내에서 통제할 수 있는 체계로서 크게 세 단계로 이루어진다. 첫 번째 단계에서는 대상이 되는 반응을 선정하고, 열역학적 검토와 경제성 평가를 거쳐 목표치를 설정한다. 두 번째 단계에서는 반응물이 촉매 표면에 흡착되어 생성물로 전환되는 반응 경로 모델을 구상하며, 그 다음에 반응의 진행을 쉽게 하는 활성 물질, 활성 물질의 기능을 증진시키는 증진제, 그리고 반응에 적합한 촉매 형태를 유지시키는 지지체를 선정한다. 마지막 단계에서는 앞에서 선정된 조합으로 촉매 시료를 제조한 후 실험하고, 그 결과를 토대로 촉매의 활성·선택성·내구성을 평가한다. 여기서 결과가 목표치에 미달하면 다시 촉매 조합을 선정하는 단계로 돌아가며, 목표치를 달성하는 경우에도 설정된 경로 모델대로 반응이 진행되지 않았다면, 다시 경로 모델을 설정하는 단계로 회귀한다. 설정된 경로 모델에 따라 목표치에 도달하면 촉매 설계는 완료된다.
>
> 미래 사회에서는 에너지 자원의 효율적 사용과 환경 보존을 최우선시하여, 다양한 촉매의 개발이 필요하게 될 것이다. 특히 반응 단계는 줄이면서도 효과적으로 원하는 물질을 생산하고, 낮은 온도에서 선택적으로 빠르게 반응을 진행시킬 수 있는 새로운 촉매가 필요하게 된다. 촉매 설계 방법은 환경 및 에너지 문제를 해결하는 마법의 돌을 만드는 체계적 접근법인 것이다.

① 민준이는 현관문 잠금 장치의 비밀번호를 잊어버려 여러 번호를 입력하다가 운 좋게 다섯 번 만에 문을 열었다.

② 승재는 고등학생 때 『목민심서』를 여러 번 읽었으나 잘 이해할 수 없었다. 그 후 대학생이 되어 다시 읽어 보니 내용을 보다 쉽게 이해할 수 있었다.

③ 수아는 좋은 시어를 찾기 위해 우리말 형용사 사전을 뒤졌으나 적절한 시어를 찾지 못했다. 그러던 어느 날 『토지』를 읽다가 적절한 시어를 찾아냈다.

④ 설아는 방송국 홈페이지에 글을 올리다가 우연히 경품 응모에 당첨되었다. 그 후 설아는 계속해서 글을 올렸고, 경품을 타는 횟수가 더욱 늘어났다.

⑤ 시안이는 설문지를 작성하여 설문 조사를 하던 중에 설문지의 질문이 잘못된 것을 발견하여 설문지 작성 과정으로 돌아와 질문을 수정하였다.

10 다음 글을 바탕으로 한 추론으로 가장 적절한 것은?

> 조선시대 들어 유교적 혈통률의 영향을 받아 삶의 모습은 처거제-부계제로 변화하였다. 이러한 체제는 조선 전기까지 대부분 유지되었다. 친척관계 자료를 수집하기 위해 마을을 방문하던 중, '처가로 장가를 든 선조가 이 마을의 입향조가 되었다.'는 얘기를 듣곤 하는데, 이것이 바로 처거제-부계제의 원리가 작동한 결과라고 말할 수 있다. 거주율과 혈통률을 결합할 경우, 혼인에서는 남자의 뿌리를 뽑아서 여자의 거주지로 이전하고, 집안 계승의 측면에서는 남자 쪽을 선택하도록 한 것이다. 이를 통해 거주율에서는 여자의 입장을 유리하게 하고, 혈통률에서는 남자의 입장이 유리하도록 하는 균형적인 모습을 띠고 있음을 알 수 있다.

① 처거제는 '시집가다'와 일맥상통한다.
② 처거제-부계제는 조선 후기까지 대부분 유지되었다.
③ 조선 전기에 이르러 가족관계에서 남녀 간 힘의 균형이 무너졌다.
④ 조선시대 이전부터 처거제-부계제가 존재하였다.
⑤ 고려시대에는 조선시대에 비해 유교적 혈통률의 영향을 덜 받았다.

11 다음 글을 바탕으로 한 추론으로 적절하지 않은 것은?

> 3자 물류란 물류 관련 비용의 절감을 위해 제품 생산을 제외한 물류 전반을 특정 물류 전문업체에 위탁하는 것을 말한다. 예전엔 단순히 비용 절감을 위해 물류 부문을 아웃소싱하는 것을 의미했으나, 최근 들어선 전문 물류 회사가 제품의 생산공정으로부터 고객에게 이르는 전 단계를 효율화하는 것으로 의미가 넓어졌다. 일반 물류와 다른 점은 3자 물류는 화주업체와 1년 이상 장기간의 계약에 의해 제휴관계를 맺고 복수의 물류기능을 하나로 묶어 통합 물류서비스를 제공한다는 데 있다. 3자 물류는 계약에 기반을 두기 때문에 계약물류라고도 한다. 국내에서 3자 물류는 1997년 외환위기를 기점으로 발전하기 시작했다. 외환위기 이후 기업들이 자사의 핵심역량에 집중하고 비주력영역을 아웃소싱을 통해 기업구조를 개선하려는 의지를 보였기 때문이다. 이때를 기점으로 물류의 아웃소싱이 활발히 검토되기 시작했다. 최근 들어 그룹단위의 물류가 아웃소싱 시장으로 나오기 시작하는 등 3자 물류가 활기를 띠고 있다. 물류업체들도 3자 물류 시장을 잡기 위해 혈안이다.

① 3자 물류란 제품 생산을 제외한 물류 전반을 전문업체에 위탁하는 것을 말한다.
② 과거에는 단순한 비용 절감을 위해 아웃소싱을 했다.
③ 3자 물류의 범위가 과거보다 확장되었다.
④ 3자 물류는 화주업체와 3년 이상 장기간의 계약을 필수적으로 한다.
⑤ 3자 물류는 계약물류라고도 한다.

12 다음 글을 바탕으로 한 추론으로 가장 적절한 것은?

> 청과물의 거래 방식으로 밭떼기, 수의계약, 경매가 있고 농가는 이 중 한 가지를 선택한다. 밭떼기는 재배 초기에 수집 상인이 산지에 와서 계약하고 대금을 지급한 다음, 수확기에 가져가 도매시장의 상인에게 파는 방식이다. 수의계약은 수확기에 농가가 도매시장 내 도매상과의 거래를 성사시킨 후 직접 수확하여 보내는 방식인데, 이때 운송책임은 농가가 진다. 경매는 농가가 수확한 청과물을 도매시장에 보내서 경매를 위임하는 방식인데, 도매시장에 도착해서 경매가 끝날 때까지 최소 하루가 걸린다.
> 같은 해 동일 품목의 경우, 수의계약의 평균거래가격과 경매의 평균거래가격은 밭떼기의 거래가격과 같다고 가정한다. 단, 생산량과 소비량의 변동으로 가격변동이 발생하는데, 도매시장에서의 가격변동 폭은 경매가 수의계약보다 크다.

① 사랑이네 가족은 농가에서 직접 배송한 귤을 먹었는데, 이러한 거래는 밭떼기이다.
② 농가가 직접 마트와 거래하는 것은 경매이다.
③ 마트 주인이 이번 연도에 팔았던 귤이 맛있어서 내년 계약을 하고 온 것은 수의계약이다.
④ 그 상품을 주기적으로 소비할 경우 경매가 더 유리하다.
⑤ 청과물의 거래방식으로 가격변동이 가장 큰 것은 밭떼기이다.

13 다음 글로부터 〈보기〉와 같이 추론했을 때, 빈칸에 들어갈 말로 가장 적절한 것은?

> 사람은 이상(理想)을 위하여 산다고 말한 바 있다. 그와 거의 같은 내용으로 사람은 문화(文化)를 위하여 산다고 다시 말하고 싶다. 문화를 위한다는 것은 새로운 문화를 창조(創造)하기 위함이란 뜻이다. 그리고 문화를 창조한다는 것은 이상을 추구(追求)한다는 의미(意味)가 된다. 즉, 새 문화를 생산(生産)한다는 것은 자기의 이상을 실현(實現)하는 일이기 때문이다.
>
> 그리하여 어떤 사람은, 인생의 목적은 기성 문화(旣成文化)에 얼마만큼 새 문화(文化)를 더하기 위하여 사는 것이라고 논술(論述)했다.
>
> 이상(理想)이나 문화나 다 같이 사람이 추구하는 대상(對象)이 되는 것이요. 또 인생의 목적이 거기에 있다는 점에서는 동일하다. 그러나 이 두 가지가 완전히 일치되는 것은 아니니, 그 차이점은 여기에 있다. 즉, 문화는 인간의 이상이 이미 현실화된 것이요, 이상은 현실 이전의 문화라 할 수 있을 것이다.
>
> 어쨌든, 문화와 이상을 추구하여 현실화시키는 데에는 지식이 필요하고, 이러한 지식의 공급원(供給源)으로는 다시 서적이란 것으로 돌아오지 않을 수가 없다. 문화인이면 문화인일수록 서적 이용의 비율이 높아지고, 이상이 높으면 높을수록 서적 의존도 또한 높아지는 것이다.

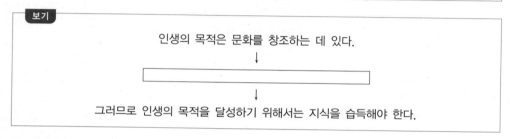

보기

인생의 목적은 문화를 창조하는 데 있다.
↓

↓
그러므로 인생의 목적을 달성하기 위해서는 지식을 습득해야 한다.

① 인생의 목적은 이상을 실현하는 데 있다.
② 문화를 창조하기 위해서는 지식이 필요하다.
③ 문화 창조란 이상을 실현하는 것이다.
④ 인간만이 유일하게 문화를 창조할 수 있다.
⑤ 지식을 습득하기 위해서는 문화와 이상을 현실화시켜야 한다.

14 다음 글을 통해 추론할 수 있는 내용으로 적절하지 않은 것은?

> 퐁피두 미술관의 5층 전시장에서 특히 인기가 많은 작가는 마르셀 뒤샹이다. 뒤샹의 「레디메이드」 작품들은 한데 모여 바닥의 하얀 지지대 위에 놓여 있다. 그중 가장 눈에 익숙한 것은 둥근 나무의자 위에 자전거 바퀴가 거꾸로 얹힌 「자전거 바퀴」라는 작품일 것이다. 이 작품은 뒤샹의 대표작인 남자 소변기 「샘」과 함께 현대미술사에 단골 메뉴로 소개되곤 한다.
> 위의 사례처럼 이미 만들어진 기성제품, 즉 레디메이드를 예술가가 선택해서 '이것도 예술이다.'라고 선언한다면 우리는 그것을 예술로 인정할 수 있을까? 역사는 뒤샹에게 손을 들어줬고 그가 선택했던 의자나 자전거 바퀴, 옷걸이, 삽 심지어 테이트 모던에 있는 남자 소변기까지 각종 일상의 오브제들이 20세기 최고의 작품으로 추앙받으면서 미술관에 고이 모셔져 있다. 손으로 잘 만드는 수공예 기술의 예술 시대를 넘어서 예술가가 무엇인가를 선택하는 정신적인 행위와 작업이 예술의 본질이라고 믿었던 뒤샹적 발상의 승리였다.
> 또한 20세기 중반의 스타 작가였던 잭슨 폴록의 작품도 눈길을 끈다. 기존의 그림 그리는 방식에 싫증을 냈던 폴록은 캔버스를 바닥에 눕히고 물감을 떨어뜨리거나 뿌려서 전에 보지 못했던 새로운 형상을 이룩했다. 물감을 사용하는 새로운 방식을 터득한 그는 '액션 페인팅'이라는 새로운 장르를 개척했다. 그림의 결과보다 그림을 그리는 행위를 더욱 중요시했다는 점에서 뒤샹의 발상과도 연관된다.
> 미리 계획하고 구성한 것이 아니라 즉흥적이면서도 매우 빠른 속도로 제작하는 그의 작업방식 또한 완전히 새로운 것이었다.

① 퐁피두 미술관은 현대 미술사에 관심 있는 사람들이 방문할 것이다.
② 퐁피두 미술관을 찾는 사람들의 목적은 다양할 것이다.
③ 퐁피두 미술관은 전통적인 예술작품들을 선호할 것이다.
④ 퐁피두 미술관은 파격적인 예술작품들을 배척하지 않을 것이다.
⑤ 퐁피두 미술관은 현대 미술관의 선구자라는 자긍심을 가지고 있을 것이다.

15 다음 문단을 논리적 순서대로 바르게 나열한 것은?

> (가) 이때 보험금에 대한 기댓값은 사고가 발생할 확률에 사고 발생 시 수령할 보험금을 곱한 값이다. 보험금에 대한 보험료의 비율(보험료/보험)을 보험료율이라 하는데, 보험료율이 사고 발생 확률보다 높으면 구성원 전체의 보험료 총액이 보험금 총액보다 더 많고, 그 반대의 경우에는 구성원 전체의 보험료 총액이 보험금 총액보다 더 적게 된다. 따라서 공정한 보험에서는 보험료율과 사고 발생 확률이 같아야 한다.
>
> (나) 위험 공동체의 구성원이 납부하는 보험료와 지급받는 보험금은 그 위험 공동체의 사고 발생 확률을 근거로 산정된다. 특정 사고가 발생할 확률은 정확히 알 수 없지만, 그동안 발생된 사고를 바탕으로 그 확률을 예측한다면 관찰 대상이 많아짐에 따라 실제 사고 발생 확률에 근접하게 된다.
>
> (다) 본래 보험 가입의 목적은 금전적 이득을 취하는 데 있는 것이 아니라 장래의 경제적 손실을 보상받는 데 있으므로, 위험 공동체의 구성원은 자신이 속한 위험 공동체의 위험에 상응하는 보험료를 납부하는 것이 공정할 것이다.
>
> (라) 따라서 공정한 보험에서는 구성원 각자가 납부하는 보험료와 그가 지급받을 보험금에 대한 기댓값이 일치해야 하며 구성원 전체의 보험료 총액과 보험금 총액이 일치해야 한다.

① (가) – (라) – (나) – (다)　　② (가) – (나) – (다) – (라)
③ (가) – (다) – (나) – (라)　　④ (나) – (다) – (라) – (가)
⑤ (나) – (라) – (다) – (가)

16 다음 문단을 논리적 순서대로 바르게 나열한 것은?

> (가) 신채호는 아(我)를 소아(小我)와 대아(大我)로 구별한다. 그에 따르면, 소아는 개별화된 개인적 아이며, 대아는 국가와 사회 차원의 아이다. 소아는 자성(自省)을 갖지만 상속성(相續性)과 보편성(普遍性)을 갖지 못하는 반면, 대아는 자성을 갖고 상속성과 보편성을 가질 수 있다.
>
> (나) 이러한 상속성과 보편성은 긴밀한 관계를 가지는데, 보편성의 확보를 통해 상속성이 실현되며 상속성의 유지를 통해 보편성이 실현된다. 대아가 자성을 자각한 이후, 항성과 변성의 조화를 통해 상속성과 보편성을 실현할 수 있다.
>
> (다) 만약 대아의 항성이 크고 변성이 작으면 환경에 순응하지 못하여 멸(滅絶)할 것이며, 항성이 작고 변성이 크면 환경에 주체적으로 대응하지 못하여 우월한 비아에게 정복당한다고 하였다.
>
> (라) 여기서 상속성이란 시간적 차원에서 아의 생명력이 지속되는 것을 뜻하며, 보편성이란 공간적 차원에서 아의 영향력이 파급되는 것을 뜻한다.

① (가) – (라) – (나) – (다)　　② (가) – (나) – (다) – (라)
③ (가) – (나) – (라) – (다)　　④ (나) – (다) – (라) – (가)
⑤ (나) – (라) – (다) – (가)

※ 다음 글을 읽고 이어지는 질문에 답하시오. [17~18]

(가) 1772년 프랑스 기행작가인 피에르 장 그로슬리가 쓴 '런던여행'이라는 책에 샌드위치 백작의 관련 일화가 나온다. 이 책에는 샌드위치 백작이 도박을 하다가 빵 사이에 소금에 절인 고기를 끼워 먹는 것을 보고 옆에 있던 사람이 '샌드위치와 같은 음식을 달라.'고 주문한 것에서 샌드위치라는 이름이 생겼다고 적혀있다. 하지만 샌드위치 백작의 일대기를 쓴 전기 작가 로저는 이와 다른 주장을 한다. 샌드위치 백작이 각료였을 때 업무에 바빠서 제대로 된 식사를 못하고 책상에서 빵 사이에 고기를 끼워 먹었다는 데서 샌드위치 이름이 유래되었다는 것이다.

(나) 샌드위치는 사람의 이름이 아니고, 영국 남동부 도버 해협에 있는 중세풍 도시로 지금도 많은 사람이 찾는 유명 관광지이다. 도시명이 음식 이름으로 널리 알려진 이유는 18세기 사람으로, 이 도시의 영주였던 샌드위치 백작 4세, 존 몬태규 경 때문이다. 샌드위치 백작은 세계사에 큰 발자취를 남긴 인물로 세계 곳곳에서 그의 흔적을 찾을 수 있다.

(다) 샌드위치는 빵과 빵 사이에 햄과 치즈, 달걀 프라이와 채소 등을 끼워 먹는 것이 전부인 음식으로 도박꾼이 노름하다 만든 음식이라는 소문까지 생겼을 정도로 간단한 음식이다. 그러나 사실 샌드위치의 유래에는 복잡한 진실이 담겨 있으며, 샌드위치가 사람 이름이라고 생각하는 경우가 많지만 그렇지 않다.

(라) 샌드위치의 기원에 대해서는 이야기가 엇갈리는데, 그 이유는 _____ 일부에서는 샌드위치 백작을 유능한 정치인이며 군인이었다고 말하지만 또 다른 한편에서는 무능하고 부패했던 도박꾼에 지나지 않았다고 평가한다.

17 다음 중 (가) ~ (라) 문단을 논리적인 순서대로 바르게 나열한 것은?

① (가) – (다) – (나) – (라) 　② (나) – (가) – (라) – (다)
③ (다) – (나) – (가) – (라) 　④ (다) – (나) – (라) – (가)
⑤ (라) – (가) – (나) – (다)

18 다음 중 빈칸에 들어갈 내용으로 가장 적절한 것은?

① 샌드위치와 관련된 다양한 일화가 전해지고 있기 때문이다.
② 음식 이름의 주인공 직업과 관계가 있다.
③ 많은 대중들이 즐겨 먹었던 음식이기 때문이다.
④ 음식 이름의 주인공이 유명한 사람이기 때문이다.
⑤ 음식 이름의 주인공에 대한 상반된 평가와 관계가 있다.

비만에 적신호가 켜졌다면 주변 소음에 주목하자. 스웨덴 카롤린스카 의과대학 연구진이 발표한 자료에 따르면 소음공해와 비만은 밀접한 연관이 있다. 시끄러운 곳에 살수록 복부비만 위험도 높아진다는 것이다. 실제로 도시와 농촌 지역주민 5천여 명의 건강진단 자료와 교통소음 노출 자료를 비교 분석한 결과, 도로·철도·항공교통 등 소음에 노출된 경우 그렇지 않은 경우보다 허리둘레가 굵은 것으로 나타났다. 일반적인 도로 소음의 정상 수준을 45dB로 가정했을 때 5dB이 높아질수록 허리둘레는 약 2mm씩 증가했으며, 허리 – 엉덩이 비율(WHR; Waist – to – Hip Ratio)도 0.14 높아졌다. 또한 세 가지 교통소음 중 한 가지에 노출될 때 허리둘레가 늘어날 가능성은 평균 25%, 세 가지 모두에 노출되면 약 두 배까지 치솟았다. 특히 허리둘레는 여성과 연관성이 높고, WHR은 남성과 연관성이 두드러졌다. 이는 소음공해로 스트레스가 증가함으로써 코르티솔 분비가 촉진되기 때문으로 분석되는데 코르티솔은 근육에서 아미노산, 간에서 포도당, 지방조직에서 지방산을 추가로 혈액 안으로 분비시켜 스트레스로 소모된 에너지를 회복시키는 기능을 하지만 양이 지나치면 복부비만, 인슐린 작용 문제, 고지혈증, 고혈압 등을 유발한다.

체중계 숫자에 가슴이 철렁했다면 외형뿐만 아니라 속까지 찬찬히 들여다볼 필요가 있다. 지방이 늘어남에 따라 구강질환도 생겨나기 때문인데, 미국 케이스 웨스턴 리저브 대학교 연구팀은 비만과 치주질환의 연관관계를 발표했다. 비만의 원인이 되는 폭식은 음식 조절 호르몬인 렙틴에 문제를 야기시킨다. 렙틴의 분비가 줄면 식욕이 올라 과식하게 되고, 포만감을 잘 느끼지 못해 다시금 폭식을 유발하는 악순환이 이어진다. 빠른 시간에 많은 음식을 섭취하는 과정에서 강한 힘으로 음식을 씹게 되면 치아가 ___A___ 되고 치아 사이사이에 음식물이 끼기 쉬우며 잇몸 조직을 상하게 만든다. 또한 몸이 비대해져 무게중심이 무너질 경우 턱을 괴는 습관이 턱을 틀어지게 만들어 치열을 불규칙하게 ___B___ 시킬 수 있다. 비만으로 기도가 좁아지는 것도 문제다. 입을 통한 호흡이 늘어나면 세균으로 인한 충치, 치주질환, ___C___ 의 위험도 높아진다.

일본 도호쿠대학교 연구팀이 40~64세 남녀 3만 명의 키, 몸무게, 성격 검사를 분석한 결과 내성적이고 걱정이 많으며 예민한 사람일수록 체질량지수 18.5 이하 저체중일 가능성이 높은 것으로 나타났다. 반면 느긋하고 사람들과 어울리기 좋아하는 외향적인 성격의 사람은 체질량지수 25 이상의 과체중 확률이 1.73배 더 높았다. 이는 에너지 대사율과 관련성이 있다. 불안감을 느낄 경우 맥박이 빨라지고 체온이 상승함에 따라 대사작용도 빨라지는데, 이로써 몸에 축적되는 에너지양이 달라질 수 있기 때문이다.

19 다음 중 위 자료에 대한 설명으로 적절하지 않은 것은?

① 코르티솔의 과다 분비는 비만을 초래할 수 있다.

② 내성적인 성격이 비만의 원인 중 하나일 수 있다.

③ 렙틴의 분비량이 줄면 포만감이 줄어 비만을 유발한다.

④ 일반적으로 도로 소음이 정상 수준에서 40dB만큼 높아진다면, 허리둘레는 약 16mm 정도 늘어날 수 있다.

⑤ 자동차, 철도, 비행기의 소음에 모두 노출되면 2명 중 1명꼴로 허리둘레가 늘어날 가능성이 있다.

20 다음 중 위 자료의 빈칸에 들어갈 말끼리 바르게 짝지어진 것은?

	A	B	C
①	변형	마모	구치
②	마모	손상	구치
③	마모	변형	구취
④	부패	변형	구취
⑤	손상	마모	구취

가격의 변화가 인간의 주관성에 좌우되지 않고 객관적인 근거를 갖는다는 가설이 정통 경제 이론의 핵심이다. 이러한 정통 경제 이론의 입장에서 증권시장을 설명하는 기본 모델은 주가가 기업의 내재적 가치를 반영한다는 가설로부터 출발한다. 기본 모델에서는 기업이 존재하는 동안 이익을 창출할 수 있는 역량, 즉 기업의 내재적 가치를 자본의 가격으로 본다. 기업가는 이 내재적 가치를 보고 투자를 결정한다. 그런데 투자를 통해 거두어들일 수 있는 총 이익, 즉 기본 가치를 측정하는 일은 매우 어렵다. 따라서 이익의 크기를 예측할 때 신뢰할 만한 계산과 정확한 판단이 중요하다.

증권시장은 바로 이 기본 가치에 대해 믿을 만한 예측을 제시할 수 있기 때문에 사회적 유용성을 갖는다. 증권시장은 주가를 통해 경제계에 필요한 정보를 제공하며 자본의 효율적인 배분을 가능하게 한다. 즉, 투자를 유익한 방향으로 유도해 자본이라는 소중한 자원을 낭비하지 않도록 만들어 경제 전체의 효율성까지 높여 준다. 이런 측면에서 볼 때 증권시장은 실물경제의 충실한 반영일 뿐 어떤 자율성도 갖지 않는다.

이러한 기본 모델의 관점은 대단히 논리적이지만 증권시장을 효율적으로 운영하는 방법에 대한 적절한 분석까지 제공하지는 못한다. 증권시장에서 주식의 가격과 그 기업의 기본 가치가 현격하게 차이가 나는 '투기적 거품 현상'이 발생하는 것을 볼 수 있는데, 이러한 현상은 기본 모델로는 설명할 수 없다. 실제로 증권시장에 종사하는 관계자들은 기본 모델이 이러한 가격 변화를 설명해 주지 못하기 때문에 무엇보다 증권시장 자체에 관심을 기울이고 증권시장을 절대적인 기준으로 삼는다.

여기에서 우리는 자기참조 모델을 생각해 볼 수 있다. 자기참조 모델의 중심 내용은 '사람들은 기업의 미래 가치를 읽을 목적으로 실물경제보다 증권시장에 주목하며 증권시장의 여론 변화를 예측하는 데 초점을 맞춘다.'는 것이다. 기본 모델에서 가격은 증권시장 밖의 객관적인 기준인 기본 가치를 근거로 하여 결정되지만, 자기참조 모델에서 가격은 증권시장에 참여한 사람들의 여론에 의해 결정된다. 따라서 투자자들은 증권시장 밖의 객관적인 기준을 분석하기보다는 다른 사람들의 생각을 꿰뚫어 보려고 안간힘을 다할 뿐이다. 기본 가치를 분석했을 때는 주가가 상승할 객관적인 근거가 없어도 투자자들은 증권시장의 여론에 따라 주식을 사는 것이 합리적이라고 생각한다. 이러한 이상한 합리성을 '모방'이라고 한다. 이런 모방 때문에 주가가 변덕스러운 등락을 보이기 쉽다.

그런데 하나의 의견이 투자자 전체의 관심을 꾸준히 끌 수 있는 기준적 해석으로 부각되면 이 '모방'도 안정을 유지할 수 있다. 모방을 통해서 합리적이라 인정되는 다수의 비전인 '묵계'가 제시되어 객관적 기준의 결여라는 단점을 극복한다.

따라서 사람들은 묵계를 통해 미래를 예측하고, 증권시장은 이러한 묵계를 조성하고 유지해 가면서 단순한 실물경제의 반영이 아닌 경제를 자율적으로 평가할 힘을 가질 수 있다.

21 다음 중 윗글의 논지 전개 방식에 대한 특징으로 가장 적절한 것은?

① 기업과 증권시장의 관계를 분석하고 있다.
② 증권시장의 개념을 단계적으로 규명하고 있다.
③ 사례 분석을 통해 정통 경제 이론의 한계를 지적하고 있다.
④ 주가 변화의 원리를 중심으로 다른 관점을 대비하고 있다.
⑤ 증권시장의 기능을 설명한 후 구체적 사례에 적용하고 있다.

22 다음 중 윗글의 내용으로 적절하지 않은 것은?

① 증권시장은 객관적인 기준이 인간의 주관성보다 합리적임을 입증한다.

② 정통 경제 이론에서는 가격의 변화가 객관적인 근거를 갖는다고 본다.

③ 기본 모델의 관점은 주가가 자본의 효율적인 배분을 가능하게 한다고 본다.

④ 증권시장의 여론을 모방하려는 경향으로 인해 주가가 변덕스러운 등락을 보이기도 한다.

⑤ 기본 모델은 주가를 예측하기 위해 기업의 내재적 가치에 주목하지만, 자기참조 모델은 증권시장의 여론에 주목한다.

23 윗글을 바탕으로 할 때, 다음의 빈칸에 들어갈 내용으로 가장 적절한 것은?

> 자기참조 모델에 따르면 증권시장은 _____

① 합리성과 효율성이라는 경제의 원리가 구현되는 공간이다.

② 기본 가치에 대해 객관적인 평가를 제공하는 금융시장이다.

③ 객관적인 미래 예측 정보를 적극적으로 활용하는 금융시장이다.

④ 기업의 주가와 기업의 내재적 가치를 일치시켜 나가는 공간이다.

⑤ 투자자들이 묵계를 통해 자본의 가격을 산출해 내는 제도적 장치이다.

※ 평소 환경에 관심이 많은 A씨는 인터넷에서 아래와 같은 글을 보았다. 다음 지문을 읽고 이어지는 질문에 답하시오. [24~25]

마스크를 낀 사람들이 더는 낯설지 않다. "알프스나 남극 공기를 포장해 파는 시대가 오는 게 아니냐."라는 농담을 가볍게 웃어넘기기 힘든 상황이 됐다. 황사·미세먼지·초미세먼지·오존·자외선 등 한 번 외출할 때마다 꼼꼼히 챙겨야 할 것들이 한둘이 아니다. 중국과 인접한 우리나라의 환경오염 피해는 더욱 심각한 상황이다. 지난 4월 3일 서울의 공기품질은 최악을 기록한 인도 델리에 이어 불명예 2위를 차지했다.

또렷한 환경오염은 급격한 기후변화의 촉매제가 되고 있다. 지난 1912년 이후 지구의 연평균 온도는 꾸준히 상승해 평균 0.75℃가 올랐다. 우리나라는 세계적으로 유래를 찾아보기 어려울 만큼 연평균 온도가 100여 년간 1.8℃나 상승했으며, 이는 지구 평균치의 2배를 웃도는 수치이다. 기온 상승은 다양한 부작용을 낳고 있다. 1991년부터 2010년까지 20여 년간 폭염일수는 8.2일에서 10.5일로 늘어났고, 열대야지수는 5.4일에서 12.5일로 증가했다. 1920년대에 비해 1990년대 겨울은 한 달이 짧아졌다. 이러한 이상 기온은 우리 농어촌에 악영향을 끼칠 수밖에 없다.

기후변화와 더불어, 세계 인구의 폭발적 증가는 식량난 사태로 이어지고 있다. 일부 저개발 국가에서는 굶주림이 일반화되고 있다. 올해 4월을 기준으로 전 세계 인구수는 74억 9,400만 명을 넘어섰다. 인류 역사상 가장 많은 인류가 지구에 사는 셈이다. 이 추세대로라면 오는 2050년에는 97억 2,500만 명을 넘어설 것으로 전망된다. 한정된 식량 자원과 급증하는 지구촌 인구수 앞에 결과는 불을 보듯 뻔하다. 곧 글로벌 식량위기가 가시화될 전망이다.

우리나라는 식량의 75% 이상을 해외에서 조달하고 있다. 이는 국제 식량가격의 급등이 식량안보 위협으로 이어질 수도 있음을 뜻한다. 미 국방성은 '수백만 명이 사망하는 전쟁이나 자연재해보다 기후변화가 가까운 미래에 더 심각한 재앙을 초래할 수 있다.'는 내용의 보고서를 발표하였다.

이뿐 아니라 식량이 부족한 상황에서 식량의 질적 문제도 해결해야 할 과제이다. 삶의 질을 중시하면서 친환경적인 안전 먹거리에 대한 관심과 수요는 증가하고 있지만, 급변하는 기후변화와 부족한 식량자원은 식량의 저질화로 이어질 가능성을 높이고 있다. 일손 부족 등으로 인해 친환경 먹거리 생산의 대량화 역시 쉽지 않은 상황이다.

24 다음 중 위 지문의 주제로 가장 적절한 것은?

① 지구온난화에 의한 기후변화의 징조
② 환경오염에 따른 기후변화가 우리 삶에 미치는 영향
③ 기후변화에 대처하는 자세
④ 환경오염을 예방하는 방법
⑤ 환경오염과 인구증가의 원인

25 다음 중 A씨가 윗글을 읽고 이해한 것으로 가장 적절한 것은?

① 기후변화는 환경오염의 촉매제가 되어 우리 농어촌에 악영향을 끼치고 있다.
② 알프스나 남극에서 공기를 포장해 파는 시대가 도래하였다.
③ 세계 인구의 폭발적인 증가는 저개발 국가의 책임이 크다.
④ 우리나라의 식량자급률 특성상 기후변화가 계속된다면 식량난이 심각해질 것이다.
⑤ 친환경 먹거리는 급변하는 기후 속 식량난을 해결하는 방법의 하나다.

(가) 맹자는 다음과 같은 이야기를 전한다. 송나라의 한 농부가 밭에 나갔다 돌아오면서 처자에게 말한다. "오늘 일을 너무 많이 했다. 밭의 싹들이 빨리 자라도록 하나하나 잡아당겨 줬더니 피곤하구나." 아내와 아이가 밭에 나가 보았더니 싹들이 모두 말라 죽어 있었다.

(나) 싹이 자라기를 바라 싹을 잡아당기는 것은 이미 시작된 과정을 거스르는 일이다. 효과가 자연스럽게 나타날 가능성을 방해하고 막는 일이기 때문이다. 당연히 싹의 성장 가능성은 땅 속의 씨앗에 들어 있는 것이다. 개입하고 힘을 쏟고자 하는 대신에 이 잠재력을 발휘할 수 있도록 하는 것이 중요하다.

(다) 피해야 할 두 개의 암초가 있다. 첫째는 싹을 잡아당겨서 직접적으로 성장을 이루려는 것이다. 이는 목적성이 있는 적극적 행동주의로서 성장의 자연스러운 과정을 존중하지 않는 것이다. 달리 말하면 효과가 숙성되도록 놔두지 않는 것이다.

(라) 둘째는 밭의 가장자리에 서서 자라는 것을 지켜보는 것이다. 싹을 잡아당겨서도 안 되고 그렇다고 단지 싹이 자라는 것을 지켜만 봐서도 안 된다. 그렇다면 무엇을 해야 하는가? 싹 밑의 잡초를 뽑고 김을 매주는 일을 해야 하는 것이다. 경작이 용이한 땅을 조성하고 공기를 통하게 함으로써 성장을 보조해야 한다.

(마) 기다리지 못함도 삼가고 아무것도 안함도 삼가야 한다. 작동 중에 있는 자연스런 성향이 발휘되도록 기다리면서도 전력을 다할 수 있도록 돕는 노력도 멈추지 말아야 한다.

26 다음 중 윗글에서 〈보기〉가 들어갈 가장 적절한 곳은?

보기

이렇게 자라는 것을 억지로 돕는 일, 즉 조장(助長)을 하지 말라고 맹자는 말한다. 싹이 빨리 자라기를 바란다고 싹을 억지로 잡아 올려서는 안 된다. 목적을 이루기 위해 가장 빠른 효과를 얻고 싶겠지만 이는 도리어 효과를 놓치는 길이다. 억지로 효과를 내려고 했기 때문이다.

① (가)의 뒤 　　　　　　　　　② (나)의 뒤
③ (다)의 뒤 　　　　　　　　　④ (라)의 뒤
⑤ (마)의 뒤

27 다음 중 윗글의 중심 주제로 가장 적절한 것은?

① 인류사회는 자연의 한계를 극복하려는 인위적 노력에 의해 발전해 왔다.
② 싹이 스스로 성장하도록 그대로 두는 것이 수확량을 극대화할 수 있는 방법이다.
③ 어떤 일을 진행할 때 명확한 목적성을 설정하는 것이 가장 중요하다.
④ 자연의 순조로운 운행을 방해하는 인간의 개입은 예기치 못한 화를 초래할 것이다.
⑤ 잠재력을 발휘하도록 하려면 의도적 개입과 방관적 태도 모두를 경계해야 한다.

※ 다음은 3D업종에 대한 인식 변화를 다룬 기사이다. 이어지는 질문에 답하시오. **[28~29]**

(가) 기피 직종에 대한 인식 변화는 쉽게 찾아볼 수 있다. 9월 ○○시는 '하반기 정년퇴직으로 결원이 예상되는 인력을 충원하고자 환경미화원 18명을 신규 채용한다'는 내용의 모집공고를 냈다. 지원자 457명이 몰려 경쟁률은 25 대 1을 기록했다. 지원자 연령을 보면 40대가 188명으로 가장 많았고 30대 160명, 50대 78명, 20대 31명으로 30, 40대 지원자가 76%를 차지했다.

(나) 오랫동안 3D업종은 꺼리는 직업으로 여겨졌다. 일이 힘들기도 하지만 '하대하는' 사회적 시선을 견디기가 쉽지 않았기 때문이다. 그러나 최근 3D업종에 대해 달라진 분위기가 감지되고 있다. 저성장 시대에 들어서면서 청년취업난이 심각해지고, 일이 없어 고민하는 퇴직자가 늘어나 일자리 자체가 소중해지고 있기 때문이다. 즉, '직업에 귀천이 없다'는 인식이 퍼지면서 3D업종도 다시금 주목받고 있다.

(다) 기피 직종에 대한 인식 변화는 건설업계에서도 진행되고 있다. 최근 건설경기가 회복되고, 인테리어 산업이 호황을 이루면서 '인부' 구하기가 하늘의 별 따기다. 서울 △△구에서 30년째 인테리어 사무실을 운영하는 D 씨는 "몇 년 새 공사 의뢰는 상당히 늘었는데 숙련공은 그만큼 늘지 않아 공사 기간에 맞춰 인력을 구하는 게 힘들다"라고 말했다.

(라) 이처럼 환경미화원 공개 채용의 인기는 날로 높아지는 분위기다. ○○시 환경위생과 계장은 "모집인원이 해마다 달라 경쟁률도 바뀌지만 10년 전에 비하면 상당히 높아졌다. 지난해에는 모집 인원이 적었던 탓에 경쟁률이 35 대 1이었다. 그리고 환경미화원이 되려고 3수, 4수까지 불사하는 지원자가 늘고 있다"라고 말했다.

(마) 환경미화원 공채에 지원자가 몰리는 이유는 근무환경과 연봉 때문이다. 주 5일 8시간 근무인 데다 새벽에 출근해 점심 무렵 퇴근하기에 오후 시간을 자유롭게 쓸 수 있다. 초봉은 3,500만 원 수준이며 근무 연수가 올라가면 최고 5,000만 원까지 받을 수 있다. 환경미화원인 B 씨는 "육체적으로 힘들긴 하지만 시간적으로 여유롭다는 것이 큰 장점이다. 매일 야근에 시달리다 건강을 잃어본 경험이 있는 사람이 지원하기도 한다. 또 웬만한 중소기업보다 연봉이 좋다 보니 고학력자도 여기로 눈을 돌리는 것 같다"라고 말했다.

---

28 다음 중 (가) ~ (마) 문단을 논리적 순서대로 바르게 나열한 것은?

① (가) – (다) – (마) – (나) – (라) 　　② (나) – (가) – (라) – (마) – (다)

③ (마) – (다) – (가) – (나) – (라) 　　④ (가) – (마) – (라) – (나) – (다)

⑤ (나) – (라) – (가) – (다) – (마)

29 다음 중 기사 내용을 속담을 활용하여 이해한 것으로 가장 적절한 것은?

① 십 년이면 강산도 변한다더니 환경미화원 인기가 이렇게 높아질 줄 몰랐네.

② 꿩 대신 닭이라더니 기피 직종에 대한 인식이 많이 변했구나.

③ 병 주고 약 준다더니 환경미화원 근무환경이 딱 그 경우네.

④ 비 온 뒤에 땅이 굳어진다더니 3D업종의 성장이 무서운 걸?

⑤ 땅 짚고 헤엄친다더니 환경미화원 되기 쉽지 않구나.

※ 다음 글을 읽고, 이어지는 질문에 답하시오. [30~31]

㉠ 4차 산업혁명이란 무엇일까? 전문가들은 주로 3D 프린터, 인공지능, 빅데이터, 사물인터넷 등을 예로 들어 4차 산업혁명의 개념과 향후 전망 등을 설명한다. (가)

전문가들의 의견을 정리하면 4차 산업혁명이란 결국 제조업과 IT기술 등이 융합해 기존에 없던 산업을 탄생시키는 변화라고 말할 수 있다. (나)

우선 4차 산업혁명을 기존의 1 ~ 3차 산업혁명과 비교하여 알아둘 필요가 있다. 1차 산업혁명은 18세기 증기기관의 발달에서 시작됐다. 기계화로 인간의 수공업을 대신한 것이다. 2차 산업혁명은 전기의 혁명이라 할 수 있다. 19세기 전기의 보급과 대량생산으로 이어진 2차 산업혁명은 오늘날 대량생산 체제의 시발점이 되었다. 3차 산업혁명은 20세기 인터넷 · 모바일 등 IT기술의 발달로 인한 일련의 산업 변화를 말하는데, 빅데이터를 활용한 개인화 서비스나 로봇 기술의 발달 등을 들 수 있다. (다)

지금까지 산업혁명들은 주로 제조업과 서비스업에서의 혁신으로 경제 시스템을 변화시켜 왔다. 그러나 4차 산업혁명은 제조와 서비스의 혁신뿐만 아니라 경제, 사회, 문화, 고용, 노동 시스템 등 인류 삶의 전반에 걸친 변혁을 초래할 것이다. 2017년에 열린 다보스포럼에서도 4차 산업혁명이 속도와 범위, 영향력 측면에서 기존의 산업혁명과 크게 차별화될 것으로 전망했다. (라)

우선 '속도' 측면에서는 인류가 전혀 경험해보지 못한 속도로 빠르게 변화할 것이다. '범위' 측면에서는 제조 및 서비스업은 물론 전 산업 분야에 걸쳐 와해적 기술에 의해 대대적인 재편이 이뤄질 것으로 예상된다. '영향력' 측면에서는 생산, 관리, 노동, 지배구조 등을 포함한 전체 경제 · 사회 체제에 변화를 가져올 것으로 전망된다. (마)

---

30 다음 중 밑줄 친 ㉠에 대한 답변으로 가장 적절한 것은?

① 증기기관의 발달
② 전기의 보급과 대량생산 체제
③ 인간의 수공업을 대신하는 기계화
④ 융합을 통한 산업의 변화
⑤ IT기술의 발달

31 (가) ~ (마) 중 다음 문장이 들어갈 위치로 가장 적절한 곳은?

> 클라우스 슈밥이 4차 산업혁명을 '전 세계의 사회, 산업, 문화적 르네상스를 불러올 과학기술의 대전환기'로 표현한 것도 바로 이 같은 이유 때문이다.

① (가)   ② (나)
③ (다)   ④ (라)
⑤ (마)

CHAPTER 01 언어이해 • **29**

휴리스틱(Heuristic)은 문제를 해결하거나 불확실한 사항에 대해 판단을 내릴 필요가 있지만 명확한 실마리가 없을 경우에 사용하는 편의적·발견적인 방법이다. 우리말로는 쉬운 방법, 간편법, 발견법, 어림셈 또는 지름길 등으로 표현할 수 있다.

1905년 알버트 아인슈타인은 노벨 물리학상 수상 논문에서 휴리스틱을 '불완전하지만 도움이 되는 방법'이라는 의미로 사용했다. 수학자인 폴리아는 휴리스틱을 '발견에 도움이 된다.'는 의미로 사용했고, 수학적인 문제 해결에도 휴리스틱 방법이 매우 유효하다고 했다.

휴리스틱에 반대되는 것이 알고리즘(Algorithm)이다. 알고리즘은 일정한 순서대로 풀어나가면 정확한 해답을 얻을 수 있는 방법이다. 삼각형의 면적을 구하는 공식이 알고리즘의 좋은 예이다.

휴리스틱을 이용하는 방법은 거의 모든 경우에 어느 정도 만족스럽고, 경우에 따라서는 완전한 답을 재빨리, 그것도 큰 노력 없이 얻을 수 있다는 점에서 사이먼의 '만족화' 원리와 일치하는 사고방식인데, 가장 전형적인 양상이 '이용가능성 휴리스틱(Availability Heuristic)'이다. 이용가능성이란 어떤 사상(事象)이 출현할 빈도나 확률을 판단할 때, 그 사상과 관련해서 쉽게 알 수 있는 사례를 생각해내고 그것을 기초로 판단하는 것을 뜻한다.

그러나 휴리스틱은 완전한 답이 아니므로 때로는 터무니없는 실수를 자아내는 원인이 되기도 한다. 불확실한 의사결정을 이론화하기 위해서는 확률이 필요하기 때문에 사람들이 확률을 어떻게 다루는지가 중요하다. 확률은, 이를테면 어떤 사람이 선거에 당선될지, 경기가 좋아질지, 시합에서 어느 편이 우승할지 따위를 '전망'할 때 이용된다. 대개 그러한 확률은 어떤 근거를 기초로 객관적인 판단을 내리기도 하지만, 대부분은 직감적으로 판단을 내리게 된다. 그런데 직감적인 판단에서 오는 주관적인 확률은 과연 정확한 것일까? 카너먼과 트버스키는 일련의 연구를 통해 인간이 확률이나 빈도를 판단할 때 몇 가지 휴리스틱을 이용하지만, 그에 따라 얻게 되는 판단은 객관적이며 올바른 평가와 상당한 차이가 있다는 의미로 종종 '바이어스(Bias)'가 동반되는 것을 확인했다.

이용가능성 휴리스틱이 일으키는 바이어스 가운데 하나가 '사후 판단 바이어스'이다. 우리는 어떤 일이 벌어진 뒤에 '그렇게 될 줄 알았어.' 또는 '그렇게 될 거라고 처음부터 알고 있었어.'와 같은 말을 자주 한다. 이렇게 결과를 알고 나서 마치 사전에 그것을 예견하고 있었던 것처럼 생각하는 바이어스를 '사후 판단 바이어스'라고 한다.

32 다음 중 윗글의 논지 전개 방식에 대한 설명으로 가장 적절한 것은?

① 분석 대상과 관련되는 개념들을 연쇄적으로 제시하며 정보의 확대를 꾀하고 있다.
② 인과 관계를 중심으로 분석 대상에 대한 논리적 접근을 시도하고 있다.
③ 핵심 개념을 설명하면서 그와 유사한 개념들과 비교함으로써 이해를 돕고 있다.
④ 전달하고자 하는 정보를 다양한 맥락에서 재구성하여 반복적으로 제시하고 있다.
⑤ 핵심 개념의 속성을 잘 보여주는 사례들을 통해 구체적인 설명을 시도하고 있다.

33 다음 중 윗글에서 설명하고 있는 '휴리스틱'과 '바이어스'의 관계를 보여주기에 가장 적절한 것은?

① 평소에 30분 정도 걸리기에 느긋하게 출발했는데 갑자기 교통사고가 나는 바람에 늦어졌다.

② 그녀는 살을 빼려고 운동을 시작했는데 밥맛이 좋아지면서 오히려 몸무게가 늘었다.

③ 최근 한 달 동안 가장 높은 타율을 기록한 선수를 4번 타자에 기용했는데 4타수 무(無)안타를 기록하였다.

④ 동네 마트에서 추첨 세일을 한다기에 식구들이 다 나섰는데 한 집에 한 명만 참여할 수 있다고 한다.

⑤ 작년에 텃밭에서 수확량이 제일 좋았던 채소를 집중적으로 심었는데 유례없이 병충해가 돌아 올해 농사를 모두 망치고 말았다.

※ 다음 발표내용을 읽고 이어지는 질문에 답하시오. [34~35]

펀드(Fund)를 우리말로 바꾸면 '모금한 기금'을 뜻하지만 경제 용어로는 '경제적 이익을 보기 위해 불특정 다수인으로부터 모금하여 운영하는 투자 기금'을 가리키는 말로 사용한다. 펀드는 주로 주식이나 채권에 많이 투자를 하는데, 개인이 주식이나 채권에 투자하기 위해서는 어떤 회사의 채권을 사야 하는지, 언제 사야 하는지, 언제 팔아야 하는지, 어떻게 계약을 하고 세금을 얼마나 내야 하는지, 알아야 할 게 너무 많아 복잡하다. 이러한 여러 가지 일을 투자 전문 기관이 대행하고 일정 비율의 수수료를 받게 되는데, 이처럼 펀드에 가입한다는 것은 투자 전문 기관에게 대행 수수료를 주고 투자 활동에 참여하여 이익을 보는 일을 말한다. 펀드는 크게 보아 주식 투자 펀드와 채권 투자 펀드로 나눌 수 있다. 주식 투자 펀드를 살펴보면 회사가 회사를 잘 꾸려서 영업 이익을 많이 만들면 주식 가격이 오른다. 그래서 그 회사의 주식을 가진 사람은 회사의 이익을 나누어 받는다. 이처럼 주식 투자 펀드는 주식을 사서 번 이익에서 투자 기관의 수수료를 뺀 금액이 '펀드 가입자의 이익'이 되며 이 이익은 투자한 자금에 비례하여 분배받는다. 그리고 투자자는 분배받는 금액에 따라 세금을 낸다. 채권 투자 펀드는 회사, 지방자치단체, 국가가 자금을 조달하기 위해 이자를 지불할 것을 약속하면서 발행하는 채권을 사서 이익을 보는 것이다. 채권을 사서 번 이익에서 투자 기관의 수수료를 뺀 금액이 수익이 된다. 이외에도 투자 대상에 따라, 국내 펀드, 해외 펀드, 신흥국가 대상 펀드, 선진국 펀드, 중국 펀드, 원자재 펀드 등 펀드의 종류는 아주 다양하다.

채권 투자 펀드는 회사나 지방자치단체 그리고 국가가 망하지 않는 이상 정해진 이자를 받을 수 있어 비교적 안정적이다. 그런데 주식 투자 펀드는 일반 주식 가격의 변동에 따라 수익을 많이 볼 수도 있지만 손해를 보는 경우도 흔하다. 예를 들어 어떤 펀드는 10년 후 누적 수익률이 원금의 열 배나 되지만 어떤 펀드는 수익률이 나빠져 1년 만에 원금의 절반이 되어버리는 일도 발생한다. 이렇게 수익률 차이가 심하게 나는 것은 주식이 경기 변동의 영향을 많이 받기 때문이다.

이로 인해 펀드와 관련하여 은행을 비롯한 투자 전문 기관에 가서 상담을 하면 상품에 대한 안내만 할 뿐, 가입 여부는 고객이 스스로 판단하도록 하고 있다. 합리적으로 안내를 한다고 해도 소비자의 투자 목적, 시장 상황, 투자 성향에 따라 맞는 펀드가 다르기 때문이다. 그러니까 펀드에 가입하기 전에는 펀드의 종류를 잘 알아보고 결정해야 한다. 또, 펀드에 가입을 해도 살 때와 팔 때를 잘 구분해야 한다. 그래서 주식이나 펀드는 사회 경험을 쌓고 경제 지식을 많이 알고 난 후에 하는 것이 좋다는 얘기를 많이 한다.

34 다음 중 발표내용을 통해 확인할 수 있는 질문으로 적절하지 않은 것은?

① 펀드에 가입하면 돈을 벌 수 있는가?

② 펀드란 무엇인가?

③ 펀드 가입 시 유의할 점은 무엇인가?

④ 펀드에는 어떤 종류가 있는가?

⑤ 펀드 가입 절차는 어떻게 되는가?

35 다음 중 발표내용을 통해 이해한 내용으로 가장 적절한 것은?

① 주식 투자 펀드는 경기 변동의 영향을 많이 받게 된다.

② 주식 투자 펀드는 정해진 이자를 받을 수 있어 안정적이다.

③ 채권 투자 펀드는 투자 기관의 수수료를 더한 금액이 수익이 된다.

④ 채권 투자 펀드는 주식 가격이 오를수록 펀드 이익을 많이 분배받게 된다.

⑤ 주식 투자 펀드는 채권 투자 펀드와 달리 투자 기관의 수수료가 없다.

※ 다음 글을 읽고 물음에 답하시오. [36~37]

신문이나 잡지는 대부분 유료로 판매된다. 반면에 인터넷 뉴스 사이트는 신문이나 잡지의 기사와 같거나 비슷한 내용을 무료로 제공한다. 왜 이런 현상이 발생하는 것일까?

이 현상 속에는 경제학적 배경이 숨어 있다. 대체로 상품의 가격은 그 상품을 생산하는 데 드는 비용의 언저리에서 결정된다. 생산 비용이 많이 들면 들수록 상품의 가격이 상승하는 것이다. 그런데 인터넷에 게재되는 기사를 생산하는 데 드는 비용은 0원에 가깝다. 기자가 컴퓨터로 작성한 기사를 신문사 편집실로 보내 종이 신문에 게재하고, 그 기사를 그대로 재활용하여 인터넷 뉴스 사이트에 올리기 때문이다. 또한 인터넷 뉴스 사이트 방문자 수가 증가하면 사이트에 걸어 놓은 광고에 대한 수입도 증가하게 된다. 이러한 이유로 신문사들은 경쟁적으로 인터넷 뉴스 사이트를 개설하여 무료로 운영했던 것이다.

그런데 이렇게 무료로 인터넷 뉴스 사이트를 이용하는 사람들이 폭발적으로 늘어나면서 돈을 지불하고 신문이나 잡지를 구독하는 사람들이 점점 줄어들기 시작했다. 그 결과 언론사들의 수익률이 감소하여 재정이 악화되었다. 문제는 여기서 그치지 않는다. 언론사들의 재정적 악화는 깊이있고 정확한 뉴스를 생산하는 그들의 능력을 저하시키거나 사라지게 할 수도 있다. 결국 그로 인한 피해는 뉴스를 이용하는 소비자에게로 되돌아올 것이다.

그래서 언론사들, 특히 신문사들의 재정악화 개선을 위해 인터넷 뉴스를 유료화해야 한다는 의견이 있다. 하지만 그러한 주장을 현실화하는 것은 그리 간단하지 않다. 소비자들은 어떤 상품을 구매할 때 그 상품의 가격이 얼마 정도면 구입할 것이고, 얼마 이상이면 구입하지 않겠다는 마음의 선을 긋는다. 이 선의 최대치가 바로 최대지불의사(Willingness to Pay)이다. 소비자들의 머릿속에 한번 각인된 최대지불의사는 좀처럼 변하지 않는 특성이 있다. 인터넷 뉴스의 경우 오랫동안 소비자에게 무료로 제공되었고, 그러는 사이 인터넷 뉴스에 대한 소비자들의 최대지불의사도 0원으로 굳어진 것이다. 그런데 이제 와서 무료로 이용하던 정보를 유료화한다면 소비자들은 여러 이유를 들어 불만을 토로할 것이다.

해외 신문 중 일부 경제 전문지는 이러한 문제를 성공적으로 해결했다. 그들은 매우 전문화되고 깊이 있는 기사를 작성하여 소비자에게 제공하는 대신 인터넷 뉴스 사이트를 유료화했다. 그럼에도 불구하고 많은 소비자들이 기꺼이 돈을 지불하고 이들 사이트의 기사를 이용하고 있다. 전문화되고 맞춤화된 뉴스일수록 유료화 잠재력이 높은 것이다. 이처럼 제대로 된 뉴스를 만드는 공급자와 정당한 값을 내고 제대로 된 뉴스를 소비하는 수요자가 만나는 순간 문제해결의 실마리를 찾을 수 있을 것이다.

36 다음 중 윗글의 내용에 바탕이 되는 경제관으로 적절하지 않은 것은?

① 경제적 이해관계는 사회현상의 변화를 초래한다.
② 상품의 가격이 상승할수록 소비자의 수요가 증가한다.
③ 소비자들의 최대지불의사는 상품의 구매 결정과 밀접한 관련이 있다.
④ 일반적으로 상품의 가격은 상품 생산의 비용과 가까운 수준에서 결정된다.
⑤ 적정 수준의 상품가격이 형성될 때 소비자의 권익과 생산자의 이익이 보장된다.

37 다음 중 윗글을 읽은 학생들의 반응으로 적절하지 않은 것은?

① 정보를 이용할 때 정보의 가치에 상응하는 이용료를 지불하는 것은 당연한 거라고 생각해.
② 현재 무료인 인터넷 뉴스 사이트를 유료화하려면 먼저 전문적이고 깊이 있는 기사를 제공해야만 해.
③ 인터넷 뉴스가 광고를 통해 수익을 내는 경우도 있으니, 신문사의 재정을 악화시키는 것만은 아니야.
④ 인터넷 뉴스 사이트 유료화가 정확하고 공정한 기사를 양산하는 결과에 직결되는 것은 아니라고 생각해.
⑤ 인터넷 뉴스만 보는 독자들의 행위가 품질이 나쁜 뉴스를 생산하게 만드는 근본적인 원인이므로 종이 신문을 많이 구독해야겠어.

현대 사회에서 스타는 대중문화의 성격을 규정짓는 가장 중요한 열쇠이다. 스타를 생산, 관리, 활용, 거래, 소비하는 전체적인 순환 메커니즘이 바로 스타 시스템이다. 이것이 자본주의 대중문화의 가장 핵심적인 작동 원리로 자리 잡게 되면서 사람들은 스타가 되기를 열망하고, 또 스타 만들기에 진력하게 되었다.

스크린과 TV 화면에 보이는 스타는 화려하고 강하고 영웅적이며, 누구보다 매력적인 인간형으로 비춰진다. 사람들은 스타에 열광하는 순간 스타와 자신을 무의식적으로 동일시하며 그 환상적 이미지에 빠진다. 스타를 자신들이 스스로 결여되어 있다고 느끼는 부분을 대리 충족시켜 주는 대상으로 생각하기 때문이다. 그런 과정이 가장 전형적으로 드러나는 장르가 영화이다.

영화는 어떤 환상도 쉽게 먹혀들어갈 수 있는 조건에서 상영되며 기술적으로 완벽한 이미지를 구현하여 압도적인 이미지로 관객을 끌어들인다. 컴컴한 극장 안에서 관객은 부동자세로 숨죽인 채 영화에 집중하게 되며 자연스럽게 영화가 제공하는 이미지에 매료된다. 그리고 그 순간 무의식적으로 자신을 영화 속의 주인공과 동일시하게 된다. 관객은 매력적인 대상과 자신을 동일시하면서 자신의 진짜 모습을 잊고 이상적인 인간형을 간접 체험하게 되는 것이다.

스크린과 TV 화면에 비친 대중이 선망하는 스타의 모습은 현실적인 이미지가 아니라 허구적인 이미지에 불과하다. 사람들은 스타 역시 어쩔 수 없는 약점과 한계를 안고 사는 한 인간일 수밖에 없다는 사실을 아주 쉽게 망각해 버리곤 한다. 이렇게 스타에 대한 열광의 성립은 대중과 스타의 관계가 기본적으로 익명적일 수밖에 없다는 데서 가능해진다. 자본주의의 특징 가운데 하나는 필요 이상의 물건을 생산하고 그것을 팔기 위해 갖은 방법으로 소비자들의 욕망을 부추긴다는 것이다. 스타는 그 과정에서 소비자들의 구매 욕구를 불러일으키는 가장 중요한 연결고리 역할을 함과 동시에 그들도 상품처럼 취급되어 소비되는 경향이 있다. 스타 시스템은 대중문화의 안과 밖에서 스타의 화려하고 소비적인 생활 패턴의 소개를 통해 사람들의 욕망을 자극하게 된다. 또한 스타들을 상품의 생산과 판매를 위한 도구로 이용하며, 끊임없이 오락과 소비의 영역을 확장하고 거기서 이윤을 발생시킨다. 이 모든 것이 가능한 것은 많은 대중이 스타를 닮고자 하는 욕구를 가지고 있어 스타의 패션과 스타일, 소비 패턴을 모방하기 때문이다.

스타 시스템을 건전한 대중문화의 작동 원리로 발전시키기 위해서는 우선 대중문화 산업에 종사하고 싶어 하는 사람들을 위한 활동 공간과 유통 구조를 확보하여 실험적이고 독창적인 활동을 다양하게 벌일 수 있는 토양을 마련해 주어야 한다. 나아가 이러한 예술 인력을 스타 시스템과 연결하는 중간 메커니즘도 육성해야 할 것이다.

38　다음 중 윗글의 논지 전개 방식에 대한 설명으로 가장 적절한 것은?

① 상반된 이론을 제시한 후 절충적 견해를 이끌어내고 있다.

② 현상에 대한 문제점을 언급한 후 해결 방안을 제시하고 있다.

③ 권위 있는 학자의 견해를 들어 주장의 정당성을 입증하고 있다.

④ 대상을 하위 항목으로 구분하여 논의의 범주를 명확히 하고 있다.

⑤ 현상의 변천 과정을 고찰하고 향후의 발전 방향을 제시하고 있다.

39 다음 중 윗글을 바탕으로 〈보기〉를 이해한 내용 중 적절하지 않은 것은?

<blockquote>
보기

인간은 자기에게 욕망을 가르쳐주는 모델을 통해 자신의 욕망을 키워간다. 이런 모델을 ⓐ 욕망의 매개자라고 부른다. 욕망의 매개자가 존재한다는 사실은 욕망이 '대상-주체'의 이원적 구조가 아니라 '주체-모델-대상'의 삼원적 구조를 갖고 있음을 보여준다. ⓑ 욕망의 주체와 모델은 ⓒ 욕망 대상을 두고 경쟁하는 욕망의 경쟁자이다. 이런 경쟁은 종종 욕망 대상의 가치를 실제보다 높게 평가하게 된다. 이렇게 과대평가된 욕망 대상을 소유한 모델은 주체에게는 ⓓ 우상적 존재가 된다.
</blockquote>

① ⓐ는 ⓑ가 무의식적으로 자신과 동일시하는 인물이다.
② ⓑ는 스타를 보고 열광하는 사람들을 말한다.
③ ⓒ는 ⓑ가 지향하는 이상적인 대상이다.
④ ⓒ는 ⓐ와 ⓑ가 동시에 질투를 느끼는 인물이다.
⑤ ⓓ는 ⓑ의 진짜 모습을 잊게 하는 환상적인 인물이다.

40 다음 중 윗글에 대한 비판적 이해로 가장 적절한 것은?

① 대중과 스타의 관계가 익명적 관계임을 근거로 대중과 스타의 관계를 무의미한 것으로 치부하고 있어.
② 스타 시스템이 대중문화를 대변하고 있다는 데 치중하여 스타 시스템의 부정적인 측면을 간과하고 있어.
③ 스타 시스템과 스타가 소비 대중에게 가져다 줄 전망만을 주로 다룸으로써 대책 없는 낙관주의에 빠져 있어.
④ 스타를 스타 시스템에 의해 조종되는 수동적인 존재로만 보고, 그들도 주체성을 지니고 행동한다는 사실을 간과하고 있어.
⑤ 대중이 스타를 무비판적으로 추종하는 면을 지적하여 그런 욕망으로부터 벗어나기 위한 방법을 제시하기에 급급하고 있어.

1. 연역 추론

이미 알고 있는 판단(전제)을 근거로 새로운 판단(결론)을 유도하는 추론이다. 연역 추론은 진리일 가능성을 따지는 귀납 추론과는 달리, 명제 간의 관계와 논리적 타당성을 따진다. 즉, 연역 추론은 전제들로부터 절대적인 필연성을 가진 결론을 이끌어내는 추론이다.

(1) **직접 추론** : 한 개의 전제로부터 중간적 매개 없이 새로운 결론을 이끌어내는 추론이며, 대우 명제가 그 대표적인 예이다.

> • 한국인은 모두 황인종이다. (전제)
> • 그러므로 황인종이 아닌 사람은 모두 한국인이 아니다. (결론 1)
> • 그러므로 황인종 중에는 한국인이 아닌 사람도 있다. (결론 2)

(2) **간접 추론** : 둘 이상의 전제로부터 새로운 결론을 이끌어내는 추론이다. 삼단논법이 가장 대표적인 예이다.

① 정언 삼단논법 : 세 개의 정언명제로 구성된 간접추론 방식이다. 세 개의 명제 가운데 두 개의 명제는 전제이고, 나머지 한 개의 명제는 결론이다. 세 명제의 주어와 술어는 세 개의 서로 다른 개념을 표현한다. (P는 대개념, S는 소개념, M은 매개념이다)

> • 모든 곤충은 다리가 여섯이다. M은 P이다. (대전제)
> • 모든 개미는 곤충이다. S는 M이다. (소전제)
> • 그러므로 모든 개미는 다리가 여섯이다. S는 P이다. (결론)

② 가언 삼단논법 : 가언명제로 이루어진 삼단논법을 말한다. 가언명제란 두 개의 정언명제가 '만일 ~ 이라면'이라는 접속사에 의해 결합된 복합명제이다. 여기서 '만일'에 의해 이끌리는 명제를 전건이라고 하고, 그 뒤의 명제를 후건이라고 한다. 가언 삼단논법의 종류로는 혼합가언 삼단논법과 순수가언 삼단논법이 있다.

㉠ 혼합가언 삼단논법 : 대전제만 가언명제로 구성된 삼단논법이다. 긍정식과 부정식 두 가지가 있으며, 긍정식은 'A면 B다. A다. 그러므로 B다.'이고, 부정식은 'A면 B다. B가 아니다. 그러므로 A가 아니다.'이다.

> • 만약 A라면 B다.
> • B가 아니다.
> • 그러므로 A가 아니다.

ⓒ 순수가언 삼단논법 : 대전제와 소전제 및 결론까지 모두 가언명제들로 구성된 삼단논법이다.

> • 만약 A라면 B다.
> • 만약 B라면 C다.
> • 그러므로 만약 A라면 C다.

③ 선언 삼단논법 : '~이거나 ~이다.'의 형식으로 표현되며 전제 속에 선언 명제를 포함하고 있는 삼단 논법이다.

> • 내일은 비가 오거나 눈이 온다.　　　　　　　　　　　　　　　　A 또는 B이다.
> • 내일은 비가 오지 않는다.　　　　　　　　　　　　　　　　　　A가 아니다.
> • 그러므로 내일은 눈이 온다.　　　　　　　　　　　　　　　　　그러므로 B다.

④ 딜레마 논법 : 대전제는 두 개의 가언명제로, 소전제는 하나의 선언명제로 이루어진 삼단논법으로, 양도추론이라고도 한다.

> • 만일 네가 거짓말을 하면, 신이 미워할 것이다.　　　　　　　　　(대전제)
> • 만일 네가 거짓말을 하지 않으면, 사람들이 미워할 것이다.　　　　(대전제)
> • 너는 거짓말을 하거나, 거짓말을 하지 않을 것이다.　　　　　　　(소전제)
> • 그러므로 너는 미움을 받게 될 것이다.　　　　　　　　　　　　(결론)

2. 귀납 추론

특수한 또는 개별적인 사실로부터 일반적인 결론을 이끌어 내는 추론을 말한다. 귀납 추론은 구체적 사실들을 기반으로 하여 결론을 이끌어 내기 때문에 필연성을 따지기보다는 개연성과 유관성, 표본성 등을 중시하게 된다. 여기서 개연성이란, 관찰된 어떤 사실이 같은 조건하에서 앞으로도 관찰될 수 있는가 하는 가능성을 말하고, 유관성은 추론에 사용된 자료가 관찰하려는 사실과 관련되어야 하는 것을 일컬으며, 표본성은 추론을 위한 자료의 표본 추출이 공정하게 이루어져야 하는 것을 가리킨다. 이러한 귀납 추론은 일상생활 속에서 많이 사용하고, 우리가 알고 있는 과학적 사실도 이와 같은 방법으로 밝혀졌다.

> • 히틀러는 사람이고 죽었다.
> • 스탈린도 사람이고 죽었다.
> • 그러므로 모든 사람은 죽는다.

그러나 전제들이 참이어도 결론이 항상 참인 것은 아니다. 단 하나의 예외로 인하여 결론이 거짓이 될 수 있다.

> • 성냥불은 뜨겁다.
> • 연탄불도 뜨겁다.
> • 그러므로 모든 불은 뜨겁다.

위 예문에서 '성냥불이나 연탄불이 뜨거우므로 모든 불은 뜨겁다.'라는 결론이 나왔는데, 반딧불은 뜨겁지 않으므로 '모든 불이 뜨겁다.'라는 결론은 거짓이 된다.

(1) 완전 귀납 추론

관찰하고자 하는 집합의 전체를 다 검증함으로써 대상의 공통 특질을 밝혀내는 방법이다. 이는 예외 없는 진실을 발견할 수 있다는 장점은 있으나, 집합의 규모가 크고 속성의 변화가 다양할 경우에는 적용하기 어려운 단점이 있다.

예 1부터 10까지의 수를 다 더하여 그 합이 55임을 밝혀내는 방법

(2) 통계적 귀납 추론

통계적 귀납 추론은 관찰하고자 하는 집합의 일부에서 발견한 몇 가지 사실을 열거함으로써 그 공통점을 결론으로 이끌어 내려는 방식을 가리킨다. 관찰하려는 집합의 규모가 클 때 그 일부를 표본으로 추출하여 조사하는 방식이 이에 해당하며, 표본 추출의 기준이 얼마나 적합하고 공정한가에 따라 그 결과에 대한 신뢰도가 달라진다는 단점이 있다.

예 여론조사에서 일부의 국민에 대한 설문 내용을 바탕으로, 이를 전체 국민의 여론으로 제시하는 것

(3) 인과적 귀납 추론

관찰하고자 하는 집합의 일부 원소들이 지닌 인과 관계를 인식하여 그 원인이나 결과를 이끌어 내려는 방식을 말한다.

① 일치법 : 공통적인 현상을 지닌 몇 가지 사실 중에서 각기 지닌 요소 중 어느 한 가지만 일치한다면 이 요소가 공통 현상의 원인이라고 판단

  예 마을 잔칫집에서 돼지고기를 먹은 사람들이 집단 식중독을 일으켰다. 따라서 식중독의 원인은 상한 돼지고기가 아닌가 생각한다.

② 차이법 : 어떤 현상이 나타나는 경우와 나타나지 않은 경우를 놓고 보았을 때, 각 경우의 여러 조건 중 단 하나만이 차이를 보인다면 그 차이를 보이는 조건이 원인이 된다고 판단

  예 현수와 승재는 둘 다 지능이나 학습 시간, 학습 환경 등이 비슷한데 공부하는 태도에는 약간의 차이가 있다.

  따라서 둘의 성적이 차이를 보이는 것은 학습 태도의 차이 때문으로 생각된다.

③ 일치·차이 병용법 : 몇 개의 공통 현상이 나타나는 경우와 몇 개의 그렇지 않은 경우를 놓고 일치법과 차이법을 병용하여 적용함으로써 그 원인을 판단

  예 학업 능력 정도가 비슷한 두 아동 집단에 대해 처음에는 같은 분량의 과제를 부여하고 나중에는 각기 다른 분량의 과제를 부여한 결과, 많이 부여한 집단의 성적이 훨씬 높게 나타났다. 이로 보아, 과제를 많이 부여하는 것이 적게 부여하는 것보다 학생의 학업 성적 향상에 도움이 된다고 판단할 수 있다.

④ 공변법 : 관찰하는 어떤 사실의 변화에 따라 현상의 변화가 일어날 때 그 변화의 원인이 무엇인지 판단

  예 담배를 피우는 양이 각기 다른 사람들의 집단을 조사한 결과, 담배를 많이 피울수록 폐암에 걸릴 확률이 높다는 사실이 발견되었다.

⑤ 잉여법 : 앞의 몇 가지 현상이 뒤의 몇 가지 현상의 원인이며, 선행 현상의 일부분이 후행 현상의 일부분이라면, 선행 현상의 나머지 부분이 후행 현상의 나머지 부분의 원인임을 판단

  예 어젯밤 일어난 사건의 혐의자는 정은이와 규민이 두 사람인데, 정은이는 알리바이가 성립되어 혐의 사실이 없는 것으로 밝혀졌다. 따라서 그 사건의 범인은 규민이일 가능성이 높다.

3. 유비 추론

두 개의 대상 사이에 일련의 속성이 동일하다는 사실에 근거하여 그것들의 나머지 속성도 동일하리라는 결론을 이끌어내는 추론, 즉 이미 알고 있는 것에서 다른 유사한 점을 찾아내는 추론을 말한다. 그렇기 때문에 유비 추론은 기준이 되는 사물이나 현상이 있어야 한다. 유비 추론은 가설을 세우는 데 유용하다. 이미 알고 있는 사례로부터 아직 알지 못하는 것을 생각해 봄으로써 쉽게 가설을 세울 수 있다. 이때 유의할 점은 이미 알고 있는 사례와 이제 알고자 하는 사례가 매우 유사하다는 확신과 증거가 있어야 한다. 그렇지 않은 상태에서 유비 추론에 의해 결론을 이끌어 내면, 그것은 개연성이 거의 없고 잘못된 결론이 될 수도 있다.

• 지구에는 공기, 물, 흙, 햇빛이 있다.	A는 a, b, c, d의 속성을 가지고 있다.
• 화성에는 공기, 물, 흙, 햇빛이 있다.	B는 a, b, c, d의 속성을 가지고 있다.
• 지구에 생물이 살고 있다.	A는 e의 속성을 가지고 있다.
• 그러므로 화성에도 생물이 살고 있을 것이다.	그러므로 B도 e의 속성을 가지고 있을 것이다.

핵심예제

※ 다음 제시문을 읽고 각 문장이 항상 참이면 ①, 거짓이면 ②, 알 수 없으면 ③을 고르시오.
[1~2]

> • 5층짜리 아파트에 A, B, C, D, E가 살고 있다.
> • A는 2층에 살고 있다.
> • B는 A보다 위층에 살고 있다.
> • C와 D는 이웃한 층에 살고 있다.

01 E는 1층에 살고 있다.

① 참   ② 거짓   ③ 알 수 없음

> | 해설 | B는 A보다 위층에 살고 있고, C와 D가 이웃한 층에 살고 있으려면 3 ~ 5층 중에 두 층을 차지해야 하므로 1층에 사는 것은 E이다.
>
> 정답 ①

02 B는 4층에 살고 있다.

① 참   ② 거짓   ③ 알 수 없음

> | 해설 | B가 4층에 살면 C와 D가 이웃한 층에 살 수 없다. 따라서 B는 4층에 살 수 없다.
>
> 정답 ②

정답 및 해설 p.007

대표유형 1	명제

01 주어진 명제가 모두 참일 때 다음 중 바르게 유추한 것은?

- 늦잠을 자지 않으면 부지런하다.
- 늦잠을 자면 건강하지 않다.
- 비타민을 챙겨먹으면 건강하다.

① 비타민을 챙겨먹으면 부지런하다.
② 부지런하면 비타민을 챙겨먹는다.
③ 늦잠을 자면 비타민을 챙겨먹는다.
④ 부지런하면 늦잠을 자지 않는다.
⑤ 부지런하면 건강하다.

02 H기업의 직원인 A, B, C, D, E 5명이 자신들의 직급에 대하여 이야기하고 있다. 이들은 각각 사원, 대리, 과장, 차장, 부장이다. 1명의 말만 진실이고 나머지 사람들의 말은 모두 거짓이라고 할 때, 다음 중 진실을 말한 사람은?(단, 직급은 사원 - 대리 - 과장 - 차장 - 부장 순이며, 모든 사람은 진실 또는 거짓만 말한다)

- A : 나는 사원이고, D는 사원보다 직급이 높아.
- B : E가 차장이고, 나는 차장보다 낮은 직급이지.
- C : A는 과장이 아니고, 사원이야.
- D : E보다 직급이 높은 사람은 없어.
- E : C는 부장이고, B는 사원이야.

① A
② B
③ C
④ D
⑤ E

※ 다음 제시문을 바탕으로 추론할 수 있는 것을 고르시오. [3~15]

03

> • 어떤 안경은 바다를 좋아한다.
> • 바다를 좋아하는 것은 유리로 되어 있다.
> • 모든 유리로 되어 있는 것은 열쇠이다.

① 모든 안경은 열쇠이다.
② 유리로 되어 있는 어떤 것 중 안경이 있다.
③ 바다를 좋아하는 모든 것은 안경이다.
④ 바다를 좋아하는 어떤 것은 유리로 되어 있지 않다.
⑤ 안경이 아닌 것은 바다를 좋아하지 않는다.

04

> • 착한 사람은 거짓말을 하지 않는다.
> • 성실한 사람은 모두가 좋아한다.
> • 거짓말을 하지 않는 사람은 모두가 좋아한다.

① 착한 사람은 모두가 좋아한다.
② 거짓말을 하지 않는 사람은 성실한 사람이다.
③ 모두가 좋아하는 사람은 착한 사람이다.
④ 성실한 사람은 착한 사람이다.
⑤ 성실하지 않은 사람은 거짓말을 한다.

05

> • 어떤 학생은 음악을 즐긴다.
> • 모든 음악을 즐기는 것은 나무로 되어 있다.
> • 나무로 되어 있는 것은 모두 악기다.

① 어떤 학생은 악기다.
② 모든 학생은 악기다.
③ 모든 음악을 즐기는 것은 학생이다.
④ 어떤 음악을 즐기는 것은 나무로 되어 있지 않다.
⑤ 모든 악기는 학생이다.

06

> • 사과를 좋아하면 배를 좋아하지 않는다.
> • 귤을 좋아하면 배를 좋아한다.
> • 귤을 좋아하지 않으면 오이를 좋아한다.

① 사과를 좋아하면 오이를 좋아하지 않는다.
② 배를 좋아하면 오이를 좋아한다.
③ 귤을 좋아하면 사과를 좋아한다.
④ 배를 좋아하지 않으면 사과를 좋아한다.
⑤ 사과를 좋아하면 오이를 좋아한다.

07

> • 에스파를 좋아하는 사람은 스테이씨를 좋아한다.
> • 르세라핌을 좋아하는 사람은 뉴진스를 좋아한다.
> • 스테이씨를 좋아하는 사람은 아이브를 좋아한다.
> • 진수는 르세라핌을 좋아한다.

① 르세라핌을 좋아하는 사람은 에스파를 좋아한다.
② 스테이씨를 좋아하는 사람은 르세라핌을 좋아한다.
③ 진수는 뉴진스를 좋아한다.
④ 에스파를 좋아하는 사람은 뉴진스를 좋아한다.
⑤ 아이브를 좋아하는 사람은 르세라핌을 좋아한다.

08

> • 경철이는 윤호보다 바둑을 못 둔다.
> • 윤호는 정래보다 바둑을 못 둔다.
> • 혜미는 윤호보다 바둑을 잘 둔다.

① 정래는 혜미보다 바둑을 잘 둔다.
② 바둑을 가장 잘 두는 사람은 혜미다.
③ 혜미는 경철이보다 바둑을 잘 둔다.
④ 경철이가 정래보다 바둑을 잘 둔다.
⑤ 윤호는 혜미보다 바둑을 잘 둔다.

09

> • 어떤 ♣는 산을 좋아한다.
> • 산을 좋아하는 것은 여행으로 되어 있다.
> • 모든 여행으로 되어 있는 것은 자유이다.

① 어떤 ♣는 자유이다.
② 여행으로 되어 있는 것은 ♣이다.
③ 산을 좋아하는 모든 것은 ♣이다.
④ 산을 좋아하는 어떤 것은 여행으로 되어 있지 않다.
⑤ 모든 ♣는 여행으로 되어 있다.

10

> • 노란 상자는 초록 상자에 들어간다.
> • 파란 상자는 빨간 상자에 들어간다.
> • 빨간 상자와 노란 상자가 같은 크기이다.

① 파란 상자는 초록 상자에 들어가지 않는다.
② 초록 상자는 빨간 상자에 들어간다.
③ 초록 상자는 파란 상자에 들어가지 않는다.
④ 노란 상자는 빨간 상자에 들어간다.
⑤ 노란 상자에 초록 상자와 빨간 상자 모두 들어간다.

11

> • 모든 선생님은 공부를 좋아한다.
> • 어떤 학생은 운동을 좋아한다.

① 모든 학생은 운동을 좋아한다.
② 모든 학생은 공부를 좋아한다.
③ 어떤 학생은 공부를 좋아한다.
④ 어떤 선생님은 공부를 좋아한다.
⑤ 모든 선생님은 운동을 좋아한다.

12

> • 인디 음악을 좋아하는 사람은 독립영화를 좋아한다.
> • 클래식을 좋아하는 사람은 재즈 밴드를 좋아한다.
> • 독립영화를 좋아하지 않는 사람은 재즈 밴드를 좋아하지 않는다.

① 인디음악을 좋아하지 않는 사람은 재즈 밴드를 좋아한다.
② 독립영화를 좋아하는 사람은 재즈 밴드를 좋아하지 않는다.
③ 재즈 밴드를 좋아하는 사람은 인디 음악을 좋아하지 않는다.
④ 클래식을 좋아하는 사람은 독립영화를 좋아한다.
⑤ 클래식을 좋아하는 사람은 인디 음악을 좋아하지 않는다.

13

> • 은지는 정주보다 빠르다.
> • 경순이는 정주보다 느리다.
> • 민경이는 은지보다 빠르다.

① 경순이가 가장 느리다.
② 정주가 가장 느리다.
③ 은지는 민경이 보다 빠르다.
④ 정주는 민경이 보다 빠르다.
⑤ 민경이는 정주보다는 느리지만, 경순이 보다는 빠르다.

14

> • 마포역 부근의 어떤 정형외과는 토요일이 휴진이다.
> • 공덕역 부근의 어떤 치과는 토요일이 휴진이다.
> • 공덕역 부근의 모든 치과는 화요일이 휴진이다.

① 마포역 부근의 어떤 정형외과는 화요일이 휴진이다.
② 마포역 부근의 모든 정형외과는 화요일이 휴진이 아니다.
③ 마포역 부근의 어떤 정형외과는 토요일과 화요일 모두 휴진이다.
④ 모든 공덕역 부근의 치과는 토요일이 휴진이 아니다.
⑤ 공덕역 부근의 어떤 치과는 토요일 화요일이 모두 휴진이다.

15

> - 커피를 마시면 치즈케이크도 먹는다.
> - 마카롱을 먹으면 요거트를 먹지 않는다.
> - 요거트를 먹지 않으면 커피를 마신다.
> - 치즈케이크를 먹으면 초코케이크를 먹지 않는다.
> - 아이스크림을 먹지 않으면 초코케이크를 먹는다.

① 마카롱을 먹으면 아이스크림을 먹는다.

② 요거트를 먹지 않으면 초코케이크를 먹는다.

③ 아이스크림을 먹으면 치즈케이크를 먹는다.

④ 커피를 마시지 않으면 초코케이크를 먹는다.

⑤ 치즈케이크를 먹지 않으면 마카롱을 먹는다.

대표유형 2   조건추리

16 20대 남녀, 30대 남녀, 40대 남녀 6명이 뮤지컬 관람을 위해 공연장을 찾았다. 다음 〈조건〉을 참고할 때, 항상 옳은 것은?

조건

- 양 끝자리에는 다른 성별이 앉는다.
- 40대 남성은 왼쪽에서 두 번째 자리에 앉는다.
- 30대 남녀는 서로 인접하여 앉지 않는다.
- 30대와 40대는 인접하여 앉지 않는다.
- 30대 남성은 맨 오른쪽 끝자리에 앉는다.
- 40대 여성은 가장자리에 앉는다.

[뮤지컬 관람석]

① 20대 남녀는 왼쪽에서 첫 번째 자리에 앉을 수 없다.

② 20대 남녀는 서로 인접하여 앉는다.

③ 40대 남녀는 서로 인접하여 앉지 않는다.

④ 20대 남성은 40대 여성과 인접하여 앉는다.

⑤ 30대 남성은 20대 여성과 인접하여 앉지 않는다.

17 H사의 사내 체육대회에서 A, B, C, D, E, F 여섯 명은 키가 큰 순서에 따라 두 명씩 1팀, 2팀, 3팀으로 나뉘어 배치된다. 다음 〈조건〉에 따라 배치된다고 할 때 키가 가장 큰 사람은?

> **조건**
> • A, B, C, D, E, F의 키는 서로 다르다.
> • 2팀의 B는 A보다 키가 작다.
> • D보다 키가 작은 사람은 4명이다.
> • A는 1팀에 배치되지 않는다.
> • E와 F는 한 팀에 배치된다.

① A   ② B
③ C   ④ D
⑤ E

18 H사의 기획부서에는 사원 A~D와 대리 E~G가 소속되어 있으며, 이들 중 4명이 해외 진출 사업을 진행하기 위해 베트남으로 출장을 갈 예정이다. 다음 〈조건〉을 따를 때, 항상 참이 되는 것은?

> **조건**
> • 사원 중 적어도 한 사람은 출장을 간다.
> • 대리 중 적어도 한 사람은 출장을 가지 않는다.
> • A사원과 B사원 중 적어도 한 사람이 출장을 가면, D사원은 출장을 간다.
> • C사원이 출장을 가면, E대리와 F대리는 출장을 가지 않는다.
> • D사원이 출장을 가면, G대리도 출장을 간다.
> • G대리가 출장을 가면, E대리도 출장을 간다.

① A사원은 출장을 간다.
② B사원은 출장을 간다.
③ C사원은 출장을 가지 않는다.
④ D사원은 출장을 가지 않는다.
⑤ G사원은 출장을 가지 않는다.

19 다음 〈조건〉에 따라 추리한 것으로 옳은 것은?

- 고등학교 학생은 봉사활동을 해야 졸업한다.
- 이번 학기에 봉사활동을 하지 않은 A고등학교 학생이 있다.

① A고등학교 졸업생은 봉사활동을 했다.
② 봉사활동을 안한 A고등학교 졸업생이 있다.
③ 다음 학기에 봉사활동을 해야 하는 A고등학교 학생이 있다.
④ 이번 학기에 봉사활동을 하지 않은 A고등학교 학생은 이미 봉사활동을 했다.
⑤ 다음 학기에 봉사활동을 하지 않는 학생은 졸업을 할 수 없다.

20 남학생 A ~ D와 여학생 W ~ Z 총 8명이 있다. 입사 시험을 본 뒤, 이 8명의 득점을 알아보았더니, 남녀 모두 1명씩 짝을 이루어 동점을 받았다. 다음 〈조건〉을 모두 만족할 때, 옳은 것은?

- 여학생 X는 남학생 B 또는 C와 동점이다.
- 여학생 Y는 남학생 A 또는 B와 동점이다.
- 여학생 Z는 남학생 A 또는 C와 동점이다.
- 남학생 B는 여학생 W 또는 Y와 동점이다.

① 여학생 W는 남학생 C와 동점이다.
② 여학생 X와 남학생 B가 동점이다.
③ 여학생 Z와 남학생 C는 동점이다.
④ 여학생 Y는 남학생 A와 동점이다.
⑤ 남학생 D와 여학생 W는 동점이다.

21 다음 제시문을 바탕으로 추론할 수 있는 것은?

> • 가장 큰 B종 공룡보다 A종 공룡은 모두 크다.
> • 일부의 C종 공룡은 가장 큰 B종 공룡보다 작다.
> • 가장 큰 D종 공룡보다 B종 공룡은 모두 크다.

① 가장 작은 A종 공룡만 한 D종 공룡이 있다.
② 가장 작은 C종 공룡만 한 D종 공룡이 있다.
③ 어떤 C종 공룡은 가장 작은 A종 공룡보다 작다.
④ 어떤 A종 공룡은 가장 큰 C종 공룡보다 작다.
⑤ 어떤 D종 공룡은 가장 작은 B종 공룡보다 클 수 있다.

22 H회사에서는 근무 연수가 1년씩 높아질수록 사용할 수 있는 여름 휴가 일수가 하루씩 늘어난다. H회사에 근무하는 A ~ E사원은 각각 서로 다른 해에 입사하였고, 최대 근무 연수가 4년을 넘지 않는다고 할 때, 다음 내용을 바탕으로 올바르게 추론한 것은?

> • 올해로 3년 차인 A사원은 여름 휴가일로 최대 4일을 사용할 수 있다.
> • B사원은 올해 여름휴가로 5일을 모두 사용하였다.
> • C사원이 사용할 수 있는 여름 휴가 일수는 A사원의 휴가 일수보다 짧다.
> • 올해 입사한 D사원은 1일을 여름 휴가일로 사용할 수 있다.
> • E사원의 여름 휴가 일수는 D사원보다 길다.

① E사원은 C사원보다 늦게 입사하였다.
② 근무한 지 1년이 채 되지 않으면 여름휴가를 사용할 수 없다.
③ C사원의 올해 근무 연수는 2년이다.
④ B사원의 올해 근무 연수는 4년이다.
⑤ 근무 연수가 높은 순서대로 나열하면 'B - A - C - E - D'이다.

23 수영, 슬기, 경애, 정서, 민경의 머리 길이가 서로 다르다고 할 때, 다음을 읽고 바르게 추론한 것은?

> • 수영이는 단발머리로 슬기와 경애의 머리보다 짧다.
> • 정서의 머리는 수영보다 길지만, 슬기보다는 짧다.
> • 경애의 머리는 정서보다 길지만, 슬기보다는 짧다.
> • 민경의 머리는 경애보다 길지만, 다섯 명 중에 가장 길지는 않다.

① 경애는 단발머리이다.
② 슬기의 머리가 가장 길다.
③ 민경의 머리는 슬기보다 길다.
④ 수영의 머리가 다섯 명 중 가장 짧지는 않다.
⑤ 머리가 긴 순서대로 나열하면 '슬기 – 정서 – 민경 – 경애 – 수영'이다.

※ 다음 사실로부터 추론할 수 있는 것을 고르시오. [24~30]

24

> • 지훈이는 이번 주 워크숍에 참여하며, 다음 주에는 체육대회에 참가할 예정이다.
> • 영훈이는 다음 주 체육대회와 창립기념일 행사에만 참여할 예정이다.

① 지훈이는 다음 주 창립기념일 행사에 참여한다.
② 영훈이는 이번 주 워크숍에 참여한다.
③ 지훈이와 영훈이는 이번 주 체육대회에 참가한다.
④ 지훈이와 영훈이는 다음 주 체육대회에 참가한다.
⑤ 영훈이는 창립기념일 행사보다 체육대회에 먼저 참가한다.

25

- 화단의 나팔꽃은 봉숭아꽃보다 먼저 핀다.
- 화단의 장미꽃은 봉숭아꽃보다 늦게 핀다.

① 장미꽃이 가장 먼저 핀다.
② 봉숭아꽃이 가장 늦게 핀다.
③ 장미꽃이 나팔꽃보다 먼저 핀다.
④ 나팔꽃이 장미꽃보다 먼저 핀다.
⑤ 장미꽃과 나팔꽃이 봉숭아꽃보다 먼저 핀다.

26

- 현수는 주현이보다 일찍 일어난다.
- 주현이는 수현이보다 늦게 일어난다.

① 현수가 가장 먼저 일어난다.
② 수현이가 가장 먼저 일어난다.
③ 주현이가 가장 늦게 일어난다.
④ 수현이는 현수보다 먼저 일어난다.
⑤ 수현이는 현수보다 늦게 일어난다.

27

- 지후의 키는 178cm이다.
- 시후는 지후보다 3cm 더 크다.
- 재호는 시후보다 5cm 더 작다.

① 지후의 키가 가장 크다.
② 재호의 키가 가장 크다.
③ 시후의 키가 가장 작다.
④ 재호의 키는 176cm이다.
⑤ 지후와 재호의 키는 같다.

28

- 바나나의 열량은 방울토마토의 열량보다 높다.
- 딸기의 열량은 사과의 열량보다 낮다.
- 사과의 열량은 바나나의 열량보다 낮다.

① 딸기의 열량이 가장 낮다.
② 방울토마토의 열량이 가장 낮다.
③ 사과의 열량이 가장 높다.
④ 바나나의 열량이 가장 높다.
⑤ 방울토마토는 딸기보다 열량이 높다.

29

- 바둑이는 점박이보다 먼저 태어났다.
- 얼룩이는 바둑이보다 늦게 태어났다.
- 깜둥이는 네 형제 중 가장 먼저 태어났다.

① 점박이는 네 형제 중 막내다.
② 얼룩이는 네 형제 중 막내다.
③ 바둑이는 네 형제 중 둘째다.
④ 점박이는 얼룩이보다 먼저 태어났다.
⑤ 점박이와 얼룩이는 쌍둥이이다.

30

- 수진이는 어제 밤 10시에 자서 오늘 아침 7시에 일어났다.
- 지은이는 어제 수진이보다 30분 늦게 자서 오늘 아침 7시가 되기 10분 전에 일어났다.
- 혜진이는 항상 9시에 자고, 8시간의 수면 시간을 지킨다.
- 정은이는 어제 수진이보다 10분 늦게 잤고, 혜진이보다 30분 늦게 일어났다.

① 지은이는 가장 먼저 일어났다.
② 정은이는 가장 늦게 일어났다.
③ 혜진이의 수면 시간이 가장 짧다.
④ 수진이의 수면 시간이 가장 길다.
⑤ 수진, 지은, 혜진, 정은 모두 수면 시간이 8시간 이상이다.

CHAPTER 03 수열추리 핵심이론

| 수열 |

(1) 등차수열 : 앞의 항에 일정한 수를 더해 이루어지는 수열

첫째항이 a, 공차가 d인 등차수열의 일반항을 a_n이라고 하면

$a_n = a + (n-1)d$

$a_{n+1} - a_n = d$

예 1 3 5 7 9 11 13 15
$\underset{+2}{} \underset{+2}{} \underset{+2}{} \underset{+2}{} \underset{+2}{} \underset{+2}{} \underset{+2}{}$

(2) 등비수열 : 앞의 항에 일정한 수를 곱해 이루어지는 수열

첫째항이 a, 공비가 r인 등비수열의 일반항을 a_n이라고 하면

$a_n = ar^{n-1}$

$a_{n+1} \div a_n = r \ (a \neq 0, \ r \neq 0)$

예 1 2 4 8 16 32 64 128
$\underset{\times 2}{} \underset{\times 2}{} \underset{\times 2}{} \underset{\times 2}{} \underset{\times 2}{} \underset{\times 2}{} \underset{\times 2}{}$

(3) 계차수열 : 앞의 항과의 차가 일정하게 증가하는 수열

$b_n = a_{n+1} - a_n \ (n = 1, \ 2, \ 3 \cdots)$

예 1 2 4 7 11 16 22 29
$\underset{+1}{} \underset{+2}{} \underset{+3}{} \underset{+4}{} \underset{+5}{} \underset{+6}{} \underset{+7}{}$
$\underset{+1}{} \underset{+1}{} \underset{+1}{} \underset{+1}{} \underset{+1}{} \underset{+1}{}$

(4) 피보나치 수열 : 앞의 두 항의 합이 그 다음 항의 수가 되는 수열

$a_n = a_{n-1} + a_{n-2} \ (n \geq 3, \ a_n = 1, \ a_2 = 1)$

예 1 1 $\underset{1+1}{2}$ $\underset{1+2}{3}$ $\underset{2+3}{5}$ $\underset{3+5}{8}$ $\underset{5+8}{13}$ $\underset{8+13}{21}$

(5) 건너뛰기 수열 : 두 개 이상의 수열이 일정한 간격을 두고 번갈아가며 나타나는 수열

예 1 1 3 7 5 13 7 19

• 홀수 항 : 1 3 5 7
$\underbrace{\quad}_{+2}\underbrace{\quad}_{+2}\underbrace{\quad}_{+2}$

• 짝수 항 : 1 7 13 19
$\underbrace{\quad}_{+6}\underbrace{\quad}_{+6}\underbrace{\quad}_{+6}$

(6) 군수열 : 일정한 규칙성으로 몇 항씩 묶어 나눈 수열

• 각 군 안에서 항들이 이루는 수열
• 각 군의 항의 개수가 이루는 수열
• 각 군의 첫째 항들이 이루는 수열

예 • 1 1 2 1 2 3 1 2 3 4

⇒ 1 1 2 1 2 3 1 2 3 4

• 1 3 4 6 5 11 2 6 8 9 3 12

⇒ $\underbrace{1\ 3\ 4}_{1+3=4}$ $\underbrace{6\ 5\ 11}_{6+5=11}$ $\underbrace{2\ 6\ 8}_{2+6=8}$ $\underbrace{9\ 3\ 12}_{9+3=12}$

• 1 3 3 2 4 8 5 6 30 7 2 14

⇒ $\underbrace{1\ 3\ 3}_{1\times3=3}$ $\underbrace{2\ 4\ 8}_{2\times4=8}$ $\underbrace{5\ 6\ 30}_{5\times6=30}$ $\underbrace{7\ 2\ 14}_{7\times2=14}$

※ 일정한 규칙으로 수를 나열할 때, 빈칸에 들어갈 가장 알맞은 숫자를 고르시오. [1~40]

01

1   3   5   6   9   (   )   13   12   17

① 9　　　　　　　　　　　② 10
③ 11　　　　　　　　　　　④ 12
⑤ 13

02

3   10   24   (   )   73   108

① 45　　　　　　　　　　　② 50
③ 55　　　　　　　　　　　④ 60
⑤ 65

03

−4   20   (   )   −205   −409   2,045   4,091

① 40　　　　　　　　　　　② 41
③ 42　　　　　　　　　　　④ 43
⑤ 44

04

27   15   13.5   30   (   )   60   3.375

① 6.45　　　　　　　　　　② 6.75
③ 45　　　　　　　　　　　④ 50
⑤ 55

05

| 1, 5, 5, 8, 9, 11, 13, 14, ⋯, 25, 23, 29, ( ) |

① 24　　　　　　　　　　　② 25
③ 26　　　　　　　　　　　④ 27
⑤ 28

06

| 3,125　　625　　125　　25　　( )　　1 |

① 20　　　　　　　　　　　② 14
③ 8　　　　　　　　　　　④ 5
⑤ 10

07

| 7　　8　　13　　38　　( )　　788 |

① 160　　　　　　　　　　② 161
③ 162　　　　　　　　　　④ 163
⑤ 164

08

| 57　　45　　36　　( )　　18　　9 |

① 31　　　　　　　　　　　② 30
③ 29　　　　　　　　　　　④ 28
⑤ 27

09

| 5 | 2 | 6 | 15 | 4 | 6 | 18 | 12 | 15 | 5 | ( ) | 75 |

① 5　　　　　　　　　　　② 10
③ 15　　　　　　　　　　④ 20
⑤ 25

10

| 92 | 103 | 107 | 115 | ( ) | 127 |

① 110　　　　　　　　　② 112
③ 118　　　　　　　　　④ 121
⑤ 122

11

| 426 | 414 | 390 | 354 | 306 | ( ) |

① 246　　　　　　　　　② 256
③ 276　　　　　　　　　④ 289
⑤ 299

12

| 13 | 19 | 30 | 51 | 87 | ( ) |

① 140　　　　　　　　　② 143
③ 150　　　　　　　　　④ 153
⑤ 160

13

| | 1 | 5 | 16 | 34 | 59 | ( ) | 130 |

① 51　　　　　　　　　　② 61

③ 71　　　　　　　　　　④ 81

⑤ 91

14

| | 10 | 42 | 58 | 66 | 70 | 72 | ( ) |

① 68　　　　　　　　　　② 69

③ 71　　　　　　　　　　④ 73

⑤ 74

15

| | 2 | 0 | −6 | ( ) | −78 | −240 |

① −12　　　　　　　　　② −18

③ −24　　　　　　　　　④ −32

⑤ −40

16

| | 2 | 4 | 11 | 6 | 12 | 19 | 14 | ( ) | 35 | 30 |

① 16　　　　　　　　　　② 17

③ 22　　　　　　　　　　④ 23

⑤ 28

17

	80	81	( )	27	54	9	41	3

① 65   ② 66
③ 67   ④ 68
⑤ 69

18

	2	3	7	−6	12	12	17	( )

① −15   ② −17
③ −21   ④ −24
⑤ −26

19

	−8	1	−7	4	−4	( )	1	16

① 1   ② 6
③ 9   ④ 17
⑤ 21

20

	30	12	20	14	11	16	3	18	( )	20

① −4   ② 4
③ −5   ④ 5
⑤ 6

21

1	5	3	2	4	9	4	( )	27	8	2	81

① 1　　　　　　　　　　　　　② 2
③ 3　　　　　　　　　　　　　④ 5
⑤ 7

22

14	16	35	109	( ) 2,211

① 338　　　　　　　　　　　　② 368
③ 424　　　　　　　　　　　　④ 441
⑤ 450

23

3	1	-1	( )	-33　-171

① -9　　　　　　　　　　　　② -7
③ -5　　　　　　　　　　　　④ 3
⑤ 5

24

3	8	16	17	42	( )	94　71

① 35　　　　　　　　　　　　② 38
③ 40　　　　　　　　　　　　④ 42
⑤ 44

25

| 7 | 18 | 13 | 16 | ( ) | 14 | 25 |

① 7 ② 9
③ 15 ④ 17
⑤ 19

26

| −150 | −145 | −135 | −115 | ( ) | 5 | 165 |

① −60 ② −65
③ −70 ④ −75
⑤ −80

27

| 3 | 5 | 4 | 9 | 25 | 16 | 27 | ( ) | 64 |

① 45 ② 64
③ 85 ④ 125
⑤ 128

28

| 41 | 216 | 51 | 36 | 61 | ( ) | 71 | 1 |

① 6 ② 9
③ 11 ④ 14
⑤ 16

29

	9	( )	18	108	36	216

① 24   ② 44

③ 54   ④ 64

⑤ 68

30

	3	−3	−12	−18	( )	−78

① −64   ② −66

③ −72   ④ −75

⑤ −78

31

	2	( )	4	6	9	14	22	35

① 3   ② 5

③ 8   ④ 10

⑤ 12

32

	−7	−3	−8	−9	( )	−22

① −10   ② −15

③ −17   ④ −20

⑤ −21

33

| ( ) | 3 | 1 | 8 | −7 | 71 | −22 |

① −3   ② 0

③ 2   ④ 3

⑤ 4

34

| 3 | 7 | −15 | 11 | −37 | 37 | −85 | ( ) |

① 85   ② 111

③ 181   ④ 183

⑤ 189

35

| −3 | 9 | 4 | 11 | 13 | 22 | 33 | ( ) |

① 45   ② 53

③ 58   ④ 64

⑤ 72

36

| −2 | −3 | −5 | ( ) | −13 | −21 |

① −6   ② −7

③ −8   ④ −9

⑤ −10

37

3	5	( )	75	1,125	84,375

① 10   ② 15
③ 20   ④ 25
⑤ 30

38

2	−8	3	−6	4	( )	5	−2

① −4   ② −3
③ −1   ④ 0
⑤ 1

39

$\frac{6}{8}$	$\frac{12}{9}$	$\frac{18}{10}$	( )	$\frac{30}{12}$	$\frac{36}{13}$

① $\frac{24}{11}$ ② $\frac{25}{12}$

③ $\frac{37}{11}$ ④ $\frac{49}{12}$

⑤ $\frac{51}{11}$

40

−1	1	5.5	13.5	26	44	( )	100.5

① 55.5   ② 59.5
③ 62.5   ④ 68.5
⑤ 90.5

정답 및 해설 p.015

※ 다음은 일정한 규칙에 따라 수를 배치한 것이다. 빈칸에 들어갈 가장 알맞은 수를 고르시오. [1~24]

01

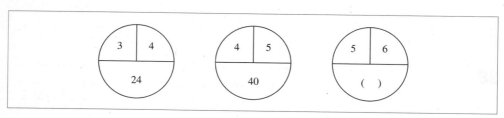

① 30

② 55

③ 60

④ 90

⑤ 120

02

2	0	3	8	7
7	5	4	6	3
15	1	13	49	( )

① 20

② 21

③ 22

④ 23

⑤ 25

03

15	3	3
3	18	27
6	7	3
( )	3	10

① 1   ② 2
③ 3   ④ 4
⑤ 5

04

10	2	8	5	6	8
	20	( )	19	19	

① 15   ② 19
③ 21   ④ 29
⑤ 38

05

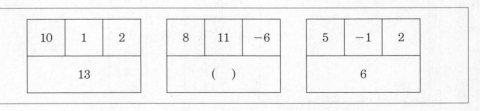

10	1	2
13		

8	11	−6
( )		

5	−1	2
6		

① 17   ② 15
③ 13   ④ 11
⑤ 9

1	3	5	7
11	15	19	23
30	35	40	45
98	( )	74	62

① 80   ② 82

③ 84   ④ 86

⑤ 88

2	3	4	5
1	5	3	2
4	6	8	10
2	10	( )	4

① 14   ② 10

③ 6   ④ 2

⑤ 0

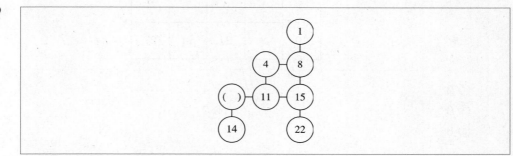

5	3	3	7
4			4
6			( )
3	8	2	5

① 2 ② 4
③ 8 ④ 16
⑤ 32

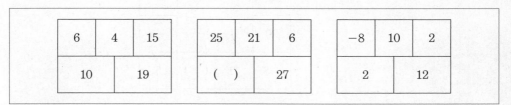

09

① 6 ② 7
③ 8 ④ 9
⑤ 10

6	4	15
10		19

25	21	6
( )		27

−8	10	2
2		12

① 58 ② 46
③ 34 ④ 22
⑤ 16

11

① −20

② −10

③ 10

④ 20

⑤ 30

12

2	3	6	( )	9
5	1	4	7	3
10	3	24	14	27

① 2

② 4

③ 6

④ 7

⑤ 8

13

2	5	−3	16
6			6
20			−7
−8	11	( )	5

① 9

② 12

③ 15

④ 18

⑤ 21

14

6	13	20
( )	4	10
15	11	7
38	16	−6

① −1   ② −2
③ −4   ④ −6
⑤ −8

15

	1	8	−2	
5	2	−3	7	( )

① 0   ② 1
③ 2   ④ 3
⑤ 4

16

25	20	27	−8
12	39	5	−10
−4	21	−25	35
13	( )	2	14

① 0   ② −1
③ −2   ④ −4
⑤ −6

17

1	3	4	6	7
2	−1	−2	3	1
5	10	20	( )	50

① 18   ② 24

③ 30   ④ 45

⑤ 55

18

8	27	132
32	( )	156
56	75	180

① 39   ② 43

③ 47   ④ 49

⑤ 51

19

2	2
3	5
5	10
6	16
10	( )

① 22   ② 23

③ 24   ④ 25

⑤ 26

20

−4	9	7	7
17	−9	22	8
9	( )	−8	9
4	9	16	−3

① 16   ② 17
③ 18   ④ 19
⑤ 20

21

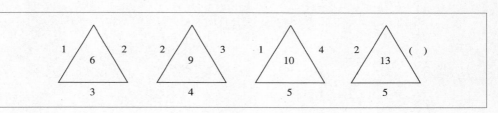

① 4   ② 6
③ 8   ④ 10
⑤ 12

22

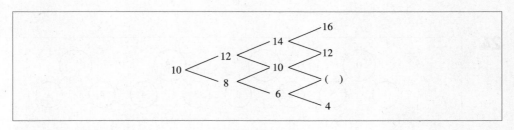

① 6   ② 7
③ 8   ④ 10
⑤ 14

23

1	2	3	2
4	3	3	2
5	5	( )	4
9	8	9	6

① 3   ② 4

③ 5   ④ 6

⑤ 7

24

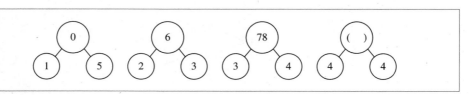

① 214   ② 236

③ 252   ④ 264

⑤ 273

CHAPTER 04 도형추리 핵심이론

도형의 회전 · 대칭

(1) 180° 회전한 도형은 좌우와 상하가 모두 대칭이 된 모양이다.

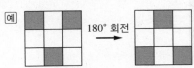

(2) 시계 방향으로 90° 회전한 도형은 시계 반대 방향으로 270° 회전한 도형과 같다.

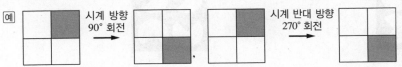

(3) 좌우 반전 → 좌우 반전, 상하 반전 → 상하 반전은 같은 도형이 된다.

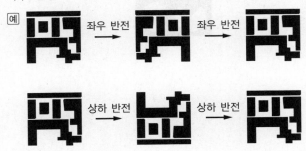

(4) 도형을 거울에 비친 모습은 방향에 따라 좌우 또는 상하로 대칭된 모습이 나타난다.

정답 및 해설 p.019

01 다음 도형을 좌우 반전한 후, 180° 회전한 모양은?

① 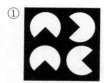　　　　　　②

③ 　　　　　　④

⑤

02 다음 도형을 시계 방향으로 90° 회전한 후, 거울에 비춘 모양은?

①

②

③

④

⑤

03 다음 도형을 상하 반전한 후, 시계 반대 방향으로 270° 회전했을 때의 모양은?

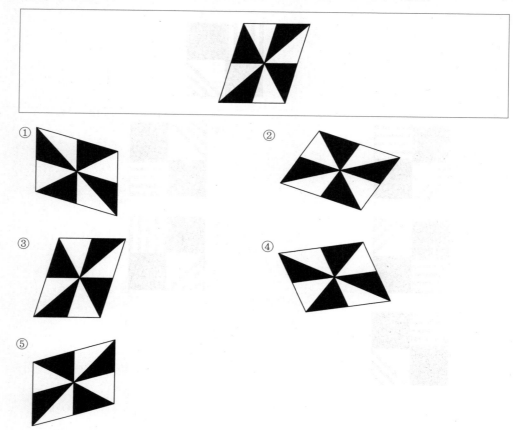

① ② ③ ④ ⑤

04 다음 도형을 좌우 반전한 후, 시계 방향으로 90° 회전했을 때의 모양은?

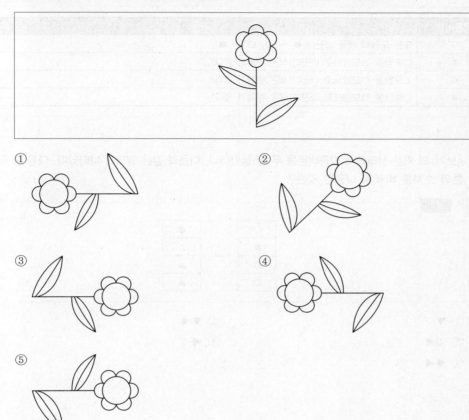

① ②

③ ④

⑤

※ 다음 규칙을 읽고, 질문에 답하시오. [5~7]

작동버튼	기능
▽	모든 도형의 색을 바꾼다(● → ○, ○ → ●).
▼	□모양을 △모양으로 바꾼다(색은 변화가 없다).
◁	△모양을 ○모양으로 바꾼다(색은 변화가 없다).
◀	○모양을 □모양으로 바꾼다(색은 변화가 없다).

05 〈보기〉의 처음 상태에서 작동버튼을 두 번 눌렀더니, 다음과 같은 결과가 나타났다. 다음 중 작동버튼의 순서를 바르게 나열한 것은?

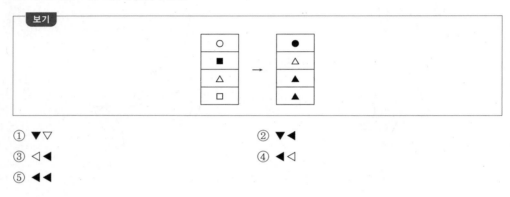

① ▼▽ ② ▼◀
③ ◁◀ ④ ◀◁
⑤ ◀◀

06 〈보기〉의 처음 상태에서 작동버튼을 두 번 눌렀더니, 다음과 같은 결과가 나타났다. 다음 중 작동버튼의 순서를 바르게 나열한 것은?

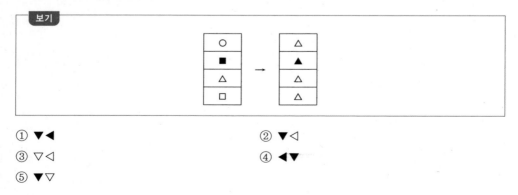

① ▼◀ ② ▼◁
③ ▽◁ ④ ◀▼
⑤ ▼▽

07 〈보기〉의 처음 상태에서 작동버튼을 두 번 눌렀더니, 다음과 같은 결과가 나타났다. 다음 중 작동버튼의 순서를 바르게 나열한 것은?

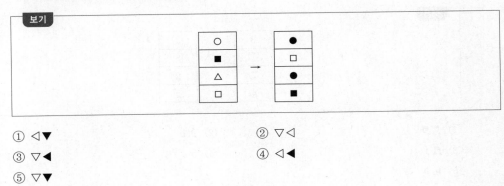

① ◁▼   ② ▽◁

③ ▽◀   ④ ◁◀

⑤ ▽▼

※ 다음 규칙을 읽고 질문에 답하시오. [8~9]

작동버튼	기능
♩	사각형 안에 있는 숫자를 모두 원 안에 넣는다. 테두리 안에 있지 않은 숫자는 사각형 안에 넣는다.
♪	가장 작은 수에 2를 곱하고, 모든 수를 사각형에 넣는다.
♫	두 번째 칸 숫자와 네 번째 칸 숫자에 1을 더하고, 세 번째 칸 숫자가 사각형 혹은 원 안에 있다면 밖으로 꺼내 숫자만 남긴다.
♭	첫 번째 칸 숫자와 네 번째 칸 숫자를 사각형에 넣는다. 단, 원래 사각형 안에 있다면 원에 넣는다.

08 〈보기〉의 처음 상태에서 작동버튼을 두 번 눌렀더니, 다음과 같은 결과가 나타났다. 다음 중 작동버튼의 순서를 바르게 나열한 것은?

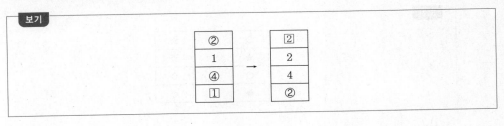

① ♩♪   ② ♩♫

③ ♪♫   ④ ♪♭

⑤ ♫♭

09 〈보기〉의 처음 상태에서 작동버튼을 두 번 눌렀더니, 다음과 같은 결과가 나타났다. 다음 중 작동버튼의 순서를 바르게 나열한 것은?

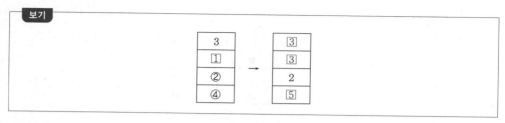

① ♪ ♫

② ♪ ♭

③ ♫ ♩

④ ♭ ♩

⑤ ♭ ♪

※ 다음 규칙을 읽고 질문에 답하시오. [10~12]

작동버튼	기능
◁	☆이 ★로 바뀌고, ○은 ●로 바뀐다.
◀	●이 ◆로 바뀐다.
▷	◆이 ◇로 바뀌고, ★이 ☆로 바뀐다.
▶	○이 ◆로 바뀌고, ◇이 ★로 바뀐다.

10 〈보기〉의 처음 상태에서 작동버튼을 두 번 눌렀더니, 다음과 같은 결과가 나타났다. 다음 중 작동버튼의 순서를 바르게 나열한 것은?

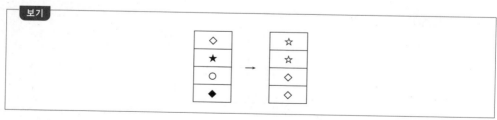

① ▶▷

② ▶◀

③ ◀◁

④ ▷◁

⑤ ◁▶

11 〈보기〉의 처음 상태에서 작동버튼을 두 번 눌렀더니, 다음과 같은 결과가 나타났다. 다음 중 작동버튼의 순서를 바르게 나열한 것은?

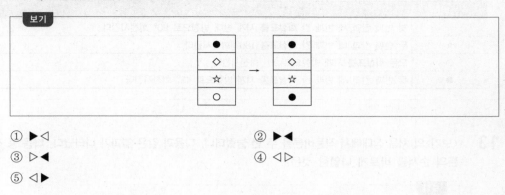

① ▶◁
② ▶◀
③ ▷◀
④ ◁▷
⑤ ◁▶

12 〈보기〉의 처음 상태에서 작동버튼을 세 번 눌렀더니, 다음과 같은 결과가 나타났다. 다음 중 작동버튼의 순서를 바르게 나열한 것은?

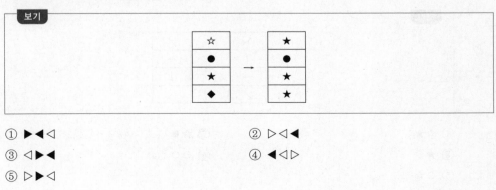

① ▶◀◁
② ▷◁◀
③ ◁▶◀
④ ◀◁▷
⑤ ▷▶◁

※ 다음 규칙을 읽고 질문에 답하시오. [13~15]

작동버튼	기능
☆	첫 번째 칸과 세 번째 칸 화살표를 시계 반대 방향으로 90° 회전시킨다.
★	두 번째 칸과 네 번째 칸 화살표를 180° 회전시킨다.
○	모든 화살표를 시계 방향으로 90° 회전시킨다.
●	두 번째 칸과 세 번째 칸 화살표를 시계 방향으로 45° 회전시킨다.

13 〈보기〉의 처음 상태에서 작동버튼을 두 번 눌렀더니, 다음과 같은 결과가 나타났다. 다음 중 작동버튼의 순서를 바르게 나열한 것은?

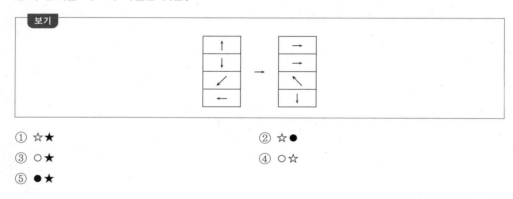

① ☆★   ② ☆●

③ ○★   ④ ○☆

⑤ ●★

14 〈보기〉의 처음 상태에서 작동버튼을 두 번 눌렀더니, 다음과 같은 결과가 나타났다. 다음 중 작동버튼의 순서를 바르게 나열한 것은?

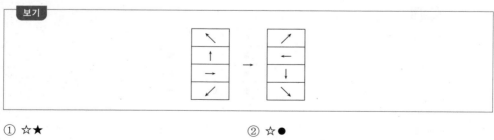

① ☆★   ② ☆●

③ ★○   ④ ○○

⑤ ○☆

15 〈보기〉의 처음 상태에서 작동버튼을 세 번 눌렀더니, 다음과 같은 결과가 나타났다. 다음 중 작동버튼의 순서를 바르게 나열한 것은?

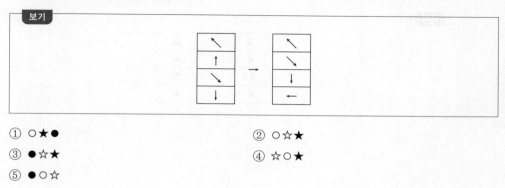

① ○★●   ② ○☆★

③ ●☆★   ④ ☆○★

⑤ ●○☆

※ 다음 규칙을 읽고 질문에 답하시오. [16~18]

작동버튼	기능
⊕	모든 도형을 상하 대칭시킨다.
⊖	모든 도형을 좌우 대칭시킨다.
⊗	모든 도형을 시계 방향으로 90° 회전시킨다.
⊘	모든 원형을 좌우 대칭시킨다.

16 〈보기〉의 처음 상태에서 작동버튼을 두 번 눌렀더니, 다음과 같은 결과가 나타났다. 다음 중 작동버튼의 순서를 바르게 나열한 것은?

① ⊕⊖   ② ⊕⊘

③ ⊘⊗   ④ ⊖⊘

⑤ ⊗⊖

17 〈보기〉의 처음 상태에서 작동버튼을 두 번 눌렀더니, 다음과 같은 결과가 나타났다. 다음 중 작동버튼의 순서를 바르게 나열한 것은?

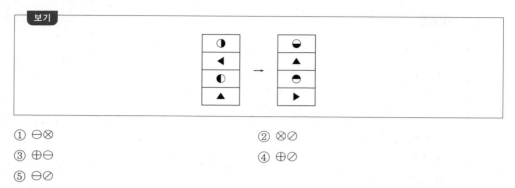

① ⊖⊗

② ⊗⊘

③ ⊕⊖

④ ⊕⊘

⑤ ⊖⊘

18 〈보기〉의 처음 상태에서 작동버튼을 세 번 눌렀더니, 다음과 같은 결과가 나타났다. 다음 중 작동버튼의 순서를 바르게 나열한 것은?

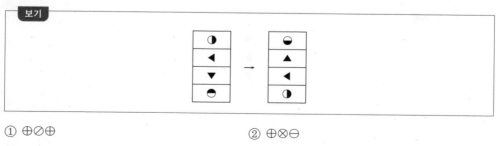

① ⊕⊘⊕

② ⊕⊗⊖

③ ⊖⊕⊘

④ ⊗⊘⊕

⑤ ⊗⊕⊖

※ 다음 규칙을 읽고 질문에 답하시오. [19~20]

작동버튼	기능
가	가장 큰 수의 일의 자리 숫자와 백의 자리 숫자를 서로 바꾼 후 두 번째 칸 수의 백의 자리 숫자에 2를 더한다.
나	첫 번째 칸 수의 십의 자리 숫자와 일의 자리 숫자를 서로 바꾼다. 세 번째 칸 수의 백의 자리 숫자와 일의 자리 숫자를 서로 바꾼다.
다	가장 작은 수의 십의 자리 숫자에 2를 곱한 후 일의 자리 숫자와 십의 자리 숫자를 서로 바꾼다.
라	두 번째 칸 수의 십의 자리 수와 네 번째 칸 수의 백의 자리 수를 서로 바꾼다.

19 〈보기〉의 처음 상태에서 작동버튼을 두 번 눌렀더니, 다음과 같은 결과가 나타났다. 다음 중 작동버튼의 순서를 바르게 나열한 것은?

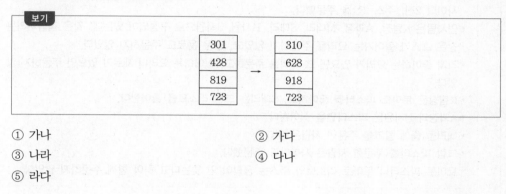

① 가나 ② 가다
③ 나라 ④ 다나
⑤ 라다

20 〈보기〉의 처음 상태에서 작동버튼을 두 번 눌렀더니, 다음과 같은 결과가 나타났다. 다음 중 작동버튼의 순서를 바르게 나열한 것은?

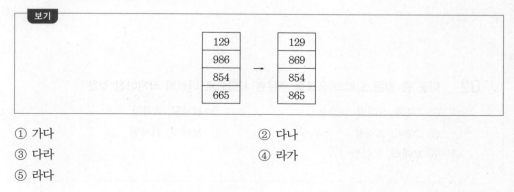

① 가다 ② 다나
③ 다라 ④ 라가
⑤ 라다

정답 및 해설 p.023

대표유형 1 자료추리

※ H사 인사팀 팀원 6명이 회식을 하기 위해 이탈리안 레스토랑에 갔다. 다음 주문한 결과를 바탕으로 이어지는 질문에 답하시오. [1~2]

- 인사팀은 토마토 파스타 2개, 크림 파스타 1개, 토마토 리소토 1개, 크림 리소토 2개, 콜라 2잔, 사이다 2잔, 주스 2잔을 주문했다.
- 인사팀은 K팀장, A과장, M대리, S대리, H사원, J사원으로 구성되어 있는데, 같은 직급끼리는 같은 소스가 들어가는 요리를 주문하지 않았고, 같은 음료도 주문하지 않았다.
- 각자 좋아하는 요리가 있으면 그 요리를 주문하고, 싫어하는 요리나 재료가 있으면 주문하지 않았다.
- K팀장은 토마토 파스타를 좋아하고, S대리는 크림 리소토를 좋아한다.
- A과장과 H사원은 파스타면을 싫어한다.
- 대리들 중에 콜라를 주문한 사람은 없다.
- 크림 파스타를 주문한 사람은 사이다도 주문했다.
- 토마토 파스타나 토마토 리소토와 주스는 궁합이 안 맞는다고 하여 함께 주문하지 않았다.

01 다음 중 인사팀 팀원들이 주문한 결과로 적절하지 않은 것은?

① 사원들은 중 한 사람은 주스를 주문했다.
② A과장은 크림 리소토를 주문했다.
③ K팀장은 콜라를 주문했다.
④ 토마토 리소토를 주문한 사람은 콜라를 주문했다.
⑤ 사이다를 주문한 사람은 파스타를 주문했다.

02 다음 중 같은 요리와 음료를 주문한 사람으로 바르게 짝지어진 것은?

① J사원, S대리
② H사원, A과장
③ S대리, A과장
④ M대리, H사원
⑤ M대리, K팀장

※ 하반기에 연수를 마친 A ~ E 5명은 다음 〈조건〉에 따라 세계 각국에 있는 해외사업본부로 배치될 예정이다. 다음을 읽고 이어지는 질문에 답하시오. [3~4]

조건

- A, B, C, D, E는 인도네시아, 미국 서부, 미국 남부, 칠레, 노르웨이에 있는 서로 다른 해외사업본부로 배치된다.
- C와 D 중 한 명은 미국 서부에 배치된다.
- B는 칠레에 배치되지 않는다.
- E는 노르웨이로 배치된다.
- 미국 서부에는 회계직이 배치된다.
- C가 인도네시아에 배치되면 A는 칠레에 배치된다.
- A가 미국 남부에 배치되면 B는 인도네시아에 배치된다.
- A, D, E는 회계직이고, B, C는 기술직이다.

03 다음 중 D가 배치될 해외사업본부는?

① 인도네시아   ② 미국 서부
③ 미국 남부   ④ 칠레
⑤ 알 수 없음

04 위의 〈조건〉을 바탕으로 할 때, 다음 ㉠ ~ ㉣의 설명 중 적절한 것을 모두 고르면?

㉠ C가 인도네시아에 배치되면 B는 미국 남부에 배치된다.
㉡ A가 미국 남부에 배치되면 C는 인도네시아에 배치된다.
㉢ A는 반드시 칠레에 배치된다.
㉣ 노르웨이에는 회계직이 배치된다.

① ㉠, ㉡   ② ㉠, ㉣
③ ㉡, ㉢   ④ ㉡, ㉣
⑤ ㉢, ㉣

※ 다음 〈조건〉을 보고 ?에 들어갈 도형을 고르시오. [5~6]

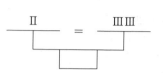

05

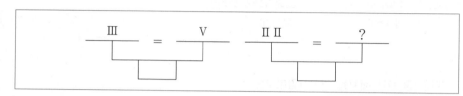

① ⅡⅢ

② ⅢⅤⅤ

③ ⅢⅢⅤⅡ

④ ⅡⅤⅤ

⑤ ⅤⅡ

06

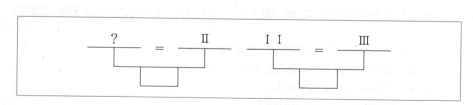

① ⅢⅠ

② ⅢⅢⅠⅠ

③ ⅠⅢⅢ

④ ⅠⅠⅠ

⑤ ⅢⅢⅠ

※ 다음 〈조건〉을 보고 ?에 들어갈 도형을 고르시오. [7~8]

조건

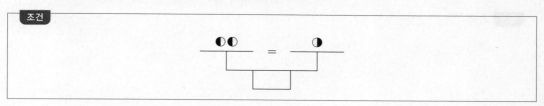

07

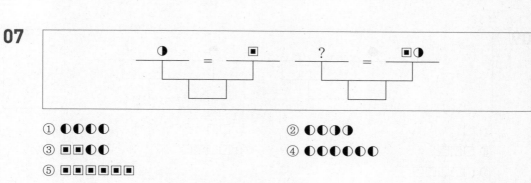

① ◖◖◖◖
② ◖◖◖◑
③ ◼◼◖◖
④ ◑◖◖◖◖◑
⑤ ◼◼◼◼◼◼

08

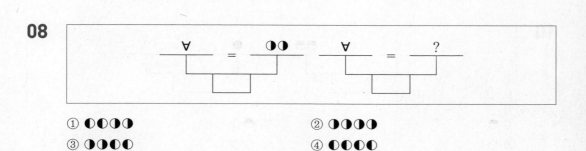

① ◑◖◖◑
② ◖◖◖◖◑
③ ◑◖◖◖◑
④ ◖◖◖◑
⑤ ◖◑◖◖

※ 다음 〈조건〉을 보고 ?에 들어갈 도형을 고르시오. [9~10]

조건

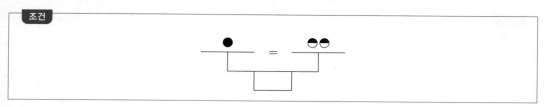

09

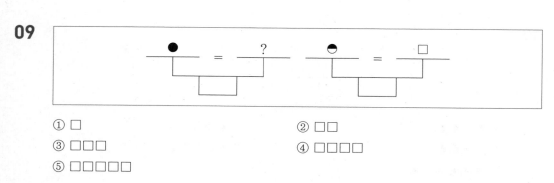

① □

② □□

③ □□□

④ □□□□

⑤ □□□□□

10

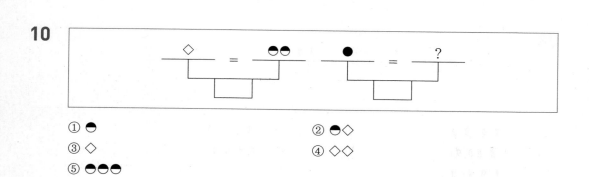

① ◖

② ◖◇

③ ◇

④ ◇◇

⑤ ◖◖◖

※ 다음은 그래프 구성 명령어 실행 예시이다. 이를 참고하여 이어지는 질문에 답하시오.
[11~13]

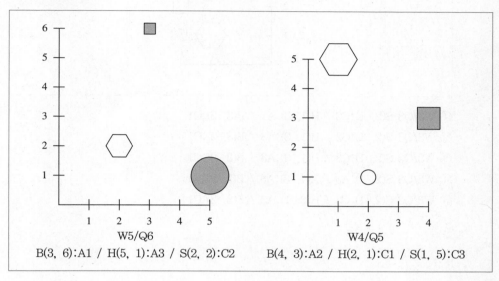

B(3, 6):A1 / H(5, 1):A3 / S(2, 2):C2   B(4, 3):A2 / H(2, 1):C1 / S(1, 5):C3

11 W4/Q4 S(1, 3):A3 / H(2, 1):A1 / B(3, 5):A2의 그래프를 산출할 때, 오류가 발생하여 아래와 같은 그래프가 산출되었다. 다음 중 오류가 발생한 것은?

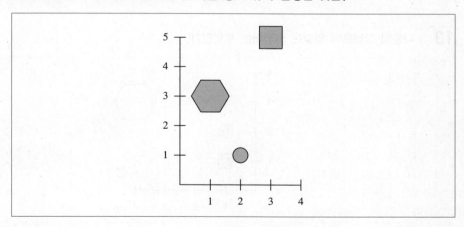

① W4/Q4   ② S(1, 3):A3
③ H(2, 1):A1   ④ B(3, 5):A2
⑤ 알 수 없음

12 다음 그래프에 알맞은 명령어는 무엇인가?

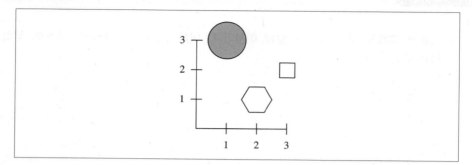

① W3/Q3 S(2, 1):C2 / H(1, 3):A1 / B(3, 2):C1
② W3/Q3 S(2, 1):C2 / H(1, 3):A3 / B(3, 2):C1
③ W3/Q3 S(2, 1):C3 / H(1, 3):A3 / B(3, 2):C1
④ W3/Q3 S(2, 1):A3 / H(1, 3):A3 / B(3, 2):C1
⑤ W3/Q3 S(2, 1):C3 / H(3 ,1):A3 / B(3, 2):C1

13 다음의 그래프에 알맞은 명령어는 무엇인가?

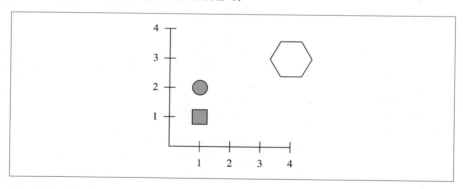

① W4/Q4 S(4, 3):C3 / H(2, 1):A1 / B(1, 1):A1
② W4/Q4 S(4, 3):C3 / H(1, 2):A1 / B(1, 1):C1
③ W4/Q4 S(4, 3):C3 / H(1, 2):C1 / B(1, 1):A1
④ W4/Q4 S(4, 3):C3 / H(1, 2):C1 / B(1, 1):A2
⑤ W4/Q4 S(4, 3):C3 / H(1, 2):A1 / B(1, 1):A1

※ 다음 〈보기〉는 그래프 구성 명령어 실행 예시이다. 〈보기〉를 참고하여 다음 물음에 답하시오.
[14~15]

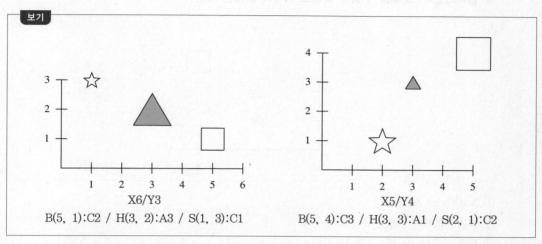

B(5, 1):C2 / H(3, 2):A3 / S(1, 3):C1   B(5, 4):C3 / H(3, 3):A1 / S(2, 1):C2

14 다음의 그래프에 알맞은 명령어는 무엇인가?

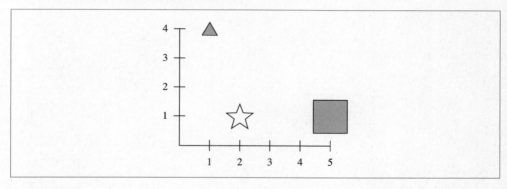

① X5/Y4

   B(5, 1):A3 / H(1, 4):A1 / S(2, 1):C1

② X5/Y5

   B(5, 1):A3 / H(1, 4):A1 / S(2, 1):C1

③ X4/Y5

   B(5, 1):A3 / H(1, 4):A1 / S(2, 1):C2

④ X5/Y4

   B(5, 1):A3 / H(1, 4):A1 / S(2, 1):C2

⑤ X4/Y4

   B(5, 1):A3 / H(1, 4):A1 / S(2, 1):C2

15 다음과 같은 그래프를 산출할 때, 오류가 발생하여 X5/Y5 B(3, 4):A2 / H(2, 3):A1 / S(1, 2):A2 로 입력되었다. 오류를 수정한 것으로 적절하지 않은 것은?

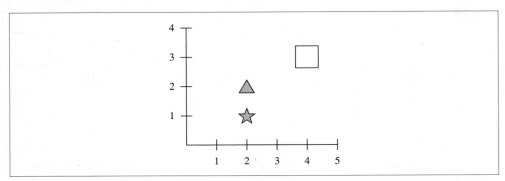

① X5/Y5 → X5/Y4

② B(3, 4):A2 → B(4, 3):A2

③ H(2, 3):A1 → H(2, 2):A1

④ S(1, 2):A2 → S(2, 1):A1

⑤ 알 수 없음

※ 다음은 H제과공장에서 불량률을 줄이기 위해 정기적으로 실시하는 검침에 대한 안내사항이
   다. 이어지는 물음에 답하시오. **[16~17]**

〈계기판 검침 안내사항〉

정기적으로 매일 오전 9시에 다음의 안내사항에 따라 검침을 하고 그에 따른 조치를 취하도록 한다.

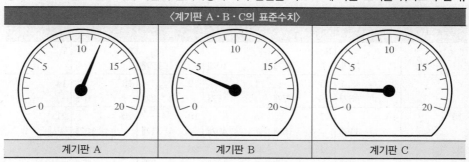

〈계기판 A · B · C의 표준수치〉

| 계기판 A | 계기판 B | 계기판 C |

[기계조작실]

1. 계기판을 확인하여 PSD 수치를 구한다.
   ※ 검침하는 전날 불량률이 0.5% 이상이면 가장 낮은 계기판 하나를 고려하지 않고, Serial Mode를 적용
      한다.
   ※ 검침하는 전날 불량률이 0.5% 미만이면 Parallel Mode를 적용하고, 2% 이상일 때는 Parallel Mode
      적용한 수치에서 3만큼 뺀다.
   - Parallel Mode
     PSD=검침 시각 각 계기판 수치의 평균
   - Serial Mode
     PSD=검침 시각 각 계기판 수치의 합

2. PSD 수치에 따라 알맞은 버튼을 누른다.

수치	버튼
PSD ≤ 기준치−5	정상
기준치−5 < PSD < 기준치+1	주의
기준치+1 ≤ PSD	고장

   ※ 월요일, 금요일은 세 계기판의 표준수치 합의 $\frac{1}{3}$을 기준치로 삼고, 나머지 요일은 세 계기판의 표준수
      치 합의 $\frac{1}{2}$을 기준치로 삼는다.

   ※ Extra 계기판의 수치가 20 이상이면 무조건 기준치는 세 계기판의 표준수치 합의 $\frac{1}{2}$로 삼는다.

3. 기계조작실에서 버튼을 누르면 버튼에 따라 상황통제실의 경고등에 불이 들어온다.

버튼	경고등
정상	녹색
주의	노란색
고장	빨간색

[상황통제실]
들어온 경고등의 색을 보고 필요한 조치를 취한다.

경고등	조치
녹색	정상가동
노란색	엔지니어 호출 및 점검
빨간색	기계 부품 교체

〈3월 불량품 개수〉

일	월	화	수	목	금	토
1	2 50개	3 7개	4 10개	5 12개	6 10개	7
8	9 5개	10 7개	11 7개	12 8개	13 6개	14
15	16 11개	17 15개	18 40개	19 11개	20 15개	21
22	23 4개	24 5개	25 10개	26 6개	27 6개	28
29	30 300개	31 20개				

※ 매일 생산 개수는 10,000개로 일정하다.

16 다음 〈보기〉의 계기판 수치는 3월 셋째 주 중에 기록한 것이다. 이 날은 전날 대비 불량률의 변화량이 가장 높은 요일이라고 할 때, 검침 일지에 체크된 경고등은?(단, 월요일의 전날 대비 불량률 변화량은 전 주의 금요일 대비로 계산한다)

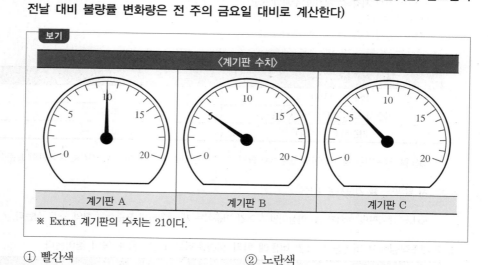

① 빨간색
② 노란색
③ 녹색
④ 흰색
⑤ 알 수 없음

17 PSD 수치를 전날 불량률이 아닌 검침하는 날의 불량률을 기준으로 수정하였을 경우, 3월 동안 불량률이 가장 높은 날과 두 번째로 높은 날의 PSD 수치의 차이는?(단, Extra 계기 판의 수치는 모두 20 미만이다)

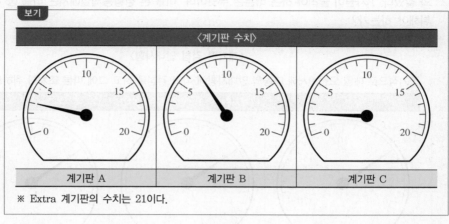

보기

〈계기판 수치〉

계기판 A | 계기판 B | 계기판 C

※ Extra 계기판의 수치는 21이다.

① 6   ② 7

③ 8   ④ 9

⑤ 10

18 다음은 H공장에서 안전을 위해 정기적으로 실시하는 검침에 대한 안내사항이다. H공장의 기계조
작실에서 근무하는 B사원은 월요일 아침 9시가 되자 계기판을 점검하여 검침일지를 쓰려고 한다.
오늘 실외 온도계 수치는 −4℃이고, 실내 온도계의 수치는 22℃였으며, 계기판의 수치는 〈보기〉
와 같았다. B사원이 눌러야 하는 버튼은 무엇이며, 이를 본 상황통제실에서는 다음 중 어떤 조치를
취해야 하는가?

〈계기판 검침 안내사항〉

정기적으로 매일 오전 9시에 다음의 안내사항에 따라 검침을 하고 그에 따른 조치를 취하도록 한다.

〈계기판 A·B·C의 표준 수치〉

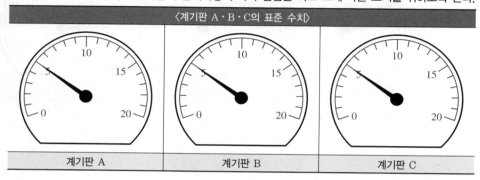

| 계기판 A | 계기판 B | 계기판 C |

[기계조작실]

1. 계기판을 확인하여 PSD 수치를 구한다.
   ※ 검침하는 시각에 실외 온도계의 온도가 영상이면 B계기판은 고려하지 않는다.
   ※ 검침하는 시각에 실내 온도계의 온도가 20℃ 미만이면 Parallel Mode를, 20℃ 이상이면 Serial Mode
   를 적용한다.
   • Parallel Mode
     PSD=검침 시각 각 계기판 수치의 평균
   • Serial Mode
     PSD=검침 시각 각 계기판 수치의 합

2. PSD 수치에 따라서 알맞은 버튼을 누른다.

수치	버튼
PSD ≤ 기준치	정상
기준치 < PSD < 기준치+5	경계
기준치+5 ≤ PSD	비정상

※ 화요일과 금요일은 세 계기판의 표준 수치의 합의 $\frac{1}{2}$을 기준치로 삼고, 나머지 요일은 세 계기판의 표준
수치의 합을 기준치로 삼는다(단, 온도에 영향을 받지 않는다).

3. 기계조작실에서 버튼을 누르면 버튼에 따라 상황통제실의 경고등에 불이 들어온다.

버튼	경고등
정상	녹색
경계	노란색
비정상	빨간색

[상황통제실]
들어온 경고등의 색을 보고 필요한 조치를 취한다.

경고등	조치
녹색	정상 가동
노란색	안전요원 배치
빨간색	접근제한 및 점검

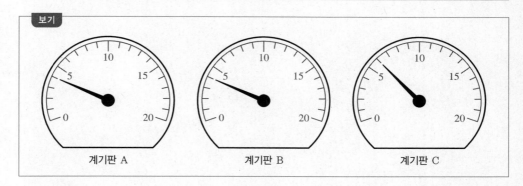

보기

계기판 A   계기판 B   계기판 C

	버튼	조치
①	정상	정상 가동
②	정상	안전요원 배치
③	경계	안전요원 배치
④	비정상	접근제한 및 점검
⑤	비정상	정상 가동

배우기만 하고 생각하지 않으면 얻는 것이 없고,
생각만 하고 배우지 않으면 위태롭다.

- 공자 -

PART 2

최종점검
모의고사

제1회 최종점검 모의고사
제2회 최종점검 모의고사

제1회 최종점검 모의고사

모바일 OMR
답안채점 / 성적분석
서비스

☑ 응시시간 : 90분   ☑ 문항 수 : 150문항

정답 및 해설 p.028

| 01 | 언어이해

01 다음 글의 핵심 내용으로 가장 적절한 것은?

> 지구 내부는 끊임없이 운동하며 막대한 에너지를 지표면으로 방출하고, 이로 인해 지구 표면에서는 지진이나 화산 등의 자연 현상이 일어난다. 그런데 이러한 자연 현상을 예측하기란 매우 어렵다. 그 이유는 무엇일까?
>
> 지구 내부는 지각, 상부 맨틀, 하부 맨틀, 외핵, 내핵이 층상 구조를 이루고 있다. 지구내부로 들어갈수록 온도가 증가하는데, 이 때문에 외핵은 액체 상태로 존재한다. 고온의 외핵이 하부 맨틀의 특정 지점을 가열하면 이 부분의 중심부 물질은 상승류를 형성하여 움직이기 시작한다. 아주 느린 속도로 맨틀을 통과한 상승류는 지표면 가까이에 있는 판에 부딪치게 된다. 판은 매우 단단한 암석으로 이루어져 있어 거대한 상승류도 쉽게 뚫지 못한다. 그러나 간혹 상승류가 판의 가운데 부분을 뚫고 곧바로 지표면으로 나오기도 하는데, 이곳을 열점이라 한다. 열점에서는 지진과 화산 활동이 활발히 일어난다.
>
> 한편 딱딱한 판을 만난 상승류는 꾸준히 판에 힘을 가하여 거대한 길이의 균열을 만들기도 한다. 결국 판이 완전히 갈라지면 이 틈으로 아래의 물질이 주입되어 올라오고, 올라온 물질은 지표면에서 옆으로 확장되면서 새로운 판을 형성한다. 상승류로 인해 판이 갈라지는 이 부분에서도 지진과 화산 활동이 일어난다.
>
> 새롭게 생성된 판은 오랜 세월 천천히 이동하는 동안 식으면서 밀도가 높아지는데, 이미 존재하고 있던 다른 판 중 밀도가 낮은 판과 충돌하면 그 아래로 가라앉게 된다. 가라앉는 판이 상부 맨틀의 어느 정도 깊이까지 들어가면 용융 온도가 낮은 일부 물질은 녹는데, 이 물질이 이미 존재하던 판의 지표면으로 상승하면서 지진을 동반한 화산 활동이 일어나기도 한다. 그러나 녹지 않은 대부분의 물질은 위에서 내리누르는 판에 의해 큰 흐름을 만들면서 맨틀을 통과한다. 이 하강류는 핵과 하부 맨틀 경계면까지 내려와 외핵의 한 부분을 누르게 된다. 외핵은 액체로 되어 있으므로 한 부분을 누르면 다른 부분에서 위로 솟아오르는데, 솟아오른 이 지점에서 또 다른 상승류가 시작된다. 그런데 하강류가 규칙적으로 발생하지 않으므로 상승류가 언제 어디서 발생하는지 알기 어렵다.
>
> 지금까지 살펴본 바처럼 화산과 지진 등의 자연 현상은 맨틀의 상승류와 하강류로 인해 일어난다. 맨틀의 상승류와 하강류는 흘러가는 동안 여러 장애물을 만나게 되고 이로 인해 그 흐름이 불규칙하게 진행된다. 그런데 현대과학 기술로 지구 내부에 있는 이 장애물의 성질과 상태를 모두 밝혀내기는 어렵다. 바로 이것이 지진이나 화산과 같은 자연 현상을 쉽게 예측할 수 없는 이유이다.

① 판의 분포
② 지각의 종류
③ 지구 내부의 구조
④ 내핵의 구성 성분
⑤ 우리나라 화산의 종류

02 다음 글의 서술상 특징으로 가장 적절한 것은?

제2차 세계대전이 끝나고 나서 미국과 소련 및 그 동맹국들 사이에서 공공연하게 전개된 제한적 대결 상태를 냉전이라고 한다. 냉전의 기원에 관한 논의는 냉전이 시작된 직후부터 최근까지 계속 진행되었다. 이는 단순히 냉전의 발발 시기와 이유에 대한 논의만이 아니라, 그 책임 소재를 묻는 것이기도 하다. 그 연구의 결과를 편의상 세 가지로 나누어 볼 수 있다.

가장 먼저 나타난 전통주의는 냉전을 유발한 근본적 책임이 소련의 팽창주의에 있다고 보았다. 소련은 세계를 공산화하기 위한 계획을 수립했고, 이 계획을 실행하기 위해 특히 동유럽 지역을 시작으로 적극적인 팽창 정책을 수행하였다. 그리고 미국이 자유 민주주의 세계를 지켜야 한다는 도덕적 책임감에 기초하여 그에 대한 봉쇄 정책을 추구하는 와중에 냉전이 발생했다고 본다. 그리고 미국의 봉쇄 정책이 성공적으로 수행된 결과 냉전이 종식되었다는 것이 이들의 입장이다.

여기에 비판을 가한 수정주의는 기본적으로 냉전의 책임이 미국 쪽에 있고, 미국의 정책은 경제적 동기에서 비롯되었다고 주장했다. 즉, 미국은 전후 세계를 자신들이 주도해 나가야 한다고 생각했고, 전쟁 중에 급증한 생산력을 유지할 수 있는 시장을 얻기 위해 세계를 개방 경제 체제로 만들고자 했다. 그러므로 미국 정책 수립의 기저에 깔린 것은 이념이 아니라는 것이다. 무엇보다 소련은 미국에 비해 국력이 미약했으므로 적극적 팽창 정책을 수행할 능력이 없었다는 것이 수정주의의 기본적 입장이었다. 오히려 미국이 유럽에서 공격적인 정책을 수행했고, 소련은 이에 대응했다는 것이다.

냉전의 기원에 관한 또 다른 주장인 탈수정주의는 위의 두 가지 주장에 대한 절충적 시도로서 냉전의 책임을 일방적으로 어느 한 쪽에 부과해서는 안 된다고 보았다. 즉, 냉전은 양국이 추진한 정책의 '상호작용'에 의해 발생했다는 것이다. 또 경제를 중심으로만 냉전을 보아서는 안 되며 안보 문제 등도 같이 고려하여 파악해야 한다고 보았다. 소련의 목적은 주로 안보 면에서 제한적으로 추구되었는데, 미국은 소련의 행동에 과잉 반응했고, 이것이 상황을 악화시켰다는 것이다. 이로 인해 냉전 책임론은 크게 후퇴하고 구체적인 정책 형성에 대한 연구가 부각되었다.

① 하나의 현상에 대한 다양한 견해를 제시하고 있다.
② 여러 가지 의견을 비교하면서 그 우월성을 논하고 있다.
③ 기존의 견해를 비판하면서 새로운 견해를 제시하고 있다.
④ 현상의 원인을 분석하여 다양한 해결책을 제시하고 있다.
⑤ 충분한 사례를 들어 자신의 주장을 뒷받침하고 있다.

※ 다음 글을 읽고 물음에 답하시오. [3~4]

인간은 성장 과정에서 자기 문화에 익숙해지기 때문에 어떤 제도나 관념을 아주 오래 전부터 지속되어 온 것으로 여긴다. 나아가, 그것을 전통이라는 이름 아래 자기 문화의 본질적인 특성으로 믿기도 한다. 그러나 이런 생각은 전통의 시대적 배경 및 사회 문화적 의미를 제대로 파악하지 못하게 하는 결과를 초래한다. 여기에서 과거의 문화를 오늘날과는 또 다른 문화로 보아야 할 필요성이 생긴다.

홉스봄과 레인저는 오래된 것이라고 믿고 있는 전통의 대부분이 그리 멀지 않은 과거에 발명되었다고 주장한다. 예컨대 스코틀랜드 사람들은 킬트(Kilt)를 입고 전통 의식을 치르며, 이를 대표적인 전통문화라고 믿는다. 그러나 킬트는 1707년에 스코틀랜드가 잉글랜드에 합병된 후, 이곳에 온 한 잉글랜드 사업가에 의해 불편한 기존의 의상을 대신하여 작업복으로 만들어진 것이다. 이후 킬트는 하층민을 중심으로 유행하였지만, 1745년의 반란 전까지만 해도 전통 의상으로 여겨지지 않았다. 반란 후, 영국 정부는 킬트를 입지 못하도록 했다. 그런데 일부가 몰래 집에서 킬트를 입기 시작했고, 킬트는 점차 전통 의상으로 여겨지게 되었다. 킬트의 독특한 체크무늬가 각 씨족의 상징으로 자리 잡은 것은, 1822년에 영국 왕이 방문했을 때 성대한 환영 행사를 마련하면서 각 씨족장에게 다른 무늬의 킬트를 입도록 종용하면서부터이다. 이때 채택된 독특한 체크무늬가 각 씨족을 대표하는 의상으로 자리를 잡게 되었다.

킬트의 사례는 전통이 특정 시기에 정치·사회적 목적을 달성하기 위해 만들어지기도 한다는 것을 보여 준다. 특히 근대국가의 출현 이후 국가에 의한 전통의 발명은 체제를 확립하는 데 큰 역할을 담당하기도 하였다. 이 과정에서 전통은 그 전통이 생성되었던 시기를 넘어 아주 오래 전부터 지속되어 온 것이라는 신화가 형성되었다. 그러나 전통은 특정한 시공간에 위치하는 사람들에 의해 생성되어 공유되는 것으로, 정치·사회·경제 등과 밀접한 관련을 맺으면서 시대마다 다양한 의미를 지니게 된다. 그러므로 전통을 특정한 사회 문화적 맥락으로부터 분리하여 신화화(神話化)하면 당시의 사회 문화를 총체적으로 이해할 수 없게 된다. 낯선 타(他) 문화를 통해 자기 문화를 좀 더 객관적으로 바라볼 수 있듯이, 과거의 문화를 또 다른 낯선 문화로 봄으로써 전통의 실체를 올바로 인식할 수 있게 된다. 이러한 관점은 신화화된 전통의 실체를 폭로하려는 데에 궁극적 목적이 있는 것이 아니다. 오히려 과거의 문화를 타 문화로 인식함으로써 신화 속에 묻혀 버린 당시의 사람들을 문화와 역사의 주체로 복원하여, 그들의 입장에서 전통의 사회 문화적 맥락과 의미를 새롭게 조명하려는 것이다. 더 나아가 이러한 관점을 통해 우리는 현대 사회에서 전통이 지니는 현재적 의미를 제대로 이해할 수 있을 것이다.

03 다음 중 윗글의 중심 내용으로 가장 적절한 것은?

① 사회 문화적 맥락이 배제된, 전통 문화 고유의 가치에 대한 인식이 필요하다.

② 신화화된 전통의 실체를 올바르게 인식하여 현대 사회에서의 의미를 재조명해야 한다.

③ 전통은 근대국가가 들어선 이후 정치·사회적 목적 하에 철저히 이용되어 왔다.

④ 모든 전통에는 갈등과 투쟁의 과정에서 형성된 민족주의 정신이 깃들어있다.

⑤ 과거의 전통을 타 문화로 인식하여 객관적·분석적으로 평가하는 태도가 필요하다.

04 다음 중 윗글의 논지 전개 방식으로 가장 적절한 것은?

① 어떤 개념을 소개한 후 시간의 변화에 따른 개념에 대한 인식 변화를 설명하고 있다.

② 대립하는 두 의견을 제시한 후, 두 의견의 절충안을 제안하고 있다.

③ 다양한 사례들을 제시한 후 이를 일반화하여 하나의 이론을 제시하고 있다.

④ 중심이 되는 소재의 하위개념을 나열하며 설명하고 있다.

⑤ 주장을 제시한 후, 구체적인 사례를 통해 이를 뒷받침하고 있다.

05 다음 글의 서술상 특징으로 가장 적절한 것은?

'셧다운제'에 대한 논란이 뜨겁다. 셧다운제는 0시부터 오전 6시 사이에 만 16세 미만 청소년의 온라인 게임 접속을 차단하는 제도로서, 온라인 게임 중독을 예방하기 위해 도입되었다. 셧다운제에 찬성하는 사람들은 게임에 빠진 청소년들의 사회성이 결여되며, 건강 악화를 야기한다고 주장한다. 그러나 셧다운제에 반발하는 목소리도 적지 않다. 여가를 즐기는 청소년의 정당한 권리를 박탈하는 것은 옳지 않다는 의견이다. 한편 게임 시장이 위축될 것에 대한 우려의 목소리도 있다. 성장 가능성이 큰 우리나라 게임 산업의 경쟁력이 퇴보할 수 있다고 주장하고 있다.

① 구체적 수치를 언급함으로써 게임 산업의 중요성을 강조한다.

② 현상의 문제점을 분석하고 해결책을 제시한다.

③ 사안에 대한 다른 나라의 평가를 인용하여 한쪽의 주장을 뒷받침한다.

④ 논란이 되고 있는 사안을 바라보는 서로 다른 관점을 제시한다.

⑤ 구체적인 사례를 통해 관련 주제를 설명한다.

06 다음 글을 통해서 알 수 있는 것이 아닌 것은?

> 참여예산제는 예산 편성의 단계에서 시민들의 참여를 가능하게 하는 제도이다. 행정부의 독점적인 예산 편성은 계층제적 권위에 의한 참여의 부족을 불러와 비효율성의 또 다른 원인이 될 수 있기 때문에, 참여예산제의 시행은 재정 민주주의의 실현을 위해서 뿐만 아니라 예산 배분의 효율성 제고를 위해서도 필요한 것이라 할 수 있다. 그러나 참여가 형식에 그치게 되거나 예기치 못한 형태의 주민 간 갈등이 나타날 수 있다는 문제점이 존재한다. 또 인기 영합적 예산 편성과 예산 수요의 증가 및 행정부 의사 결정의 곤란과 같은 문제점도 지적된다.

① 참여예산제의 시행은 민주성의 실현이라는 의의가 있다.
② 참여예산제의 시행은 예산 편성상의 효율성을 제고할 것이다.
③ 참여예산제는 주민들의 다양한 이익을 반영할 수 있을 것이다.
④ 참여예산제는 재정 상태를 악화시킬 것이다.
⑤ 참여예산제의 시행은 행정부의 권위주의를 견제하기 위해서 필요할 것이다.

07 다음 글의 내용으로 적절하지 않은 것은?

> 간디는 절대로 몽상가는 아니다. 그가 말한 것은 폭력을 통해서는 인도의 해방도, 보편적인 인간 해방도 없다는 것이었다. 민족 해방은 단지 외국 지배자의 퇴각을 의미하는 것일 수는 없다. 참다운 해방은 지배와 착취와 억압의 구조를 타파하고 그 구조에 길들여져 온 심리적 습관과 욕망을 뿌리로부터 변화시키는 일 – 다시 말하여 일체의 '칼의 교의(敎義)' – 로부터의 초월을 실현하는 것이다. 간디의 관점에서 볼 때, 무엇보다 큰 폭력은 인간의 근원적인 영혼의 요구에 대해서는 조금도 고려하지 않고, 물질적 이득의 끊임없는 확대를 위해 착취와 억압의 구조를 제도화한 서양의 산업 문명이었다.

① 간디는 비폭력주의자이다.
② 간디는 산업 문명에 부정적이었다.
③ 간디는 반외세 사회주의자이다.
④ 간디는 외세가 인도를 착취하였다고 보았다.
⑤ 간디는 서양의 산업 문명을 큰 폭력이라고 보았다.

08 다음 A의 주장에 효과적으로 반박할 수 있는 진술은?

> A : 우리나라는 경제 성장과 국민 소득의 향상으로 매년 전력소비가 증가하고 있습니다. 이런 와중에 환경문제를 이유로 발전소를 없앤다는 것은 말도 안 되는 소리입니다. 반드시 발전소를 증설하여 경제 성장을 촉진해야 합니다.
>
> B : 하지만 최근 경제 성장 속도에 비해 전력소비량의 증가가 둔화되고 있는 것도 사실입니다. 더구나 전력소비에 대한 시민의식도 점차 바뀌어가고 있으므로 전력소비량 관련 캠페인을 실시하여 소비량을 줄인다면 발전소를 증설하지 않아도 됩니다.
>
> A : 의식의 문제는 결국 개인에게 기대하는 것이고, 희망적인 결과만을 생각한 것입니다. 확실한 것은 앞으로 우리나라 경제 성장에 있어 더욱더 많은 전력이 필요할 것이라는 겁니다.

① 친환경 발전으로 환경과 경제 문제를 동시에 해결할 수 있다.
② 경제 성장을 하면서도 전력소비량이 감소한 선진국의 사례도 있다.
③ 최근 국제 유가의 하락으로 발전비용이 저렴해졌다.
④ 발전소의 증설이 건설경제의 선순환 구조를 이룩할 수 있는 것이 아니다.
⑤ 우리나라 시민들의 전기소비량에 대한 인식조사를 해야 한다.

09 다음 글 뒤에 이어질 내용으로 가장 적절한 것은?

> 태초의 자연은 인간과 동등한 위치에서 상호 소통할 수 있는 균형적인 관계였다. 그러나 기술의 획기적인 발달로 인해 자연과 인간사회 사이에 힘의 불균형이 초래되었다. 자연과 인간의 공생은 힘의 균형을 전제로 한다. 균형적 상태에서 자연과 인간은 긴장감을 유지하지만 한쪽에 의한 폭력적 관계가 아니기에 소통이 원활히 발생한다. 또한 일방적인 관계에서는 한쪽의 희생이 필수적이지만 균형적 관계에서는 상호 호혜적인 거래가 발생한다. 이때의 거래란 단순히 경제적인 효율을 의미하는 것이 아니다. 대자연의 환경에서 각 개체와 그 후손들의 생존은 상호 관련성을 지닌다. 이에 따라 자연은 인간에게 먹거리를 제공하고 인간은 자연을 위한 의식을 행함으로써 상호 이해와 화해를 도모하게 된다. 인간에게 자연이란 정복의 대상이 아닌 존중받아야 할 거래 대상인 것이다. 결국 대칭적인 관계로의 회복을 위해서는 힘의 균형이 전제되어야 한다.

① 인간과 자연이 힘의 균형을 회복하기 위한 방법
② 인간과 자연이 거래하는 방법
③ 태초의 자연이 인간을 억압해온 사례
④ 인간 사회에서 소통의 중요성
⑤ 경제적인 효율을 극대화하기 위한 방법

※ 다음 글을 읽고 이어지는 물음에 답하시오. [10~11]

특허권은 발명에 대한 정보의 소유자가 특허 출원 및 담당관청의 심사를 통하여 획득한 특허를 일정 기간 독점적으로 사용할 수 있는 법률상 권리를 말한다. 한편 영업 비밀은 생산 방법, 판매 방법, 그 밖에 영업 활동에 유용한 기술상 또는 경영상의 정보 등으로, 일정 조건을 갖추면 법으로 보호받을 수 있다. 법으로 보호되는 특허권과 영업 비밀은 모두 지식 재산인데, 정보 통신 기술(ICT) 산업은 이 같은 지식 재산을 기반으로 창출된다. 지식 재산 보호 문제와 더불어 최근에는 ICT 다국적 기업이 지식 재산으로 거두는 수입에 대한 과세 문제가 불거지고 있다.

일부 국가에서는 ICT 다국적 기업에 대해 디지털세 도입을 진행 중이다. ㉮ 디지털세는 이를 도입한 국가에서 ICT 다국적 기업이 거둔 수입에 대해 부과되는 세금이다. 디지털세의 배경에는 법인세 감소에 대한 각국의 우려가 있다. 법인세는 국가가 기업으로부터 걷는 세금 중 가장 중요한 것으로, 재화나 서비스의 판매 등을 통해 거둔 수입에서 제반 비용을 제외하고 남은 이윤에 대해 부과하는 세금이라 할 수 있다.

많은 ICT 다국적 기업이, 법인세율이 현저하게 낮은 국가에 자회사를 설립하고 그 자회사에 이윤을 몰아주는 방식으로 법인세를 회피한다는 비판이 있어 왔다. 예를 들면 ICT 다국적 기업 Z사는 법인세율이 매우 낮은 A국에 자회사를 세워 특허의 사용 권한을 부여한다. 그리고 법인세율이 A국보다 높은 B국에 설립된 Z사의 자회사에서 특허 사용으로 수입이 발생하면 Z사는 B국의 자회사로 하여금 A국의 자회사에 특허 사용에 대한 수수료인 로열티를 지출하도록 한다. 그 결과 Z사는 B국의 자회사에 법인세가 부과될 이윤을 최소화한다. ICT 다국적 기업의 본사를 많이 보유한 국가에서도 해당 기업에 대한 법인세 징수는 문제가 된다. 그러나 그중 어떤 국가들은 ICT 다국적 기업의 활동이 해당 산업에서 자국이 주도권을 유지하는 데 중요하기 때문에라도 디지털세 도입에는 방어적이다.

ICT 산업을 주도하는 국가에서 더 중요한 문제는 ICT 지식 재산 보호의 국제적 강화일 수 있다. 이론적으로 봤을 때 지식 재산의 보호가 약할수록 유용한 지식 창출의 유인이 저해되어 지식의 진보가 정체되고, 지식 재산의 보호가 강할수록 해당 지식에 대한 접근을 막아 소수의 사람만이 혜택을 보게 된다. 전자로 발생한 손해를 유인 비용, 후자로 발생한 손해를 접근 비용이라고 한다면, 지식 재산 보호의 최적 수준은 두 비용의 합이 최소가 될 때일 것이다. 각국은 그 수준에서 자국의 지식 재산 보호 수준을 설정한다. 특허 보호 정도와 국민 소득의 관계를 보여 주는 한 연구에서는 국민 소득이 일정 수준 이상인 상태에서는 국민 소득이 증가할수록 특허 보호 정도가 강해지는 경향이 있지만, 가장 낮은 소득 수준을 벗어난 국가들은 그들보다 소득 수준이 낮은 국가들보다 오히려 특허 보호가 약한 것으로 나타났다. 이는 지식 재산 보호의 최적 수준에 대해서도 국가별 입장이 다름을 시사한다.

10 다음 중 윗글에서 언급하지 않은 것은?

① 영업 비밀의 범위
② 영업 비밀이 법적 보호 대상으로 인정받기 위한 절차
③ 법으로 보호되는 특허권과 영업 비밀의 공통점
④ 디지털세를 도입하게 된 배경
⑤ 이론적으로 지식 재산 보호의 최적 수준을 설정하는 기준

11 다음 중 윗글의 ㉮에 대한 설명으로 적절하지 않은 것은?

① ICT 다국적 기업의 본사를 많이 보유한 국가 중에는 디지털세 도입에 방어적인 곳이 있다.

② 도입된 국가에서 ICT 다국적 기업이 거둔 수입에 대해 부과된다.

③ 지식 재산 보호와는 관련이 없다.

④ 법인세 감소에 대한 우려가 디지털세를 도입하게 된 배경이다.

⑤ 여러 국가에 자회사를 설립하는 것과 관련이 있다.

12 다음 글의 내용으로 적절하지 않은 것은?

> 조금 예민한 문제이지만 외몽고와 내몽고라는 용어도 문제가 있다. 외몽고는 중국을 중심으로 바깥쪽이라는 뜻이고, 내몽고는 중국의 안쪽에 있다는 말이다. 이러한 영토 내지는 귀속 의식을 벗어나서 객관적으로 표현한다면 북몽골, 남몽골로 구분하는 것이 더 낫다. 그러나 이렇게 하면 중국과의 불화는 불을 보듯이 뻔하다. 중국의 신강도 '새 영토'라는 뜻이므로 지나치게 중화주의적이다. 그곳에 사는 사람들의 고유 전통을 완전히 무시한 것이기도 하다. 미국과 캐나다, 그리고 호주의 원주민 보호 구역 역시 '보호'라는 의미를 충족하지 못한다. 수용 지역이라고 하는 것이 더욱 객관적이다. 그러나 그렇게 한다면 외교적인 부담을 피할 길이 없다. 이처럼 예민한 지명 문제는 학계 목소리로 남겨 두는 것이 좋다.

① 정부는 외몽고를 북몽골로 불러야 한다.

② 지명 문제로 외교 마찰을 빚는 것은 바람직하지 않다.

③ 외몽고, 내몽고, 신강 등과 같은 표현은 객관적인 표현이라 할 수 없다.

④ 외교적 마찰이 예상되는 지명 문제에 대해서는 학계에서 논의하는 것이 좋다.

⑤ 중국이 '신강'과 같은 원리로 이름을 붙이는 것은, 지나치게 중화주의적인 태도이다.

민화는 매우 자유분방한 화법을 구사한다. 민화는 본(本)에 따라 그리는 그림이기 때문에 전부가 비슷할 것이라고 생각하기 쉽다. 그러나 실상은 그 반대로 같은 주제이면서 똑같은 그림은 없다. 왜냐하면 양반처럼 제약받아야 할 사상이나 규범이 현저하게 약한 민중들은 얼마든지 자기 취향대로 생략하고 과장해서 그림을 그릴 수 있었기 때문이다.

민화의 자유분방함은 공간 구성법에서도 발견된다. 많은 경우 민화에는 공간을 묘사하는 데 좌우·상하·고저가 분명한 일관된 작법이 없다. 사실 중국이 중심이 된 동북아시아에서 통용되던 전형적인 화법은 한 시점에서 바라보고 그 원근에 따라 일관되게 그리는 것이 아니라 이른바 삼원법(三遠法)에 따라 다각도에서 그리는 것이다. ___㉠___ 민화에서는 대상을 바라보는 시각이 이보다 더 자유롭다. 그렇다고 민화에 나타난 화법에 전혀 원리가 없다고는 할 수 없다. 민화에서는 종종 그리려는 대상을 한층 더 완전하게 표현하기 위해 그 대상의 여러 면을 화면에 동시에 그려 놓는다. 그런 까닭에 민화의 화법은 서양의 입체파들이 사용하는 화법과 비교되기도 한다. 가령 김홍도의 맹호도를 흉내 내 그린 듯한 민화의 경우처럼 호랑이의 앞면과 옆면을 동시에 그려 놓은 예나, 책거리 그림의 경우처럼 겉과 속, 왼쪽과 오른쪽을 동시에 그려 놓은 것이 그 예에 속한다. 민화의 화가들은 객관적으로 보이는 현실을 무시하고 자신의 의도에 따라 표현하고 싶은 것을 마음대로 표현해 버린 것이다. 그러니까 밖에 주어진 현실에 종속되기보다는 자신의 자유로운 판단을 더 믿은 것이다.

같은 맥락에서 볼 때 민화에서 가장 이해하기 힘든 화법은 아마 역원근법일 것이다. 이 화법은 책거리에 많이 나오는 것으로 앞면을 작고 좁게 그리고 뒷면을 크고 넓게 그리는 화법인데, 이는 그리려는 대상의 모든 면, 특히 물체의 왼쪽 면과 오른쪽 면을 동시에 표현하려는 욕심에서 나온 화법으로 판단된다. 이런 작법을 통해 우리는 당시의 민중들이 자신들의 천진하고 자유분방한 사고방식을 스스럼없이 표현할 수 있을 정도로 사회적 여건이 성숙되었음을 알 수 있다. ___㉡___ 이것은 19세기에 농상(農商)의 경제 체제의 변화나 신분 질서의 와해 등으로 기존의 기층민들이 자기를 표현할 수 있는 경제적·신분적 근거가 확고하게 되었음을 의미한다.

민중들의 자유분방함이 표현된 민화에는 화법적인 것 말고도 내용 면에서도 억압에서 벗어나려는 해방의 염원이 실려 있다. 민화가 농도 짙은 해학을 깔면서도 그러한 웃음을 통해 당시 부조리한 현실을 풍자했다는 것은 잘 알려진 사실이다. 호랑이 그림에서 까치나 토끼는 서민을, 호랑이는 권력자나 양반을 상징한다. 즉 까치나 토끼가 호랑이에게 면박을 주는 그림을 통해 서민이 양반들에게 면박을 주고 싶은 마음을 표현하고 있다. 이 모두가 민중들의 신장된 힘 혹은 표현력을 나타낸다.

13 다음 중 윗글의 ㉠, ㉡에 들어갈 말로 가장 적절한 것은?

	㉠	㉡
①	그러므로	따라서
②	그런데	즉
③	따라서	즉
④	그러므로	그런데
⑤	그런데	한편

14 다음 중 윗글의 내용으로 가장 적절한 것은?

① 민화는 일정한 화법이나 원리가 존재하지 않는 것이 특징이다.

② 민화와 서양의 입체파 화법이 닮은 것은 둘 다 서민층의 성장을 배경으로 하고 있기 때문이다.

③ 민화는 화법이나 내용면에서 모두 신분 상승의 염원을 드러내고 있다.

④ 삼원법은 민화와 달리 한 시점에서 원근에 따라 일관되게 그리는 것이 특징이다.

⑤ 민화의 화가들은 객관적인 현실보다 자신의 내면의 목소리에 더 귀를 기울였다.

15 다음 문장을 논리적 순서대로 바르게 나열한 것은?

> (가) 또한, 내과 교수팀은 "이번에 발표된 치료성적은 치료 중인 많은 난치성 결핵환자들에게 큰 희망을 줄 수 있을 것"이라고 발표했다.
>
> (나) A병원 내과 교수팀은 결핵 및 호흡기학회에서 그동안 치료가 매우 어려운 것으로 알려진 난치성 결핵의 치료성공률을 세계 최고 수준인 80%로 높였다고 발표했다.
>
> (다) 완치가 거의 불가능한 난치성 결핵균에 대한 치료성적이 우리나라가 세계 최고 수준인 것으로 발표되어 치료 중인 환자와 가족들에게 희소식이 되고 있다.
>
> (라) 내과 교수팀은 지난 10년간 A병원에서 치료한 결핵환자 155명의 치료성적을 분석한 결과, 치료성공률이 49%에서 57%, 현재는 80%에 이르렀다고 발표했다.

① (가) – (나) – (다) – (라)

② (다) – (나) – (라) – (가)

③ (다) – (가) – (라) – (나)

④ (가) – (라) – (다) – (나)

⑤ (나) – (다) – (가) – (라)

※ 다음은 건강과 관련된 주간지에 게시된 기사이다. 다음 기사를 읽고 이어지는 질문에 답하시오. [16~17]

(가) 대부분의 실험 참가자들은 청소년기에 부모에게서 많은 칭찬과 보상을 받으며 원만한 관계를 맺음으로써 성인기에 코르티솔 수치가 높아진 것으로 나타났다. 코르티솔 수치가 높다는 것은 주의에 집중하고 민첩하며 재빠른 상황 판단과 대처를 할 수 있다는 의미로, 이는 원만한 인간관계로 이어져 개인의 삶에 좋은 영향을 미친다고 볼 수 있다. 인간관계에서 벌어지는 미묘한 문제를 잘 알아채고 세부적인 사항들에 좀 더 주목할 수 있기 때문이다.

(나) 부모와 긍정적인 관계를 형성한 청소년은 성인이 되고 나서도 원만한 인간관계 등을 통해 개인의 삶에 긍정적인 영향을 주는 것으로 나타났다. 미국 아이오와 대학교 연구팀은 미국 시애틀 거주자를 대상으로 이에 대한 연구를 진행했다. 우선 실험 참가자들이 청소년일 때 부모와의 관계를 확인하고, 이후 부모와의 긍정적인 관계가 성인이 된 후 어떠한 영향을 미쳤는지 살폈다.

(다) 그런데 일부 실험 참가자는 다른 양상이 나타났다. 청소년기에 시작된 부모의 칭찬과 보상이 코르티솔 수치에 별다른 영향을 미치지 않은 것이다. 이는 어릴 때부터 범죄, 가정 문제 등에 노출되는 일이 많았던 경우로 이 경우 이미 스스로를 보호하고 경계하면서 자랐기 때문일 것으로 분석된다. 즉, 부모와의 관계가 자녀의 삶에 영향을 미치지만, 외부 환경이 끼치는 영향 역시 무시할 수 없다는 의미로 해석될 수 있는 것이다.

(라) 5년이 지난 뒤 19~22세 사이의 성인이 된 실험 참가자들에게서 타액 샘플을 채취한 다음 코르티솔 수치를 살폈다. 코르티솔은 스트레스에 반응하여 분비되는 호르몬으로, 자연스럽게 인간관계를 형성하면서 나타나는 호르몬으로도 볼 수 있다. 성별, 수입 상태, 수면 습관 등 다양한 변인을 통제한 상태에서 분석해본 결과, 부모와 청소년의 관계는 코르티솔 수치와 연관성을 보였다.

16 다음 중 위 기사를 읽고 각 문단을 논리적 순서대로 바르게 나열한 것은?

① (나) – (라) – (가) – (다)
② (가) – (다) – (라) – (나)
③ (나) – (라) – (다) – (가)
④ (가) – (나) – (라) – (다)
⑤ (나) – (가) – (다) – (라)

17 다음 중 위 기사의 제목으로 가장 적절한 것은?

① 대인관계 형성, 인종별로 다르게 나타나
② 코르티솔로 나타나는 부모와 자식의 관계
③ 부모와의 좋은 관계, 개인의 삶에 영향 미쳐
④ 외부환경으로 나타나는 자녀의 스트레스
⑤ 격려와 적절한 보상의 효과성 검증

18 다음 제시된 글 뒤에 이어질 내용을 논리적 순서대로 바르게 나열한 것은?

> 텔레비전 앞에 앉아 있으면 우리는 침묵한다. 수줍은 소녀가 된다. 텔레비전은 세상의 그 무엇에 대해서도 다 이야기한다.
> ㉠ 하지만 텔레비전은 내 사적인 질문 따위는 거들떠보지도 않는다.
> ㉡ 심지어 텔레비전은 자기 자신에 관해서도 이야기한다.
> ㉢ 남 앞에서 자기에 관해 말하는 것을 몹시 불편해하는 나로서는 존경하고 싶을 지경이다.

① ㉠ – ㉡ – ㉢　　　　　　　　② ㉡ – ㉢ – ㉠
③ ㉠ – ㉢ – ㉡　　　　　　　　④ ㉢ – ㉡ – ㉠
⑤ ㉢ – ㉠ – ㉡

※ 다음 글의 빈칸에 들어갈 내용으로 가장 적절한 것을 고르시오. [19~20]

19

> 디지털화된 파일을 바탕으로 활자나 그림을 인쇄하는 2D프린터와 같이 3D프린터는 입력한 도면을 바탕으로 3차원의 입체 물품을 만들어낸다. 2D프린터는 종이와 같은 2차원 평면에서 앞뒤(x축)와 좌우(y축)로 운동하지만, 3D프린터는 여기에 상하(z축) 운동을 더해 3차원의 입체적인 공간에서 인쇄가 가능하다. 이러한 3D프린터를 이용해 골조와 벽체를 뽑아내는 3D프린팅 건축이 건축업계에 새로운 자동화 바람을 일으키고 있다.
> 지난 10월 서울 중구에 국내 1호 3D프린팅 건축물이 들어섰다. 불과 14시간 만에 완공됐으며, 건축비도 기존의 10분의 1밖에 들지 않았다. 3D프린팅 건축은 바닥 기초 작업을 제외한 대부분 공정을 자동화하여 비용과 시간, 재료, 노동력 등을 최대 80%까지 절감할 수 있다.
> 미국의 3D프린팅 건축업체인 '아이콘'은 비영리 NGO 단체인 '뉴스토리'와 함께 멕시코, 엘살바도르, 아이티 등 남미 빈곤 지역에 상대적으로 저렴한 3D프린팅 주택 800여 채를 짓는 프로젝트를 진행하고 있다. 프랑스에서는 3D프린팅 주택에 세계 최초로 가족이 입주하였다. 프랑스의 한 대학이 지은 이 주택은 3개의 침실이 있는 단층 건물로, 불과 이틀 만에 골조를 올렸다.
> 다만, 현재 3D프린팅 건축의 한계는 _____이다. 아직 3D프린팅 건축은 최대 5층까지만 가능하다. 지진이나 화재 등에 대한 안전성이 검증되지 않았기 때문이다. 또한 현재 3D프린팅 기술로는 건물보다 더 큰 3D프린터가 필요하다는 것도 해결해야 할 과제이다.

① 건물의 부피　　　　　　　　② 건물의 무게
③ 건물의 위치　　　　　　　　④ 건물의 높이
⑤ 건물의 종류

20

인간의 손가락처럼 움직이는 로봇 H가 개발되었다. 공압식 손가락 로봇인 H에는 정교한 촉각과 미끄러짐을 감지하는 감각 시스템이 내장돼 있어 물건을 적절한 압력으로 섬세하게 쥐는 인간의 능력을 모방할 수 있다. H는 크기와 모양이 불규칙하거나 작고 연약한 물체를 다루는 데 어려움을 겪는 농업 및 물류 자동화 분야에서 가치를 발휘할 것으로 예상된다.

물류 자동화에 보편적으로 사용되는 관절 로봇은 복합적인 '움켜쥐기 알고리즘' 및 엔드 이펙터(손가락)의 정확한 배치와 물건을 쥐기 위한 고가의 센서 기기 및 시각 센서 등을 필요로 한다. 공기압을 통해 제어되는 H의 손가락은 구부리거나 힘을 가할 수 있으며, 각 손가락의 촉각 센서에 따라 개별적으로 제어된다. 따라서 H의 손가락은 _____ 인간의 손이 물건을 쥘 때와 마찬가지로 우선 손가락이 물건에 닿을 때까지 다가가 위치를 파악하고 해당 위치에 맞게 손가락 위치를 조정하여 물건을 쥐는 것이다. 이때 물건이 떨어지면 이를 즉각적으로 인식할 수 있으며, 물건이 미끄러지는 것을 감지하면 스스로 손가락의 힘을 더 높일 수 있다. 여기서 한걸음 더 나아가 기존 로봇이 쥐거나 포장할 수 있었던 물건의 종류와 수도 확대되었다.

실리콘 재질로 만들어진 H의 내부는 비어있으며, 새롭게 적용된 센서들이 손가락 모양의 실리콘 성형 과정에서 내장되고 공기 실(Air Chamber)이 중심을 지나간다. H의 유연한 손가락 표면은 식품을 만져도 안전하며, 쉽게 세척이 가능하다. 또한 손가락이 손상되거나 마모되더라도 저렴한 비용으로 교체할 수 있도록 개발됐다.

로봇 개발 업체 관계자는 "집품 및 포장 작업으로 인력에 크게 의존하는 물류산업은 항상 직원의 고용 및 부족 문제를 겪고 있다. 물류 체인의 집품 및 포장 자동화가 대규모 자동화보다 뒤떨어진 상황에서 H의 감각 시스템은 물체 선별 작업이나 자동화 주문을 처음부터 끝까지 이행할 수 있도록 하는 물류 산업 분야의 혁명이 될 것이다."라고 말했다.

① 고가의 센서 기기를 필요로 한다.
② 기존 관절 로봇보다 쉽게 구부러질 수 있다.
③ 밀리미터 단위의 정확한 위치 지정을 필요로 하지 않는다.
④ 가까운 곳에 위치한 물건을 멀리 있는 물건보다 더 쉽게 잡을 수 있다.
⑤ 무거운 물건도 간단하게 잡을 수 있다.

21 다음 글을 바탕으로 한 추론으로 가장 적절한 것은?

> 노모포비아는 '휴대 전화가 없을 때(No mobile) 느끼는 불안과 공포증(Phobia)'이라는 의미의 신조어이다. 영국의 인터넷 보안업체 시큐어엔보이는 2012년 3월 영국인 1,000명을 대상으로 설문 조사한 결과 응답자의 66%가 노모포비아, 즉 휴대 전화를 소지하지 않았을 때 공포를 느낀다고 발표했다. 노모포비아는 특히 스마트폰을 많이 쓰는 젊은 나이일수록 그 증상이 심하다. 18 ~ 24세 응답자의 경우 노모포비아 응답률이 77%나 됐다. 전문가들은 이 증상이 불안감, 자기회의감 증가, 책임전가와 같은 정신적인 스트레스를 넘어 육체적 고통도 상당한 수준이라고 이야기한다. 휴대 전화에 집중하느라 계단에서 구르거나 난간에서 떨어지는 경미한 사고부터 심각한 차 사고까지 그 피해는 광범위하다.

① 노모포비아는 젊은 나이의 휴대 전화 보유자에게서 나타난다.
② 노모포비아는 스마트폰을 사용하는 경우에 무조건 나타난다.
③ 정신적인 스트레스만 발생시킨다.
④ 휴대 전화를 사용하지 않는 사람에게서는 노모포비아 증상이 나타나지 않는다.
⑤ 모든 젊은이들에게서 노모포비아 증상이 나타난다.

22 다음 글의 주제로 가장 적절한 것은?

> 멸균이란 곰팡이, 세균, 박테리아, 바이러스 등 모든 미생물을 사멸시켜 무균 상태로 만드는 것을 의미한다. 멸균 방법에는 물리적, 화학적 방법이 있으며, 멸균 대상의 특성에 따라 적절한 멸균 방법을 선택하여 실시할 수 있다. 먼저 물리적 멸균법에는 열이나 화학약품을 사용하지 않고 여과기를 이용하여 세균을 제거하는 여과법, 병원체를 불에 태워 없애는 소각법, 100℃에서 10 ~ 20분간 물품을 끓이는 자비소독법, 미생물을 자외선에 직접 노출시키는 자외선 소독법, 160 ~ 170℃의 열에서 1 ~ 2시간 동안 건열 멸균기를 사용하는 건열법, 포화된 고압증기 형태의 습열로 미생물을 파괴시키는 고압증기 멸균법 등이 있다. 다음으로 화학적 멸균법은 화학약품이나 가스를 사용하여 미생물을 파괴하거나 성장을 억제하는 방법을 말한다. 여기에는 E.O 가스, 알코올, 염소 등 여러 가지 화학약품이 사용된다.

① 멸균의 중요성
② 뛰어난 멸균 효과
③ 다양한 멸균 방법
④ 멸균 시 발생할 수 있는 부작용
⑤ 실생활에서 사용되는 멸균

23 다음 글의 중심 내용으로 가장 적절한 것은?

> '있어빌리티'는 '있어 보인다.'와 능력을 뜻하는 영어단어 'Ability'를 합쳐 만든 신조어로, 실상은 별거 없지만, 사진이나 영상을 통해 뭔가 있어 보이게 자신을 잘 포장하는 능력을 의미한다. 이처럼 있어빌리티는 허세, 과시욕 등의 부정적인 단어와 함께 사용되어 왔다. 그러나 기업과 마케팅 전문가들은 있어빌리티를 중요한 마케팅 포인트로 생각하고, 있어 보이고 싶은 소비자의 심리를 겨냥해 마케팅 전략을 세운다. 있어 보이기 위한 연출에는 다른 사람이 사용하는 것과는 다른 특별한 상품이 필요하기 때문이다. 과거에는 판매하는 제품이나 서비스가 얼마나 괜찮은지를 강조하기 위한 홍보 전략이 성행했다면, 최근에는 특정 상품을 구매하고 서비스를 이용하는 소비자가 얼마나 특별한지에 대해 강조하는 방식이 많다. VIP 마케팅 또한 있어빌리티를 추구하는 소비자들을 위한 마케팅 전략이다. VIP에 속한다는 것 자체가 자신이 특별한 사람이라는 것을 증명하기 때문이다.

① 자기 과시의 원인
② 자기표현의 중요성
③ 자기 과시 욕구의 문제점
④ 자기 과시를 활용한 마케팅 전략
⑤ 자기 과시로 인한 사회 문제점

24 다음 의견에 대한 반대 측의 논거로 가장 적절한 것은?

> 인터넷 신조어를 국어사전에 당연히 올려야 한다고 생각합니다. 사전의 역할은 모르는 말이 나올 때, 그 뜻이 무엇인지 쉽게 찾을 수 있도록 하는 것입니다. '안습', '멘붕' 같은 말은 널리 쓰이고 있음에도 불구하고 국어사전에 없기 때문에 어른들이나 우리말을 배우는 외국인들이 큰 불편을 겪고 있습니다.

① '멘붕'이나 '안습' 같은 신조어는 이미 널리 쓰이고 있다. 급격한 변화를 특징으로 하는 정보화 시대에 많은 사람이 사용하는 말이라면 표준어로 인정해야 한다.
② 영국의 권위 있는 사전인 '옥스퍼드 영어 대사전'은 최근 인터넷 용어로 쓰이던 'OMG(어머나)', 'LOL(크게 웃다)' 등과 같은 말을 정식 단어로 인정하였다.
③ 언어의 창조성 측면에서 우리말이 현재보다 더욱 풍부해질 수 있으므로 가능하면 더 많은 말을 사전에 등재하는 것이 바람직하다.
④ '멘붕'이나 '안습' 같은 말들은 갑자기 생긴 말로 오랜 시간 언중 사이에서 사용되지 않고 한때 유행하다가 사라질 가능성이 있는 말이다.
⑤ 인터넷 신조어의 등장은 시대에 따라 변한 언어의 한 종류로 자연스러운 언어 현상 중 하나이다.

25 다음 글의 주장에 대해 반박하는 내용으로 적절하지 <u>않은</u> 것은?

> 프랑크푸르트학파는 대중문화의 정치적 기능을 중요하게 본다. 20세기 들어 서구 자본주의 사회에서 혁명이 불가능하게 된 이유 가운데 하나는 바로 대중문화가 대중들을 사회의 권위에 순응하게 함으로써 사회를 유지하는 기능을 하고 있기 때문이라는 것이다. 이 순응의 기능은 두 방향으로 진행된다. 한편으로 대중문화는 대중들에게 자극적인 오락거리를 제공함으로써 정신적인 도피를 유도하여 정치에 무관심하도록 만든다는 것이다. 유명한 3S(Sex, Screen, Sports)는 바로 현실도피와 마취를 일으키는 대표적인 도구들이다. 다른 한편으로 대중문화는 자본주의적 가치관과 이데올로기를 은연 중에 대중들이 받아들이게 하는 적극적인 세뇌 작용을 한다. 영화나 드라마, 광고나 대중음악의 내용이 규격화되어 현재의 지배적인 가치관을 지속해서 주입함으로써, 대중은 현재의 문제를 인식하고 더 나은 상태로 생각할 수 있는 부정의 능력을 상실한 일차원적 인간으로 살아가게 된다는 것이다. 프랑크푸르트학파의 대표자 가운데 한 사람인 아도르노(Adorno)는 특별히「대중음악에 대하여」라는 글에서 대중음악이 어떻게 이러한 기능을 수행하는지 분석했다. 그의 분석에 따르면, 대중음악은 우선 규격화되어 누구나 쉽고 익숙하게 들을 수 있는 특징을 가진다. 그리고 이런 익숙함은 어려움 없는 수동적인 청취를 조장하여, 자본주의 안에서의 지루한 노동의 피난처 구실을 한다. 그리고 나아가 대중 음악의 소비자들이 기존 질서에 심리적으로 적응하게 함으로써 사회적 접착제의 역할을 한다.

① 대중문화의 영역은 지배계급이 헤게모니를 얻고자 하는 시도와 이에 대한 반대 움직임이 서로 얽혀 있는 곳으로 보아야 한다.

② 대중문화를 소비하는 대중이 문화 산물을 생산한 사람이 의도하는 그대로 문화 산물을 소비하는 존재에 불과하다는 생각은 현실과 맞지 않는다.

③ 발표되는 음악의 80%가 인기를 얻는 데 실패하고, 80% 이상의 영화가 엄청난 광고에도 불구하고 흥행에 실패한다는 사실은 대중이 단순히 수동적인 존재가 아니라는 것을 단적으로 드러내 보여 주는 예이다.

④ 대중의 평균적 취향에 맞추어 높은 질을 유지하는 것이 어렵다 하더라도 19세기까지의 대중이 즐겼던 문화에 비하면 현대의 대중문화는 훨씬 수준 높고 진보된 것으로 평가할 수 있다.

⑤ 대중문화는 지배 이데올로기를 강요하는 지배문화로만 구성되는 것도 아니고, 이에 저항하여 자발적으로 발생한 저항문화로만 구성되는 것도 아니다.

26 다음 글을 바탕으로 한 추론으로 적절하지 않은 것은?

> 사람의 무게 중심이 지지점과 가까울수록 넘어지지 않는다. 지지점은 물체가 지면에 닿은 부분으로 한 발로 서 있을 때에는 그 발바닥이 지지점이 되고 두 발을 벌리고 서있을 경우에는 두 발바닥 사이가 안정 영역이 된다. 균형감을 유지하기 위해서는 안정 영역에 무게 중심이 놓여 있어야 한다. 만약 외부의 힘에 의해서 무게 중심이 지지점과 연직 방향*에서 벗어난다면, 중력에 의한 회전력을 받게 되어 지지점을 중심으로 회전하며 넘어진다. 이렇게 기우뚱거리며 넘어지는 과정도 회전 운동이라 할 수 있다.
>
> *연직 방향 : 중력과 일직선상에 있는 방향

① 사람은 무게 중심이 지면에 닿아있는 부분과 가까울수록 넘어지지 않는다.
② 두 지지점 사이는 안정 영역이라고 한다.
③ 무게 중심이 지지점과 연직 방향에서 벗어나도 회전력을 받으면 넘어지지 않을 수 있다.
④ 균형감을 유지하기 위해서는 무게 중심이 두 지지점 사이에 있어야 한다.
⑤ 중력에 의한 회전력은 균형감을 무너뜨려 사람을 넘어지게 만들기도 한다.

27 다음 제시문의 뒤에 와야 하는 내용으로 가장 적절한 것은?

> 지금처럼 정보통신기술이 발달하지 않았던 시절에 비둘기는 '전서구'라고 불리며 먼 곳까지 소식을 전해 주었다. 비둘기는 다리에 편지를 묶어 날려 보내면 아무리 멀리 있어도 자기의 집을 찾아오는 습성이 있는 것으로 알려져 있다.
> 이러한 비둘기의 습성에 관해 많은 과학자들이 연구한 결과, 비둘기가 자기장을 이용해 집을 찾는다는 것을 밝혀냈다. 비둘기에게 불투명한 콘텍트렌즈를 끼워 시야를 가리고 먼 곳에서 날려 집을 찾아오는 지에 대한 실험을 했을 때, 비둘기는 정확하게 집을 찾아왔다. 또한, 비둘기의 머리에 코일을 감아 전기를 통하게 한 후, 지구 자기의 N극 위치와 같이 N극이 비둘기 아래쪽에 형성되도록 한 비둘기는 집을 잘 찾아 갔지만, 머리 위쪽에 형성되도록 한 비둘기는 엉뚱한 방향으로 날아가 집을 찾지 못했다.

① 비둘기의 서식 환경
② 비둘기와 태양 사이의 관계
③ 비둘기가 자기장을 느끼는 원인
④ 비둘기가 철새가 아닌 이유
⑤ 비둘기가 자기장을 느끼지 못하게 하는 방법

28 다음 글을 바탕으로 한 추론으로 가장 적절한 것은?

> 비자발적인 행위는 강제나 무지에서 비롯된 행위이다. 반면에 자발적인 행위는 그것의 실마리가 행위자 자신 안에 있다. 행위자 자신 안에 행위의 실마리가 있는 경우에는 행위를 할 것인지 말 것인지가 행위자 자신에게 달려 있다.
> 욕망이나 분노에서 비롯된 행위들을 모두 비자발적이라고 할 수는 없다. 그것들이 모두 비자발적이라면 인간 아닌 동물 중 어떤 것도 자발적으로 행위를 하는 게 아닐 것이며, 아이들조차 그럴 것이기 때문이다. 우리가 욕망하는 것 중에는 마땅히 욕망해야 할 것이 있는데, 그러한 욕망에 따른 행위는 비자발적이라고 할 수 없다. 실제로 우리는 어떤 것들에 대해서는 마땅히 화를 내야 하며, 건강이나 배움과 같은 것은 마땅히 욕망해야 한다. 따라서 욕망이나 분노에서 비롯된 행위를 모두 비자발적인 것으로 보아서는 안 된다.
> 합리적 선택에 따르는 행위는 모두 자발적인 행위지만 자발적인 행위의 범위는 더 넓다. 왜냐하면 아이들이나 동물들도 자발적으로 행위를 하긴 하지만 합리적 선택에 따라 행위를 하지는 못하기 때문이다. 또한 욕망이나 분노에서 비롯된 행위는 어떤 것도 합리적 선택을 따르는 행위가 아니다. 이성이 없는 존재는 욕망이나 분노에 따라 행위를 할 수 있지만, 합리적 선택에 따라 행위를 할 수는 없기 때문이다. 또 자제력이 없는 사람은 욕망 때문에 행위를 하지만 합리적 선택에 따라 행위를 하지는 않는다. 반대로 자제력이 있는 사람은 합리적 선택에 따라 행위를 하지, 욕망 때문에 행위를 하지는 않는다.

① 욕망에 따른 행위는 모두 자발적인 것이다.
② 자제력이 있는 사람은 자발적으로 행위를 한다.
③ 자제력이 없는 사람은 비자발적으로 행위를 한다.
④ 자발적인 행위는 모두 합리적 선택에 따른 것이다.
⑤ 마땅히 욕망해야 할 것을 하는 행위는 모두 합리적 선택에 따른 것이다.

29 다음 글을 바탕으로 한 추론으로 적절하지 않은 것은?

> 브랜드 전략의 성공요인을 다음의 세 가지로 집약할 수 있다.
> 첫째, 브랜드 핵심이다. 이것은 한 제품을 다른 비슷한 제품들과 구별되게 하고 그것을 독특하게 만드는 모든 요소들을 말한다. 물론 어느 브랜드도 모든 면에서 다른 브랜드와 다를 수는 없다. 그러나 적어도 그것은 전략적인 차별점이나 독특하다고 내세우는 면, 그리고 경쟁에서의 강점 등에서는 다른 브랜드와 확연히 구별돼야 한다. 둘째, 높은 인지도다. 이상적인 경우에는, 브랜드 이름이 제품 범주 전체를 가리키게 된다. 제록스(복사기), 미원(조미료), 스카치테이프(테이프), 지프(지프차), 팸퍼스(기저귀) 등이 바로 그런 보기들이다. 셋째, 감정적인 가치다. 강력한 브랜드는 한결같이 쓰는 사람들이 각별한 애정을 느낀다. 통상 브랜드 핵심은 특수한 기법을 써서 측정할 수 있고, 브랜드 인지도도 마케팅조사를 통해서 어느 정도 파악할 수 있다. 그러나 브랜드의 감정적인 가치는 계량화하기 힘들다. 그래서 브랜드의 감정적인 측면은 기업이 가장 통제하기 어려운 면이기도 하다. 또 이것은 고객들의 신뢰 및 그들의 브랜드 충성도와 깊이 연관되어 있다. 특히 오늘날처럼 변화의 속도가 빠른 시대일수록 브랜드에 대한 변함없는 애정은 기업의 아주 귀중한 자산이자 매우 바람직한 소비자들의 행동방식이다.

① 브랜드의 감정적인 측면은 고객의 충성도와 밀접한 관련이 있다.

② A사 핸드폰의 지문인식은 브랜드 전략의 성공요인 첫 번째, 브랜드 핵심과 관련이 있다.

③ 호치키스(스테이플러)는 둘째, 높은 인지도의 예로 들 수 있다.

④ 브랜드 핵심은 특수한 기법을 써도 측정할 수 없다.

⑤ 브랜드의 감정적인 가치는 계량화하기 힘들다.

30 다음 글을 통해 추론할 수 있는 것은?

바다 속에 서식했던 척추동물의 조상형 동물들은 체와 같은 구조를 이용하여 물속의 미생물을 걸러 먹었다. 이들은 몸집이 아주 작아서 물속에 녹아 있는 산소가 몸 깊숙한 곳까지 자유로이 넘나들 수 있었기 때문에 별도의 호흡계가 필요하지 않았다. 그런데 몸집이 커지면서 먹이를 거르던 체와 같은 구조가 호흡 기능까지 갖게 되어 마침내 아가미 형태로 변형되었다. 즉, 소화계의 일부가 호흡 기능을 담당하게 된 것이다. 그 후 호흡계의 일부가 변형되어 허파로 발달하고, 그 허파는 위장으로 이어지는 식도 아래쪽으로 뻗어 나갔다. 한편, 공기가 드나드는 통로는 콧구멍에서 입천장을 뚫고 들어가 입과 아가미 사이에 자리 잡게 되었다. 이러한 진화 과정을 보여 주는 것이 폐어(肺魚) 단계의 호흡계 구조이다.

이후 진화 과정이 거듭되면서 호흡계와 소화계가 접하는 지점이 콧구멍 바로 아래로부터 목 깊숙한 곳으로 이동하였다. 그 결과 머리와 목구멍의 구조가 변형되지 않는 범위 내에서 호흡계와 소화계가 점차 분리되었다. 즉, 처음에는 길게 이어져 있던 호흡계와 소화계의 겹친 부위가 점차 짧아졌고, 마침내 하나의 교차점으로만 남게 된 것이다. 이것이 인간을 포함한 고등 척추동물에서 볼 수 있는 호흡계의 기본 구조이다. 따라서 음식물로 인한 인간의 질식 현상은 척추동물 조상형 단계를 지나 자리 잡게 된 허파의 위치 —당시에는 최선의 선택이었을— 때문에 생겨난 진화의 결과라 할 수 있다.

① 폐어 단계의 호흡계 구조에서 갖고 있던 아가미는 척추동물의 허파로 진화하였다.

② 조상형 동물은 몸집이 커지면서 호흡기능의 중요성이 줄어드는 대신 소화기능이 중요해졌다.

③ 진화는 순간순간에 필요한 대응일 뿐 최상의 결과를 내는 과정이 아니다.

④ 지금의 척추동물과는 달리 조상형 동물들은 산소를 필요로 하지 않았다.

⑤ 척추동물로 진화해오면서 호흡계와 소화계는 완전히 분리되었다.

01 다음 진술이 참일 때 만일 서희가 서울 사람이 아니라면, 참인지 거짓인지 알 수 없는 것은?

> • 철수 말이 참이라면 영희와 서희는 서울 사람이다.
> • 철수 말이 거짓이라면 창수와 기수는 서울 사람이다.

① 철수 말은 거짓이다.

② 창수는 서울 사람이다.

③ 기수는 서울 사람이다.

④ 영희는 서울 사람일 수도 아닐 수도 있다.

⑤ 영희는 서울 사람이다.

02 다음 글을 읽고 착한 사람을 모두 고르면?(단, 5명은 착한 사람 아니면 나쁜 사람이며, 중간적인 성향은 없다)

> • 두준 : 나는 착한 사람이다.
> • 요섭 : 두준이가 착한 사람이면 준형이도 착한 사람이다.
> • 기광 : 준형이가 나쁜 사람이면 두준이도 나쁜 사람이다.
> • 준형 : 두준이가 착한 사람이면 동운이도 착한 사람이다.
> • 동운 : 두준이는 나쁜 사람이다.

> A : 5명 중 3명은 항상 진실만을 말하는 착한 사람이고, 2명은 항상 거짓말만 하는 나쁜 사람이야. 위의 얘기만 봐도 누가 착한 사람이고, 누가 나쁜 사람인지 알 수 있지.
> B : 위 얘기만 봐서는 알 수 없는 거 아냐? 아 잠시만. 알았다. 위 얘기만 봤을 때, 모순되지 않으면서 착한 사람이 3명일 수 있는 경우는 하나밖에 없구나.
> A : 그걸 바로 알아차리다니 대단한데?

① 요섭, 기광, 동운

② 요섭, 기광, 준형

③ 두준, 요섭, 기광

④ 요섭, 준형, 동운

⑤ 두준, 준형, 동운

03 다음은 서로 다른 밝기 등급(1 ~ 5등급)을 가진 A ~ E 별의 밝기를 측정한 결과이다. 이에 근거하여 바르게 추론한 것은?(단, 1등급이 가장 밝은 밝기 등급이다)

- A별은 가장 밝지도 않고, 두 번째로 밝지도 않다.
- B별은 C별보다 밝고, E별보다 어둡다.
- C별은 D별보다 밝고, A별보다 어둡다.
- E별은 A별보다 밝다.

① A별의 밝기 등급은 4등급이다.

② A ~ E 별 중 B별이 가장 밝다.

③ 어느 별이 가장 어두운지 확인할 수 없다.

④ 어느 별이 가장 밝은지 확인할 수 없다.

⑤ 별의 밝기 등급에 따라 순서대로 나열하면 'E − B − A − C − D'이다.

04 다음은 같은 반 학생인 A ~ E의 영어 단어 시험 결과이다. 이에 근거하여 바르게 추론한 것은?

- A는 이번 시험에서 1문제의 답을 틀렸다.
- B는 이번 시험에서 10문제의 답을 맞혔다.
- C만 유일하게 이번 시험에서 20문제의 답을 다 맞혔다.
- D는 이번 시험에서 B보다 많은 문제의 답을 틀렸다.
- E는 지난 시험에서 15문제의 답을 맞혔고, 이번 시험에서는 지난 시험보다 더 많은 문제의 답을 맞혔다.

① A는 E보다 많은 문제의 답을 틀렸다.

② C는 가장 많이 답을 맞혔고, B는 가장 많이 답을 틀렸다.

③ B는 D보다 많은 문제의 답을 맞혔지만, E보다는 적게 답을 맞혔다.

④ D는 E보다 많은 문제의 답을 맞혔다.

⑤ E는 이번 시험에서 5문제 이상의 답을 틀렸다.

05 회사원 K씨는 건강을 위해 평일에 다양한 영양제를 먹고 있다. 요일별로 비타민 B, 비타민 C, 비타민 D, 칼슘, 마그네슘을 하나씩 먹는다고 할 때, 다음에 근거하여 바르게 추론한 것은?

> • 비타민 C는 월요일에 먹지 않으며, 수요일에도 먹지 않는다.
> • 비타민 D는 월요일에 먹지 않으며, 화요일에도 먹지 않는다.
> • 비타민 B는 수요일에 먹지 않으며, 목요일에도 먹지 않는다.
> • 칼슘은 비타민 C와 비타민 D보다 먼저 먹는다.
> • 마그네슘은 비타민 D보다 늦게 먹고, 비타민 B보다는 먼저 먹는다.

① 비타민 C는 금요일에 먹는다.
② 마그네슘은 수요일에 먹는다.
③ 칼슘은 비타민 C보다 먼저 먹지만, 마그네슘보다는 늦게 먹는다.
④ 마그네슘은 비타민 C보다 먼저 먹는다.
⑤ 월요일에는 칼슘, 금요일에는 비타민 B를 먹는다.

06 다음 명제들이 모두 참일 때, 한영이에 대한 설명으로 옳은 것은?

> • 축구를 좋아하는 사람은 골프를 좋아하지 않는다.
> • 야구를 좋아하는 사람은 골프를 좋아한다.
> • 야구를 좋아하지 않는 사람은 농구를 좋아한다.
> • 야구를 좋아하는 사람은 다정하다.
> • 농구를 좋아하지 않는 사람은 친절하다.
> • 한영이는 축구를 좋아한다.

① 골프를 좋아한다.   ② 농구를 좋아한다.
③ 야구를 좋아한다.   ④ 다정하다.
⑤ 친절하다.

07 다음 제시된 명제가 참일 때, 옳은 것은?

> 감자꽃은 유채꽃보다 늦게 피고 일찍 진다.

① 유채꽃이 피기 전이라면 감자꽃도 피지 않았다.
② 감자꽃과 유채꽃은 동시에 피어있을 수 없다.
③ 감자꽃은 유채꽃보다 오랫동안 피어있다.
④ 유채꽃은 감자꽃보다 일찍 진다.
⑤ 유채꽃은 감자꽃보다 많이 핀다.

08 주어진 명제가 모두 참일 때, 다음 중 바르게 유추한 것은?

- 영서는 연수보다 크다.
- 연수는 수희보다 작다.
- 주림이는 가장 작지는 않지만, 수희보다는 작다.
- 수희는 두 번째로 크다.
- 키가 같은 사람은 아무도 없다.

① 연수가 가장 크다.　　　　　　　② 연수가 세 번째로 크다.
③ 연수는 주림이보다 크다.　　　　④ 영서는 주림이보다 작다.
⑤ 연수가 가장 작다.

※ 다음 명제를 통해 얻을 수 있는 결론으로 타당한 것을 고르시오. [9~10]

09

- 연필을 좋아하는 사람은 지우개를 좋아한다.
- 볼펜을 좋아하는 사람은 수정테이프를 좋아한다.
- 지우개를 좋아하는 사람은 샤프를 좋아한다.
- 성준이는 볼펜을 좋아한다.

① 볼펜을 좋아하는 사람은 연필을 좋아한다.
② 지우개를 좋아하는 사람은 볼펜을 좋아한다.
③ 성준이는 수정테이프를 좋아한다.
④ 연필을 좋아하는 사람은 수정테이프를 좋아한다.
⑤ 샤프를 좋아하는 사람은 볼펜을 좋아한다.

10

- 모든 1과 사원은 가장 실적이 많은 2과 사원보다 실적이 많다.
- 가장 실적이 많은 4과 사원은 모든 3과 사원보다 실적이 적다.
- 3과 사원 중 일부는 가장 실적이 많은 2과 사원보다 실적이 적다.

① 1과 사원 중 가장 적은 실적을 올린 사원과 같은 실적을 올린 사원이 4과에 있다.
② 3과 사원 중 가장 적은 실적을 올린 사원과 같은 실적을 올린 사원이 4과에 있다.
③ 모든 2과 사원은 4과 사원 중 일부보다 실적이 적다.
④ 어떤 1과 사원은 가장 실적이 많은 3과 사원보다 실적이 적다.
⑤ 어떤 3과 사원은 가장 실적이 적은 1과 사원보다 실적이 적다.

※ 다음 제시문을 읽고 각 문장이 항상 참이면 ①, 거짓이면 ②, 알 수 없으면 ③을 고르시오. [11~12]

- 민희는 나경이보다 손이 크다.
- 예진이는 재은이보다 손이 작다.
- 예진이는 나경이보다 손이 작다.
- 이현이는 재은이보다 손이 작지만 가장 작은 것은 아니다.

11 예진이의 손이 제일 작다.

    ① 참   ② 거짓   ③ 알 수 없음

12 이현이와 나경이의 손 크기는 거의 같다.

    ① 참   ② 거짓   ③ 알 수 없음

※ 다음 제시문을 읽고 각 문장이 항상 참이면 ①, 거짓이면 ②, 알 수 없으면 ③을 고르시오. [13~14]

- 자동차는 마차보다 빠르다.
- 비행기는 자동차보다 빠르다.
- 자동차는 마차보다 무겁다.

13 비행기가 가장 무겁다.

    ① 참   ② 거짓   ③ 알 수 없음

14 비행기, 자동차, 마차 순으로 속도가 빠르다.

    ① 참   ② 거짓   ③ 알 수 없음

※ 다음 제시문을 읽고 각 문제가 항상 참이면 ①, 거짓이면 ②, 알 수 없으면 ③을 고르시오. [15~16]

- 수연이는 사탕을 3개 가지고 있다.
- 수정이는 사탕을 7개 가지고 있다.
- 미영이는 수연이보다는 사탕이 많고, 수정이보다는 사탕이 적다.

15 미영이의 사탕은 5개 이하이다.

① 참　　　　　　　　　② 거짓　　　　　　　　　③ 알 수 없음

16 미영이가 사탕을 4개 가지고 있다면, 미영이의 사탕이 수연이와 수정이의 사탕의 평균 개수보다 많다.

① 참　　　　　　　　　② 거짓　　　　　　　　　③ 알 수 없음

17 H기업에서는 이번 주 월～금 건강검진을 실시한다. 서로 요일이 겹치지 않도록 하루를 선택하여 건강검진을 받아야 할 때, 다음 중 반드시 참인 것은?

- 이사원은 최사원보다 먼저 건강검진을 받는다.
- 김대리는 최사원보다 늦게 건강검진을 받는다.
- 박과장의 경우 금요일에는 회의로 인해 건강검진을 받을 수 없다.
- 이사원은 월요일 또는 화요일에 건강검진을 받는다.
- 홍대리는 수요일에 출장을 가므로 수요일 이전에 건강검진을 받아야 한다.
- 이사원은 홍대리보다는 늦게, 박과장보다는 먼저 건강검진을 받는다.

① 홍대리는 월요일에 건강검진을 받는다.
② 박과장은 수요일에 건강검진을 받는다.
③ 최사원은 목요일에 건강검진을 받는다.
④ 최사원은 박과장보다 먼저 건강검진을 받는다.
⑤ 박과장은 최사원보다 먼저 건강검진을 받는다.

18 진영이가 다니는 유치원에는 서로 다른 크기의 토끼, 곰, 공룡, 기린, 돼지 인형이 있다. 다음에 근거하여 바르게 추론한 것은?

> • 진영이가 좋아하는 인형의 크기가 가장 크다.
> • 토끼 인형은 곰 인형보다 크다.
> • 공룡 인형은 기린 인형보다 작다.
> • 곰 인형은 기린 인형보다는 크지만 돼지 인형보다는 작다.

① 곰 인형의 크기가 가장 작다.
② 기린 인형의 크기가 가장 작다.
③ 돼지 인형은 토끼 인형보다 작다.
④ 토끼 인형은 돼지 인형보다 작다.
⑤ 진영이가 좋아하는 인형은 알 수 없다.

19 은호네 아빠, 엄마, 은호, 동생은 각각 서로 다른 사이즈의 신발을 신는다. 제시된 내용이 모두 참일 때, 다음 중 항상 참이 되는 것은?(단, 신발은 5mm 단위로 판매된다)

> • 은호의 아빠는 은호네 가족 중 가장 큰 사이즈인 270mm의 신발을 신는다.
> • 은호의 엄마는 은호의 신발보다 5mm 더 큰 사이즈의 신발을 신는다.
> • 은호에게 230mm의 신발은 조금 작고, 240mm의 신발은 조금 크다.
> • 동생의 신발 사이즈는 230mm 이하로 가족 중 가장 작은 사이즈의 신발을 신는다.

① 아빠와 엄마의 신발 사이즈 차이는 20mm이다.
② 엄마와 동생의 신발 사이즈는 10mm 이하 차이가 난다.
③ 아빠와 은호의 신발 사이즈 차이는 35mm이다.
④ 은호와 동생의 신발 사이즈 차이는 5mm 이하이다.
⑤ 동생의 신발 사이즈는 225mm이다.

20 다음 명제들이 참일 때, 다음 중 항상 참인 내용은?

> • 수박을 사면 감자를 산다.
> • 귤을 사면 고구마를 사지 않는다.
> • 사과를 사면 배도 산다.
> • 배를 사면 수박과 귤 중 하나를 산다.
> • 고구마를 사지 않으면 감자를 산다.

① 사과를 사면 수박과 귤 모두 산다.
② 수박을 사지 않으면 고구마를 산다.
③ 배를 사지 않으면 수박과 귤 모두 산다.
④ 귤을 사면 감자도 같이 산다.
⑤ 수박을 사면 귤을 산다.

21 민하, 상식, 은희, 은주, 지훈은 점심 메뉴로 쫄면, 라면, 우동, 김밥, 어묵 중 각각 하나씩을 주문하였다. 다음 명제들이 모두 참일 때, 바르게 연결된 것은?(단, 모두 서로 다른 메뉴를 주문하였다)

> • 민하와 은주는 라면을 먹지 않았다.
> • 상식과 민하는 김밥을 먹지 않았다.
> • 은희는 우동을 먹었고, 지훈은 김밥을 먹지 않았다.
> • 지훈은 라면과 어묵을 먹지 않았다.

① 지훈 – 라면, 상식 – 어묵
② 지훈 – 쫄면, 민하 – 라면
③ 은주 – 어묵, 상식 – 김밥
④ 은주 – 쫄면, 민하 – 김밥
⑤ 민하 – 어묵, 상식 – 라면

22 H기업의 A ~ D는 각각 다른 팀에 근무하는데, 각 팀은 2층, 3층, 4층, 5층에 위치하고 있다. 다음 명제들이 모두 참이라고 할 때, 항상 참이 되는 것은?

> • A, B, C, D 중 2명은 부장, 1명은 과장, 1명은 대리이다.
> • 대리의 사무실은 B보다 높은 층에 있다.
> • B는 과장이다.
> • A는 대리가 아니다.
> • A의 사무실이 가장 높다.

① 부장 중 한 명은 반드시 2층에 근무한다.
② A는 부장이다.
③ 대리는 4층에 근무한다.
④ B는 2층에 근무한다.
⑤ C는 대리이다.

23 H기업은 봉사활동의 일환으로 홀로 사는 노인들에게 아침 식사를 제공하기 위해 일일 식당을 운영하기로 했다. 다음 명제들이 모두 참이라고 할 때, 항상 참이 되는 진술은?

> • 음식을 요리하는 사람은 설거지를 하지 않는다.
> • 주문을 받는 사람은 음식 서빙을 함께 담당한다.
> • 음식 서빙을 담당하는 사람은 요리를 하지 않는다.
> • 음식 서빙을 담당하는 사람은 설거지를 한다.

① A사원은 설거지를 하면서 음식을 서빙하기도 한다.
② B사원이 설거지를 하지 않으면 음식을 요리한다.
③ C사원이 음식 주문을 받으면 설거지는 하지 않는다.
④ D사원은 음식을 요리하면서 음식 주문을 받기도 한다.
⑤ E사원이 설거지를 하지 않으면 음식 주문도 받지 않는다.

24 다음 명제를 통해 얻을 수 있는 결론으로 옳은 것은?

> • 어떤 학생은 책 읽기를 좋아한다.
> • 책 읽기를 좋아하는 사람의 대부분은 어린이다.
> • 모든 어린이는 유치원에 다닌다.

① 모든 학생은 어린이다.
② 모든 학생은 유치원에 다닌다.
③ 책 읽기를 좋아하는 사람 모두가 어린이는 아니다.
④ 책 읽기를 좋아하는 사람 모두 학생이다.
⑤ 모든 어린이는 책 읽기를 좋아한다.

25 8조각의 피자를 A ~ D 네 사람이 나눠 먹는다고 할 때, 다음 중 참이 아닌 것은?

> • 네 사람 중 피자를 한 조각도 먹지 않은 사람은 없다.
> • A는 피자 두 조각을 먹었다.
> • 피자를 가장 적게 먹은 사람은 B이다.
> • C는 D보다 피자 한 조각을 더 많이 먹었다.

① 피자 한 조각이 남는다.
② 두 명이 짝수 조각의 피자를 먹었다.
③ A와 D가 먹은 피자 조각 수는 같다.
④ C가 가장 많은 조각의 피자를 먹었다.
⑤ B는 D보다 피자 한 조각을 덜 먹었다.

26 다음은 해외 출장이 잦은 해외사업팀 A ~ D사원의 항공 마일리지 현황이다. 다음 중 항상 참이 되지 않는 것은?

> • A사원의 항공 마일리지는 8,500점이다.
> • A사원의 항공 마일리지는 B사원보다 1,500점 많다.
> • C사원의 항공 마일리지는 B사원보다 많고 A사원보다 적다.
> • D사원의 항공 마일리지는 7,200점이다.

① A사원의 항공 마일리지가 가장 많다.
② D사원의 항공 마일리지가 4명 중 가장 적지는 않다.
③ B사원의 항공 마일리지는 4명 중 가장 적다.
④ C사원의 정확한 항공 마일리지는 알 수 없다.
⑤ 항공 마일리지가 많은 순서는 'A - D - C - B' 사원이다.

27 제시된 명제가 참일 때, 다음 중 옳지 않은 것은?

> • 커피를 좋아하는 사람은 홍차를 좋아하지 않는다.
> • 탄산수를 좋아하지 않는 사람은 우유를 좋아한다.
> • 녹차를 좋아하는 사람은 홍차를 좋아한다.
> • 녹차를 좋아하지 않는 사람은 탄산수를 좋아한다.

① 커피를 좋아하는 사람은 녹차를 좋아하지 않는다.
② 탄산수를 좋아하지 않는 사람은 녹차를 좋아한다.
③ 커피를 좋아하는 사람은 탄산수를 좋아한다.
④ 탄산수를 좋아하는 사람은 홍차를 좋아한다.
⑤ 홍차를 좋아하는 사람은 커피를 싫어한다.

28 다음 명제가 모두 참이라고 할 때, 반드시 참이라고 할 수 없는 것은?

> • 모든 사람은 자신에 대해서 호의적인 사람에게 호의적이다.
> • 어느 누구도 자신을 비방한 사람에게 호의적이지 않다.
> • 다른 사람을 절대 비방하지 않는 사람이 있다.
> • 어느 누구도 자기 자신에 대해서 호의적이지도 않고 자기 자신을 비방하지도 않는다.

① 두 사람이 서로 호의적이라면, 그 두 사람은 서로 비방한 적이 없다.
② 두 사람이 서로 비방한 적이 없다면, 그 두 사람은 서로 호의적이다.
③ 어떤 사람이 다른 모든 사람을 비방한다면, 그 사람에 대해 호의적인 사람은 없다.
④ A라는 사람이 다른 모든 사람을 비방한다면, A에게 호의적이지 않지만 A를 비방하지 않는 사람이 있다.
⑤ 모든 사람이 자신을 비방하지 않는 사람에게 호의적이라면, 모든 사람에게는 각자가 호의적으로 대하는 사람이 적어도 하나는 있다.

※ 다음 명제를 읽고 옳지 않은 것을 고르시오. [29~30]

29

> • 건강한 사람은 건강한 요리를 좋아한다.
> • 건강한 요리를 좋아하면 혈색이 좋다.
> • 건강하지 않은 사람은 인상이 좋지 않다.
> • 건강한 요리를 좋아하는 사람은 그렇지 않은 사람보다 콜레스테롤 수치가 낮다.

① 건강한 사람은 혈색이 좋다.

② 인상이 좋은 사람은 건강한 요리를 좋아한다.

③ 건강한 사람은 그렇지 않은 사람보다 콜레스테롤 수치가 낮다.

④ 인상이 좋은 사람은 그렇지 않은 사람보다 콜레스테롤 수치가 높다.

⑤ 혈색이 좋지 않으면 인상이 좋지 않다.

30

> • 운동을 좋아하는 사람은 담배를 좋아하지 않는다.
> • 커피를 좋아하는 사람은 담배를 좋아한다.
> • 커피를 좋아하지 않는 사람은 주스를 좋아한다.
> • 과일을 좋아하는 사람은 커피를 좋아하지 않는다.

① 운동을 좋아하는 사람은 커피를 좋아하지 않는다.

② 주스를 좋아하지 않는 사람은 담배를 좋아한다.

③ 과일을 좋아하는 사람은 담배를 좋아한다.

④ 운동을 좋아하는 사람은 주스를 좋아한다.

⑤ 과일을 좋아하는 사람은 주스를 좋아한다.

※ 일정한 규칙으로 수를 나열할 때, 다음 중 빈칸에 들어갈 가장 알맞은 수를 고르시오. [1~30]

01

$$\frac{36}{2} \quad \frac{37}{4} \quad \frac{38}{8} \quad \frac{39}{16} \quad (\quad)$$

① $\dfrac{40}{32}$ ② $\dfrac{40}{36}$

③ $\dfrac{40}{48}$ ④ $\dfrac{40}{52}$

③ $\dfrac{30}{48}$

02

$$-296 \quad 152 \quad -72 \quad 40 \quad -16 \quad (\quad) \quad -2$$

① 4   ② 7

③ 8   ④ 12

④ 36

03

$$0.5 \quad 1.4 \quad 1.2 \quad 4.1 \quad 2.8 \quad 12.2 \quad 6.2 \quad (\quad)$$

① 36.5   ② 36.6

③ 37.5   ④ 37.6

⑤ 38.5

04

−1	0	4	13	29	54	( )

① 84   ② 87
③ 90   ④ 93
⑤ 96

05

$\dfrac{2}{3}$	( )	$\dfrac{36}{27}$	$\dfrac{53}{81}$	$\dfrac{70}{243}$	$\dfrac{87}{729}$

① $\dfrac{19}{9}$ ② $\dfrac{22}{9}$

③ $\dfrac{25}{9}$ ④ $\dfrac{28}{11}$

⑤ $\dfrac{31}{11}$

06

27	86	23	79	( )	72	15	65

① 75   ② 20
③ 78   ④ 17
⑤ 19

07

0.2	( )	2.8	20.6	146.2	1026.4

① 0.4   ② 1.4
③ 1.5   ④ 1.6
⑤ 2.4

08

| $\frac{1}{1}$ | $\frac{1}{2}$ | $\frac{2}{2}$ | $\frac{1}{3}$ | $\frac{2}{3}$ | $\frac{3}{3}$ | ( ) |

① $\dfrac{4}{3}$　　　　　　　　　　　② $\dfrac{1}{4}$

③ $\dfrac{2}{4}$　　　　　　　　　　　④ $\dfrac{1}{5}$

⑤ $\dfrac{2}{5}$

09

| 1 | 2 | 3 | $\frac{5}{2}$ | 9 | 3 | ( ) |

① $\dfrac{7}{2}$　　　　　　　　　　　② 7

③ $\dfrac{27}{2}$　　　　　　　　　　　④ 27

⑤ $\dfrac{37}{2}$

10

| -65 | ( ) | -25 | -15 | -10 | -5 |

① -55　　　　　　　　　　　② -50
③ -45　　　　　　　　　　　④ -40
⑤ -35

11

| 23 | 21 | 25 | 19 | 27 | ( ) | 29 |

① 13　　　　　　　　　　　② 17
③ 24　　　　　　　　　　　④ 31
⑤ 33

12

2	7	5	6	4	6	8	9	9	13	3	( )

① 9   ② 10

③ 11   ④ 12

⑤ 13

13

−1	2	( )	16	31	54

① 3   ② 5

③ 7   ④ 9

⑤ 11

14

1	2	2	4	5	8	10	16	( )

① 17   ② 18

③ 20   ④ 21

⑤ 22

15

2	2	4	4	8	6	( )

① 64   ② −128

③ 128   ④ 16

⑤ −16

16

3	17	7	5	( )	10	7	33	13	

① 20 ② 25
③ 30 ④ 35
⑤ 40

17

5   8   11   14   17   ( )

① 20 ② 21
③ 22 ④ 23
⑤ 24

18

0.4   0.5   0.65   0.85   1.1   ( )

① 1.35 ② 1.4
③ 1.45 ④ 1.5
⑤ 1.55

19

4   ( )   5   10   7   14   11

① 3 ② 8
③ 11 ④ 12
⑤ 15

20

3	2	4	5	8	( )	19	

① 9   ② 10
③ 11   ④ 12
⑤ 13

21

5	3	4	−2	( )	−28

① 12   ② −14
③ 17   ④ −20
⑤ −24

22

913	817	( )	819	916	822	919	826	923

① 912   ② 914
③ 916   ④ 918
⑤ 920

23

3	2	8	4	3	11	5	4	( )

① 9   ② 14
③ 16   ④ 20
⑤ 24

24

1	−2	1	−2	4	−8	1	−2	( )

① 8   ② 9

③ 10   ④ 11

⑤ 12

25

100	80	61	43	( )	10	−5

① 28   ② 27

③ 26   ④ 25

⑤ 24

26

<u>17</u>	2	14	29	<u>4</u>	7	5	2	<u>23</u>	8	1	( )

① 15   ② 16

③ 17   ④ 18

⑤ 19

27

<u>3</u>	9	12	<u>6</u>	12	18	<u>7</u>	13 ( )

① 16   ② 17

③ 18   ④ 19

⑤ 20

28

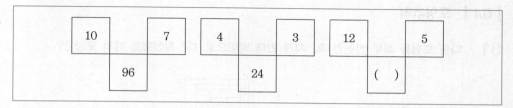

① 76   ② 80

③ 84   ④ 88

⑤ 100

29

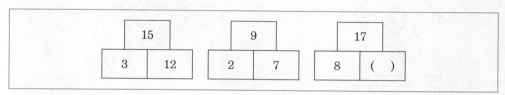

① 3   ② 5

③ 9   ④ 11

⑤ 13

30

9	37
35	8

12	46
38	7

13	55
( )	8

① 47   ② 49

③ 51   ④ 53

⑤ 55

01 다음 도형을 좌우 반전한 후, 시계 반대 방향으로 45° 회전했을 때의 모양은?

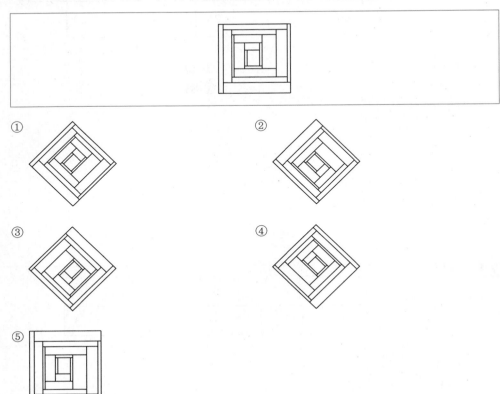

02 다음 도형을 시계 반대 방향으로 45° 회전한 후, 180° 회전했을 때의 모양은?

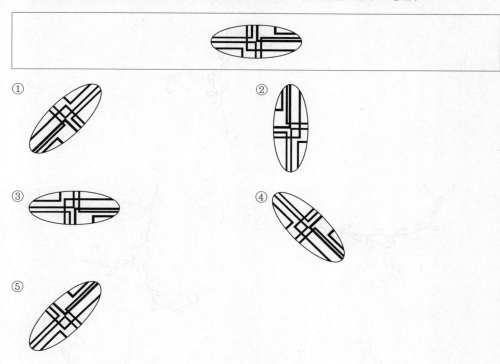

① 　　　　　　　　　　　②

③ 　　　　　　　　　　　④

⑤

03 다음 도형을 상하 반전한 후, 좌우 반전했을 때의 모양은?

①

②

③

④

⑤

다음 도형을 시계 방향으로 270° 회전한 후, 상하 반전했을 때의 모양은?

①

②

③

④

⑤

05 다음 도형을 시계 반대 방향으로 45° 회전한 후, 시계 방향으로 270° 회전했을 때의 모양은?

06 다음 도형을 좌우 반전한 후, 시계 방향으로 45° 회전했을 때의 모양은?

①

②

③

④

⑤

07 다음 도형을 시계 반대 방향으로 270° 회전한 후, 시계 반대 방향으로 45° 회전했을 때의 모양은?

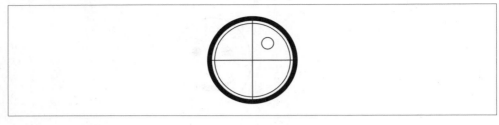

①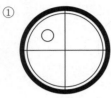

②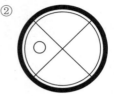

③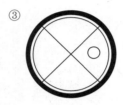

④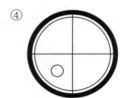

⑤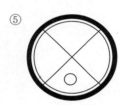

다음 도형을 시계 방향으로 270° 회전한 후, 좌우 반전했을 때의 모양은?

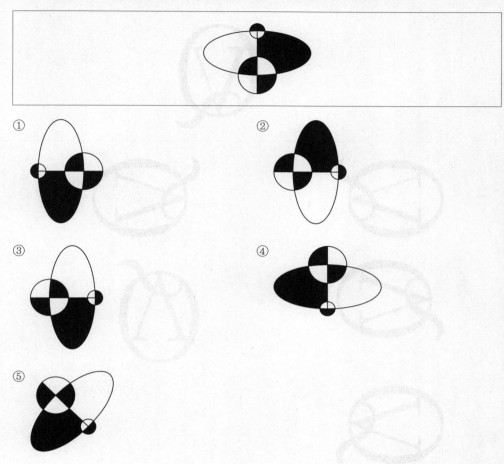

①

②

③

④

⑤

09 다음 도형을 상하 반전한 후, 시계 방향으로 90° 회전했을 때의 모양은?

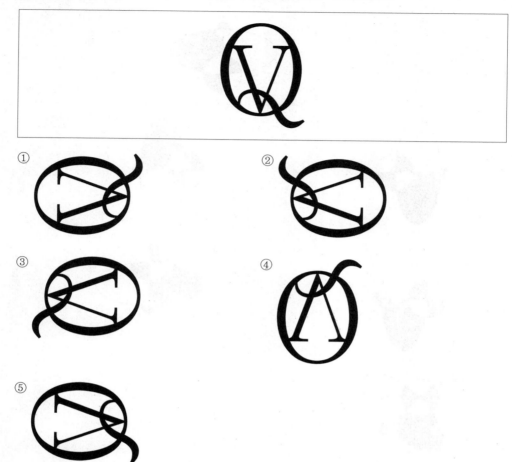

① ② ③ ④ ⑤

10 다음 도형을 시계 반대 방향으로 45° 회전한 후, 시계 반대 방향으로 90° 회전했을 때의 모양은?

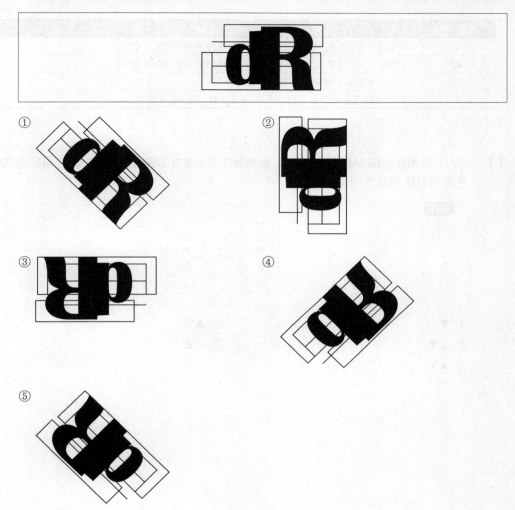

※ 다음 규칙을 읽고, 질문에 답하시오. [11~13]

작동버튼	기능
△	☆모양은 ○모양으로, ◇모양은 □모양으로 바뀐다(색은 변화가 없다).
▲	□모양은 ○모양으로, ○모양은 ◇모양으로 바뀐다(색은 변화가 없다).
▽	◎모양은 ☆으로 바뀐다(색은 변화가 없다).
▼	도형의 색이 모두 반대로 바뀐다(흰색 → 검은색, 검은색 → 흰색).

11 〈보기〉의 처음 상태에서 작동버튼을 두 번 눌렀더니, 다음과 같은 결과가 나타났다. 다음 중 작동버튼의 순서를 바르게 나열한 것은?

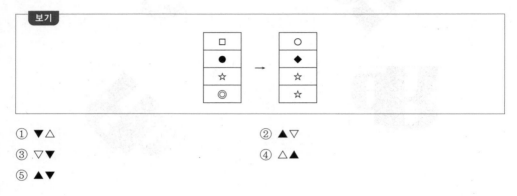

① ▼△   ② ▲▽
③ ▽▼   ④ △▲
⑤ ▲▼

12 〈보기〉의 처음 상태에서 작동버튼을 두 번 눌렀더니, 다음과 같은 결과가 나타났다. 다음 중 작동버튼의 순서를 바르게 나열한 것은?

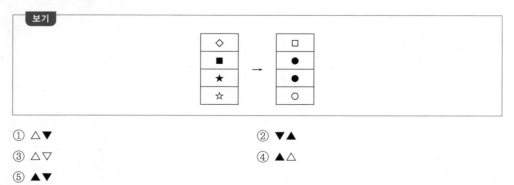

① △▼   ② ▼▲
③ △▽   ④ ▲△
⑤ ▲▼

13 〈보기〉의 처음 상태에서 작동버튼을 세 번 눌렀더니, 다음과 같은 결과가 나타났다. 다음 중 작동버튼의 순서를 바르게 나열한 것은?

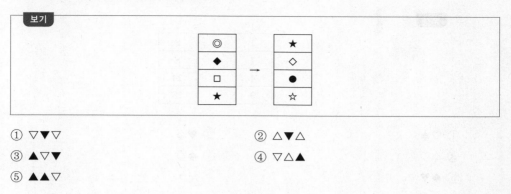

① ▽▼▽

② △▼△

③ ▲▽▼

④ ▽△▲

⑤ ▲▲▽

※ 다음 규칙을 읽고, 질문에 답하시오. [14~16]

작동버튼	기능
♤	모든 숫자에 2를 곱한다.
♠	첫 번째 칸의 숫자와 네 번째 칸의 숫자를 바꾼다.
♡	모든 숫자에 3을 곱한다.
♥	두 번째 칸의 숫자와 세 번째 칸의 숫자를 바꾼다.

14 〈보기〉의 처음 상태에서 작동버튼을 두 번 눌렀더니, 다음과 같은 결과가 나타났다. 다음 중 작동버튼의 순서를 바르게 나열한 것은?

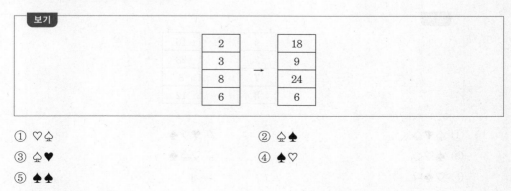

① ♡♤

② ♤♠

③ ♤♥

④ ♠♡

⑤ ♠♠

15 〈보기〉의 처음 상태에서 작동버튼을 두 번 눌렀더니, 다음과 같은 결과가 나타났다. 다음 중 작동버튼의 순서를 바르게 나열한 것은?

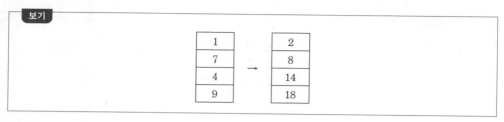

① ♡♠
③ ♧♡
⑤ ♠♥

② ♥♧
④ ♠♧

16 〈보기〉의 처음 상태에서 작동버튼을 세 번 눌렀더니, 다음과 같은 결과가 나타났다. 다음 중 작동버튼의 순서를 바르게 나열한 것은?

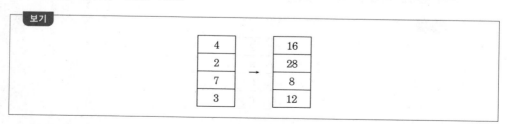

① ♧♥♧
③ ♠♡♧
⑤ ♡♠♡

② ♥♡♠
④ ♡♧♠

※ 다음 규칙을 읽고, 질문에 답하시오. [17~19]

작동버튼	기능
㉮	모든 홀수에 +5를 한다.
㉯	모든 짝수에 −2를 한다.
㉰	30보다 큰 홀수에 −1을 한다.
㉱	30보다 큰 짝수에 +1을 한다.

17 〈보기〉의 처음 상태에서 작동버튼을 두 번 눌렀더니, 다음과 같은 결과가 나타났다. 다음 중 작동버튼의 순서를 바르게 나열한 것은?

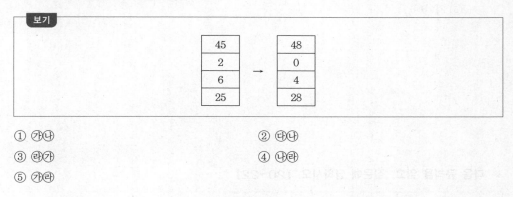

① ㉮㉯   ② ㉰㉯
③ ㉱㉮   ④ ㉯㉱
⑤ ㉮㉱

18 〈보기〉의 처음 상태에서 작동버튼을 두 번 눌렀더니, 다음과 같은 결과가 나타났다. 다음 중 작동버튼의 순서를 바르게 나열한 것은?

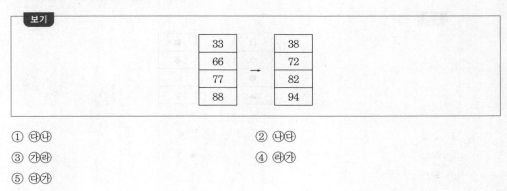

① ㉰㉯   ② ㉯㉰
③ ㉮㉱   ④ ㉱㉮
⑤ ㉰㉮

19 〈보기〉의 처음 상태에서 작동버튼을 세 번 눌렀더니, 다음과 같은 결과가 나타났다. 다음 중 작동버튼의 순서를 바르게 나열한 것은?

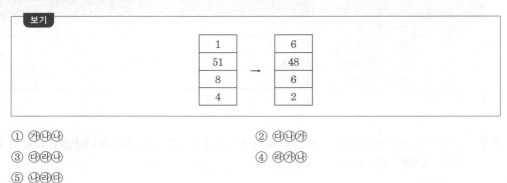

① 갸냐냐
② 댜냐갸
③ 댜랴냐
④ 랴갸냐
⑤ 냐랴랴

※ 다음 규칙을 읽고, 질문에 답하시오. [20~22]

작동버튼	기능
♧	모든 도형의 색을 바꾼다(흰색 → 검은색, 검은색 → 흰색).
♡	검은색 도형을 흰색으로 바꾼다.
♣	두 번째와 네 번째 도형의 자리를 바꾼다.
◉	모든 도형을 시계 방향으로 180° 회전시킨다.

※ 맨 위 칸의 도형이 첫 번째 도형이다.

20 〈보기〉의 처음 상태에서 작동버튼을 두 번 눌렀더니, 다음과 같은 결과가 나타났다. 다음 중 작동버튼의 순서를 바르게 나열한 것은?

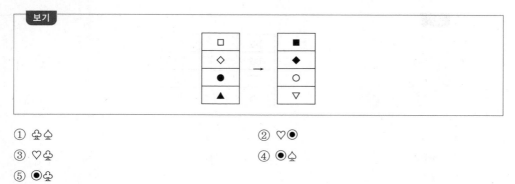

① ♣♧
② ♡◉
③ ♡♧
④ ◉♣
⑤ ◉♣

21 〈보기〉의 처음 상태에서 작동버튼을 두 번 눌렀더니, 다음과 같은 결과가 나타났다. 다음 중 작동버튼의 순서를 바르게 나열한 것은?

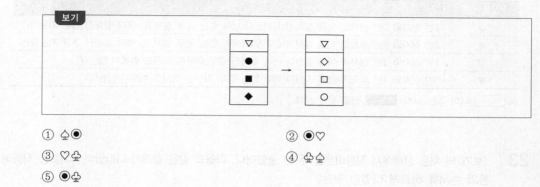

① ♧◉
② ◉♡
③ ♡♧
④ ♧♤
⑤ ◉♧

22 〈보기〉의 처음 상태에서 작동버튼을 세 번 눌렀더니, 다음과 같은 결과가 나타났다. 다음 중 작동버튼의 순서를 바르게 나열한 것은?

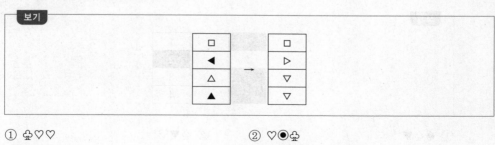

① ♧♡♡
② ♡◉♧
③ ◉♤♡
④ ♡◉◉
⑤ ◉◉♡

※ 다음 규칙을 읽고, 질문에 답하시오. [23~24]

작동버튼	기능
♧	1번 상자와 2번 상자의 색을 칠하거나 지운다(색이 없는 경우 칠하고, 색이 칠해진 경우 지운다).
♠	2번 상자와 3번 상자의 색을 칠하거나 지운다(색이 없는 경우 칠하고, 색이 칠해진 경우 지운다).
♡	1번 상자와 4번 상자에 색을 칠한다(이미 칠해진 경우 아무런 조치도 취하지 않는다).
♥	3번 상자와 4번 상자의 색을 지운다(색이 없는 경우 아무런 조치도 취하지 않는다).

※ ☐ 색이 없는 상자, ■ 색을 칠한 상자

23 〈보기〉의 처음 상태에서 작동버튼을 두 번 눌렀더니, 다음과 같은 결과가 나타났다. 다음 중 작동버튼의 순서를 바르게 나열한 것은?

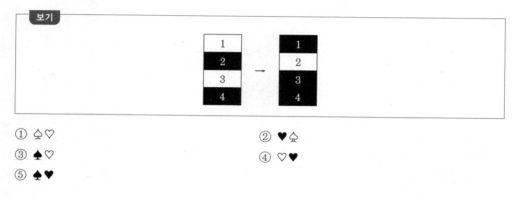

① ♧♡

② ♥♧

③ ♠♡

④ ♡♥

⑤ ♠♥

24 〈보기〉의 처음 상태에서 작동버튼을 세 번 눌렀더니, 다음과 같은 결과가 나타났다. 다음 중 작동버튼의 순서를 바르게 나열한 것은?

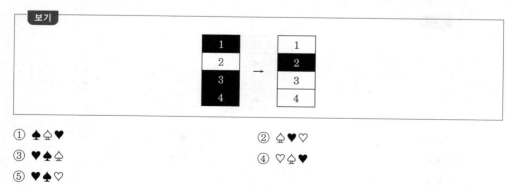

① ♠♧♥

② ♧♥♡

③ ♥♠♧

④ ♡♧♥

⑤ ♥♠♡

※ 다음 규칙을 읽고, 질문에 답하시오. [25~26]

작동버튼	기능
◁	'강'의 세기를 '약'으로 낮춘다.
▷	'약'의 세기를 '강'으로 높인다.
◀	'강'은 '중'으로, '중'은 '강'으로 세기를 바꾼다.
▶	'약'은 '중'으로, '중'은 '약'으로 세기를 바꾼다.

※ 기계는 '강 – 중 – 약'의 세기로 작동하고 있다.

25 〈보기〉의 처음 상태에서 작동버튼을 두 번 눌렀더니, 다음과 같은 결과가 나타났다. 다음 중 작동버튼의 순서를 바르게 나열한 것은?

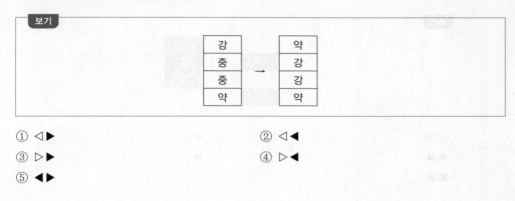

① ◁▶   ② ◁◀

③ ▷▶   ④ ▷◀

⑤ ◀▶

26 〈보기〉의 처음 상태에서 작동버튼을 두 번 눌렀더니, 다음과 같은 결과가 나타났다. 다음 중 작동버튼의 순서를 바르게 나열한 것은?

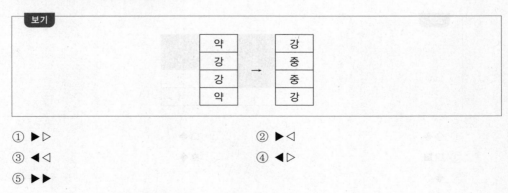

① ▶▷   ② ▶◁

③ ◀◁   ④ ◀▷

⑤ ▶▶

※ 다음 규칙을 읽고, 질문에 답하시오. [27~28]

작동버튼	기능
◇	1번과 3번의 전구를 끈다(켜져 있는 전구만 끈다).
◆	2번과 4번의 전구를 켠다(꺼져 있는 전구만 켠다).
□	2번과 3번의 전구를 끈다(켜져 있는 전구만 끈다).
■	3번과 4번의 전구를 켠다(꺼져 있는 전구만 켠다).

※ ■ 소등, □ 점등

27 〈보기〉의 처음 상태에서 작동버튼을 두 번 눌렀더니, 다음과 같은 결과가 나타났다. 다음 중 작동버튼의 순서를 바르게 나열한 것은?

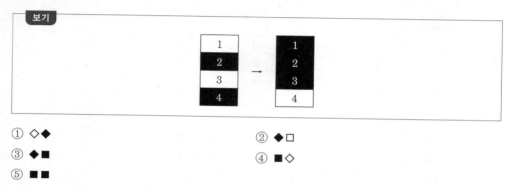

① ◇◆   ② ◆□

③ ◆■   ④ ■◇

⑤ ■■

28 〈보기〉의 처음 상태에서 작동버튼을 두 번 눌렀더니, 다음과 같은 결과가 나타났다. 다음 중 작동버튼의 순서를 바르게 나열한 것은?

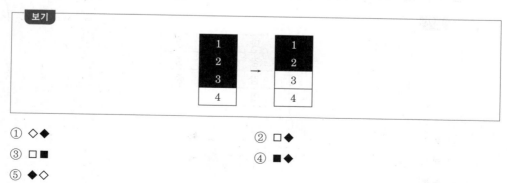

① ◇◆   ② □◆

③ □■   ④ ■◆

⑤ ◆◇

※ 다음 규칙을 읽고, 질문에 답하시오. [29~30]

작동버튼	기능
◇	도형이 모두 1칸 아래로 이동한다.
◆	첫 번째 칸의 도형과 세 번째 칸의 도형의 위치를 바꾼다.
□	두 번째 칸의 도형과 네 번째 칸의 도형의 위치를 바꾼다.
■	도형이 모두 2칸 아래로 이동한다.

예 [도형이 모두 1칸 아래로 이동]

[도형이 모두 2칸 아래로 이동]

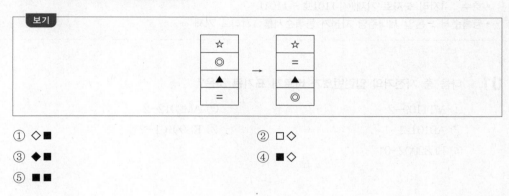

29 〈보기〉의 처음 상태에서 작동버튼을 두 번 눌렀더니, 다음과 같은 결과가 나타났다. 다음 중 작동버튼의 순서를 바르게 나열한 것은?

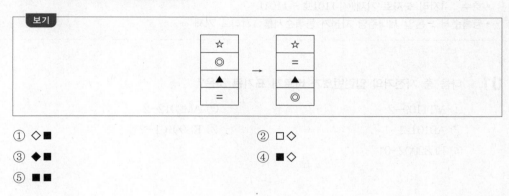

① ◇■ ② □◇
③ ◆■ ④ ■◇
⑤ ■■

30 〈보기〉의 처음 상태에서 작동버튼을 두 번 눌렀더니, 다음과 같은 결과가 나타났다. 다음 중 작동버튼의 순서를 바르게 나열한 것은?

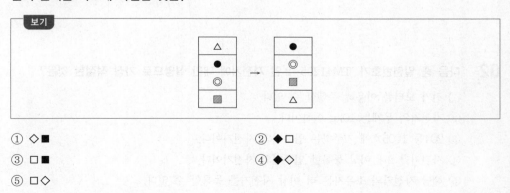

① ◇■ ② ◆□
③ □■ ④ ◆◇
⑤ □◇

※ H아파트의 자전거 보관소에서는 입주민들의 자전거를 편리하게 관리하기 위해 다음과 같은 방법으로 자전거에 일련번호를 부여한다. 이를 참고하여 이어지는 질문에 답하시오. [1~2]

• 일련번호 순서

A	L	1	1	1	0	1	–	1
종류	무게	동		호수			–	등록순서

• 자전거 종류 구분

일반 자전거			전기 자전거
성인용	아동용	산악용	
A	K	T	B

• 자전거 무게 구분

10kg 이하	10kg 초과 20kg 미만	20kg 이상
S	M	L

• 동 구분 : 101동부터 110동까지의 끝자리를 1자리 숫자로 기재(예 101동 – 1)
• 호수 : 4자리 숫자로 기재(예 1101호 – 1101)
• 등록순서 : 동일 세대주당 자전거 등록순서를 1자리로 기재

01 다음 중 자전거의 일련번호가 바르게 표기된 것은?

① MT1109–2

② AM2012–2

③ AB10121–1

④ KS90101–2

⑤ BL82002–01

02 다음 중 일련번호가 'TM41205–2'인 자전거에 대한 설명으로 가장 적절한 것은?

① 전기 모터를 이용해 주행할 수 있다.

② 자전거의 무게는 10kg 이하이다.

③ 204동 1205호에 거주하는 입주민의 자전거이다.

④ 자전거를 2대 이상 등록한 입주민의 자전거이다.

⑤ 해당 자전거의 소유자는 더 이상 자전거를 등록할 수 없다.

※ 다음은 재료비 상승에 따른 분기별 국내 철강사 수익 변동을 조사하기 위해 수집한 자료이다. 자료를 보고 이어지는 질문에 답하시오. [3~4]

〈제품가격과 재료비에 따른 분기별 수익〉

(단위 : 천 원/톤)

구분	2021년	2022년			
	4분기	1분기	2분기	3분기	4분기
제품가격	627	597	687	578	559
재료비	178	177	191	190	268
수익	449	420	496	388	291

※ (제품가격)=(재료비)+(수익)

〈제품 1톤당 소요되는 재료〉

(단위 : 톤)

철광석	원료탄	철 스크랩
1.6	0.5	0.15

03 다음 중 위 자료에 대한 해석으로 가장 적절한 것은?

① 수익은 지속해서 증가하고 있다.
② 모든 금액에서 2022년 4분기가 2021년 4분기보다 높다.
③ 재료비의 변화량과 수익의 변화량은 밀접한 관계가 있다.
④ 조사 기간에 수익이 가장 높을 때는 재료비가 가장 낮을 때이다.
⑤ 2022년 3분기에 이전 분기 대비 수익 변화량이 가장 큰 것으로 나타난다.

04 2023년 1분기에 재료의 단위가격이 철광석 70,000원, 원료탄 250,000원, 철 스크랩 200,000원으로 예상된다는 보고를 받았다. 2023년 1분기의 수익이 2022년 4분기와 같게 유지된다면, 제품가격은?

① 558,000원
② 559,000원
③ 560,000원
④ 578,000원
⑤ 597,000원

※ H기업에서는 동절기 근무복을 구매하려고 한다. 다음을 보고 물음에 답하시오. [5~6]

<동절기 근무복 업체별 평가점수>

구분	가격	디자인	보온성	실용성	내구성
A업체	★★★★	★★★	★★★★	★★	★★★★
B업체	★★★★★	★	★★★	★★★★	★
C업체	★★★	★★	★★★	★★★	★★
D업체	★★	★★★★	★★★★★	★★	★
E업체	★★★	★	★★	★	★★

※ ★의 개수가 많을수록 높은 평가점수이다.

05 H기업 임직원들은 근무복의 가격과 보온성을 선호한다. 임직원들의 선호를 고려할 때, 다음 중 어떤 업체의 근무복을 구매하겠는가?(단, 가격과 보온성을 고려한 별 개수가 같을 경우 모든 부문의 별 개수 합계를 비교한다)

① A업체　　　　　　　　　　　② B업체
③ C업체　　　　　　　　　　　④ D업체
⑤ E업체

06 각 업체의 한 벌당 구매가격이 다음과 같을 때, 예산 100만 원 내에서 어떤 업체의 근무복을 구매하겠는가?(단, H기업의 임직원은 총 15명이며, 가격과 보온성만 고려하여 구매한다)

<업체별 근무복 가격>

(단위 : 원)

A업체	B업체	C업체	D업체	E업체
63,000	60,000	75,000	80,000	70,000

※ 평가점수 총점이 같을 경우, 가격이 저렴한 업체를 선정한다.

① A업체　　　　　　　　　　　② B업체
③ C업체　　　　　　　　　　　④ D업체
⑤ E업체

※ H기업에 근무하는 S대리는 음악회 주최를 위해 초대가수를 섭외하려고 한다. 다음 자료를 보고 이어지는 질문에 답하시오. [7~8]

〈음악회 초대가수 후보〉

• 음악회 초대가수 후보 : A, B, C, D, E
• 음악회 예정일 : 9월 20일 ~ 9월 21일

구분	A	B	C	D	E
섭외가능 기간	9월 18일 ~ 9월 20일	9월 19일 ~ 9월 23일	9월 20일 ~ 9월 22일	9월 21일 ~ 9월 23일	9월 18일 ~ 9월 21일
인지도	★★★★☆	★★★★☆	★★★☆☆	★★★★☆	★★★★★
섭외비용	155만 원/일	140만 원/일	135만 원/일	140만 원/일	160만 원/일

조건1

• 일정 중 9월 20일이 취소될 가능성이 있어, 9월 21일에 가능한 가수로 섭외한다.
• 예산 300만 원 내에서 2팀을 초대하고, 인지도 높은 가수부터 우선 섭외한다.
• 인지도가 같을 경우, 음악회 예정일에서 섭외가능 날짜가 많은 후보를 섭외한다.
• 초대가수는 이틀 중 하루에 두 팀 모두 공연한다.

07 다음 중 〈조건1〉에 가장 부합한 섭외 가수 후보로 옳은 것은?

① A, E
② B, D
③ B, E
④ C, E
⑤ D, E

08 상사의 지시로 다음 〈조건2〉만 고려해 섭외를 진행하기로 했을 때, 섭외 가수 두 팀을 고른 것은?

조건2

• 인지도는 ★★★★☆ 이상이다.
• 9월 20일에 섭외가 가능하다.
• 섭외비용을 최소로 한다.

① A, B
② B, C
③ B, D
④ C, D
⑤ D, E

※ 다음은 별관과 복지동을 연결하는 다리를 건설하려고 계획 중인 H공사의 입찰기준에 따라 입찰에 참여한 A, B, C, D, E, F업체를 각 분야별로 점수화한 자료와 업체별 입찰가격을 나타낸 자료이다. 자료를 보고 이어지는 질문에 답하시오. [9~10]

〈업체별 입찰기준 점수〉

입찰업체	경영점수(점)	안전점수(점)	디자인점수(점)	수상실적(회)
A	9	7	4	–
B	6	8	6	2
C	7	7	5	–
D	6	6	4	1
E	7	5	2	–
F	7	6	7	1

※ (입찰점수)=(경영점수)+(안전점수)+(디자인점수)+(수상실적 가점)
※ 수상실적 가점은 수상실적 1회당 2점의 가점을 부과한다.

〈업체별 입찰가격〉

구분	A	B	C	D	E	F
입찰가격	11억 원	10억 5천만 원	12억 1천만 원	9억 8천만 원	10억 1천만 원	8억 9천만 원

09 H공사는 다음 선정방식에 따라 다리 건설 업체를 선정하고자 한다. 다음 중 최종 선정될 업체는?

> • 입찰가격이 12억 원 미만인 업체 중에서 선정한다.
> • 입찰점수가 가장 높은 3개 업체를 중간 선정한다.
> • 중간 선정된 업체들 중 안전점수와 디자인 점수의 합이 가장 높은 곳을 최종 선정한다.

① A
② B
③ D
④ E
⑤ F

10 H공사는 입찰 가격도 구간별로 점수화하여 다시 업체를 선정하고자 한다. 다음과 같이 입찰가격에 따른 가격 점수를 산정하고, 기존 입찰점수에 가격점수를 추가로 합산하여 최종 입찰점수를 계산하고자할 때, 최종 입찰점수가 가장 높은 업체는?

입찰가격	9억 원 미만	9억 원 이상 10억 원 미만	10억 원 이상 11억 원 미만	11억 원 이상 12억 원 미만	12억 원 이상
가격점수	10점	8점	6점	4점	2점

① B   ② C

③ D   ④ E

⑤ F

11 환경부의 인사실무 담당자는 환경정책과 관련된 특별위원회를 구성하는 과정에서 외부 환경전문가를 위촉하려 한다. 현재 거론되고 있는 외부 전문가는 A, B, C, D, E, F 6명으로, 인사실무 담당자는 다음 〈조건〉에 따라 외부 환경전문가를 위촉해야 한다. 만약 B가 위촉되지 않는다면, 총 몇 명의 환경전문가가 위촉되는가?

조건

- 만약 A가 위촉되면, B와 C도 위촉되어야 한다.
- 만약 A가 위촉되지 않는다면, D가 위촉되어야 한다.
- 만약 B가 위촉되지 않는다면, C나 E가 위촉되어야 한다.
- 만약 C와 E가 위촉되면, D는 위촉되지 않는다.
- 만약 D나 E가 위촉되면, F도 위촉되어야 한다.

① 1명   ② 2명

③ 3명   ④ 4명

⑤ 5명

※ H공단은 본사 근무환경개선을 위해 공사를 시행할 업체를 선정하고자 한다. 다음 자료를 보고 이어지는 물음에 답하시오. [12~13]

〈공사 시행업체 선정방식〉

• 평가점수는 적합성점수와 실적점수, 입찰점수를 1 : 2 : 1의 비율로 합산하여 도출한다.
• 평가점수가 가장 높은 업체 한 곳을 최종 선정한다.
• 적합성점수는 각 세부항목의 점수를 합산하여 도출한다.
• 입찰가격은 가장 낮은 곳부터 10점, 8점, 6점, 4점, 2점을 부여한다.
• 평가점수가 동일한 경우, 실적점수가 우수한 업체에 우선순위를 부여한다.

〈업체별 입찰정보 및 점수〉

평가항목	업체	A	B	C	D	E
적합성 점수 (30점)	운영건전성 (8점)	8	6	8	5	7
	근무효율성개선 (10점)	8	9	6	7	8
	환경친화설계 (5점)	2	3	4	5	4
	미적만족도 (7점)	4	6	5	3	7
실적점수 (10점)	최근 2년 시공실적 (10점)	6	9	7	8	7
입찰점수 (10점)	입찰가격 (억 원)	7	10	11	8	9

※ 미적만족도 항목은 지난달에 시행한 내부 설문조사 결과에 기반함

12 공사 시행업체 선정방식에 따라 시공업체를 선정할 때, 최종 선정될 업체는?

① A
② B
③ C
④ D
⑤ E

13 H공단은 근무환경개선이라는 취지를 살리기 위해 〈공사 시행업체 선정방식〉을 다음과 같이 수정하였다고 한다. 수정된 선정방식에 따라 최종 선정될 업체는?

〈공사 시행업체 선정방식〉

• 평가점수는 적합성점수와 실적점수, 가격점수를 1 : 1 : 1의 비율로 합산하여 도출한다.
• 적합성점수 평가항목 중 만점을 받은 세부항목이 있는 업체는 적합성점수 총점에 가점 2점을 부여한다.
• 적합성점수는 각 세부항목의 점수를 합산하여 도출한다.
• 입찰가격은 가장 낮은 곳부터 9점, 8점, 7점, 6점, 5점을 부여한다.
• 평가점수가 높은 순으로 두 업체를 중간 선정한다.
• 중간 선정된 업체 중 근무효율성개선 점수가 가장 높은 업체를 선정한다.

---

① A   ② B
③ C   ④ D
⑤ E

※ 다음은 본부장 승진 대상자의 평가항목별 점수에 대한 자료이다. 주어진 자료를 보고 질문에 답하시오.
[14~15]

<본부장 승진 대상자 평가결과>

(단위 : 점)

대상자	외국어능력	필기	면접	해외 및 격오지 근무경력
A	8	9	10	2년
B	9	8	8	1년
C	9	9	7	4년
D	10	8.5	8.5	5년
E	7	9	8.5	5년
F	8	7	10	4년
G	9	7	9	7년
H	9	10	8	3년
I	10	7.5	10	6년

14 다음 〈조건〉에 따라 승진 대상자 2명을 선발한다고 할 때, 선발된 직원으로 옳은 것은?

조건

• 외국어능력, 필기, 면접 점수를 합산해 총점이 가장 높은 대상자 2명을 선발한다.
• 총점이 동일한 경우 해외 및 격오지 근무경력이 많은 자를 우선 선발한다.
• 해외 및 격오지 근무경력 또한 동일할 경우 면접 점수가 높은 자를 우선 선발한다.

① A, H
② A, I
③ D, I
④ H, I
⑤ D, H

15 해외 및 격오지 근무자들을 우대하기 위해 〈조건〉을 다음과 같이 변경하였다면, 선발된 직원으로 옳은 것은?

조건

• 해외 및 격오지 근무경력이 4년 이상인 지원자만 선발한다.
• 해외 및 격오지 근무경력 1년당 1점으로 환산한다.
• 4개 항목의 총점이 높은 순서대로 선발하되, 총점이 동일한 경우 해외 및 격오지 근무경력이 높은
자를 선발한다.
• 해외 및 격오지 근무경력 또한 같은 경우 면접 점수가 높은 자를 우선 선발한다.

① C, F
② D, G
③ D, I
④ E, I
⑤ G, I

※ 다음은 H사의 프로젝트 목록이다. 표를 보고 이어지는 질문에 답하시오. [16~18]

〈프로젝트별 진행 세부사항〉

프로젝트명	필요인원 (명)	소요기간 (개월)	기간	1인당 인건비 (만 원)	진행비 (만 원)
A	46	1	2월	130	20,000
B	42	4	2~5월	550	3,000
C	24	2	3~4월	290	15,000
D	50	3	5~7월	430	2,800
E	15	3	7~9월	400	16,200

※ 1인당 인건비는 프로젝트가 끝날 때까지의 1인당 총 인건비를 말한다.

16 모든 프로젝트를 완료하기 위해 필요한 최소 인원은 몇 명인가?(단, 프로젝트 참여자는 하나의 프로젝트를 끝내면 다른 프로젝트에 참여한다)

① 50명 　　　　　　　　　　② 65명
③ 92명 　　　　　　　　　　④ 107명
⑤ 117명

17 다음 중 H사의 A~E프로젝트를 인건비가 가장 적게 드는 것부터 순서대로 나열한 것은?

① A-E-C-D-B 　　　　　② A-E-C-B-D
③ A-C-E-D-B 　　　　　④ E-A-C-B-D
⑤ E-C-A-D-B

18 H사는 인건비와 진행비를 합산하여 프로젝트 비용을 산정하려고 한다. 다음 중 총 비용이 가장 적게 드는 프로젝트는?

① A프로젝트 　　　　　　　② B프로젝트
③ C프로젝트 　　　　　　　④ D프로젝트
⑤ E프로젝트

※ H사는 모든 임직원에게 다음과 같은 규칙으로 사원번호를 부여한다. 이어지는 질문에 답하시오. [19~20]

〈사원번호 부여 기준〉

M	0	1	2	3	0	1	0	1
성별	부서		입사연도		입사월		입사순서	

- 사원번호 부여 순서 : [성별] – [부서] – [입사연도] – [입사월] – [입사순서]
- 성별 구분

남성	여성
M	W

- 부서 구분

총무부	인사부	기획부	영업부	생산부
01	02	03	04	05

- 입사년도 : 연도별 끝자리를 2자리 숫자로 기재(예 2023년 – 23)
- 입사월 : 2자리 숫자로 기재(예 5월 – 05)
- 입사순서 : 해당 월의 누적 입사순서(예 해당 월의 3번째 입사자 – 03)
※ H사에 같은 날 입사자는 없다.

19 다음 중 사원번호가 'W05220401'인 사원에 대한 설명으로 적절하지 않은 것은?

① 생산부서 최초의 여직원이다.
② 2022년에 입사하였다.
③ 4월에 입사한 여성이다.
④ 'M03220511' 사원보다 입사일이 빠르다.
⑤ 생산부서로 입사하였다.

20 다음 H사의 2022년 하반기 신입사원 명단을 참고할 때, 기획부에 입사한 여성은 모두 몇 명인가?

M01220903	W03221005	M05220912	W05220913	W01221001	W04221009
W02220901	M04221101	W01220905	W03220909	M02221002	W03221007
M03220907	M01220904	W02220902	M04221008	M05221107	M01221103
M03220908	M05220910	M02221003	M01220906	M05221106	M02221004
M04221101	M05220911	W03221006	W05221105	W03221104	M05221108

① 2명
② 3명
③ 4명
④ 5명
⑤ 6명

※ 다음 〈조건〉을 보고 ?에 들어갈 도형을 고르시오. [21~22]

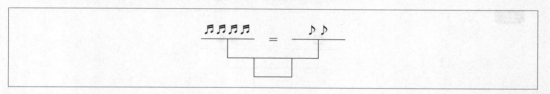

21

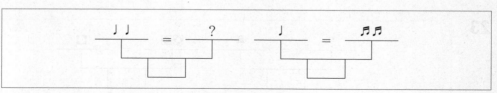

① ♪♪♪　　　　　　② ♫♫♫
③ ♫♫♪♪　　　　　④ ♪♫♫
⑤ ♪♪♫

22

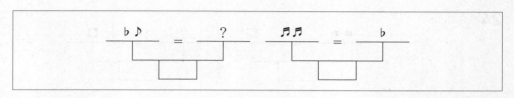

① ♫♫♫♫♫　　　　② ♫♫♫♫
③ ♫♫♫♫♫♫　　　④ ♭♫♫♫
⑤ ♫♫♫♭

※ 다음 〈조건〉을 보고 ?에 들어갈 도형을 고르시오. [23~24]

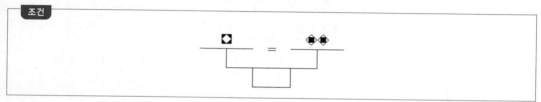

23

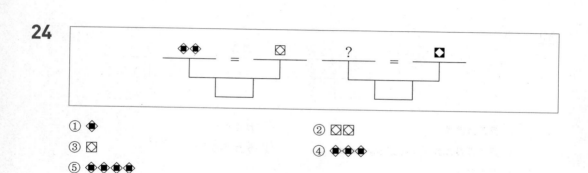

① ◈

② ◈

③ ◈◈

④ ◈◈

⑤ ◈◈◈

24

① ◈

② ◇◇

③ ◇

④ ◈◈◈

⑤ ◈◈◈◈

※ 다음 〈조건〉을 보고 ?에 들어갈 도형을 고르시오. [25~26]

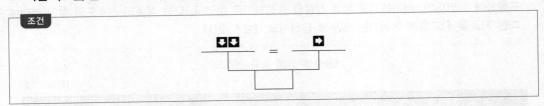

25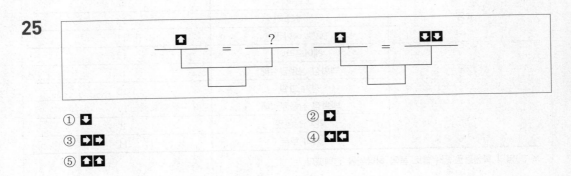

① ⬇
② ➡
③ ➡➡
④ ◀◀
⑤ ⬆⬆

26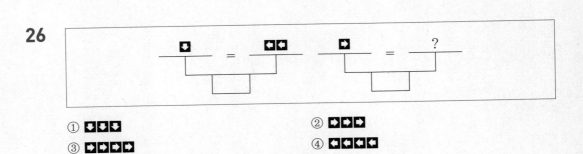

① ⬇⬇⬇
② ➡➡➡
③ ➡➡➡➡
④ ◀➡➡➡
⑤ ➡➡◀

※ B씨는 주말 동호회의 회장으로 상반기 결산을 맞아 회식을 주최하려고 한다. 동호회 회원은 B씨를 포함하여 30명이며, 제비뽑기를 통해 상품을 증정하기로 하였다. 다음 상품의 선호도와 할인 혜택에 대한 자료를 참고하여 이어지는 질문에 답하시오. **[27~28]**

〈등수별 상품 품목 선호도〉

(단위 : 명)

등수	품목	선호도
1등	노트북	5
	무선 청소기	14
	호텔 숙박권	11
2등	에어프라이	12
	백화점 상품권 4매	6
	전기 그릴	12
3등	백화점 상품권 2매	17
	외식 상품권	2
	커피 쿠폰	11

※ 30명의 회원들은 등수별로 품목 하나씩을 선택했다.

〈상품별 할인 혜택〉

상품	금액	할인 혜택
노트북	1,200,000원	세일 기간으로 20% 할인
무선 청소기	800,000원	–
호텔 숙박권	600,000원	온라인 구매로 7% 할인
에어프라이	300,000원	특가 상품으로 15% 할인
백화점 상품권 1매	50,000원	
전기 그릴	250,000원	온라인 구매로 8% 할인
외식 상품권	100,000원	–
커피 쿠폰	50,000원	–

27 B씨가 다음 〈조건〉에 따라 등수별 상품을 구매한다고 할 때, 모든 상품 구매비용으로 알맞은 것은?(단, 금액은 할인 혜택 적용 후 총 구매금액으로 계산한다)

> **조건**
> • 구성원의 선호도를 우선으로 등수별 상품을 선택한다.
> • 1등 상품의 선호도가 동일할 경우 저렴한 상품을 선택한다.
> • 2·3등 상품의 선호도가 동일한 경우 각각 1등과 2등에 선택된 상품의 총금액보다 저렴한 상품을 선택한다(단, 모든 상품이 저렴할 시 가장 비싼 상품을 택한다).
> • 당첨자는 1등 1명, 2등 2명, 3등 3명이다.

① 1,610,000원   ② 1,600,000원
③ 1,560,000원   ④ 1,530,000원
⑤ 1,500,000원

28 B씨는 상품 총 구매비용을 150만 원 이하로 구성하려고 한다. 등수별 선호도가 가장 낮은 상품은 제외하고 예산에 맞게 상품 목록을 정리해보았다. 다음 중 최대한 예산에 가까운 상품 목록은 무엇인가?(단, 금액은 할인 혜택 적용 후 금액으로 계산한다)

	1등	2등	3등
①	호텔 숙박권	에어프라이	커피 쿠폰
②	호텔 숙박권	전기 그릴	커피 쿠폰
③	무선 청소기	전기 그릴	백화점 상품권 2매
④	무선 청소기	에어프라이	백화점 상품권 2매
⑤	무선 청소기	에어프라이	커피 쿠폰

※ 다음은 H공장의 계기판 검침 안내사항이다. 이어지는 질문에 답하시오. **[29~30]**

〈계기판 검침 안내사항〉

정기적으로 매일 오전 9시에 다음의 안내사항에 따라 검침을 하고 그에 따른 조치를 취하도록 한다.

계기판 A · B · C의 표준 수치		
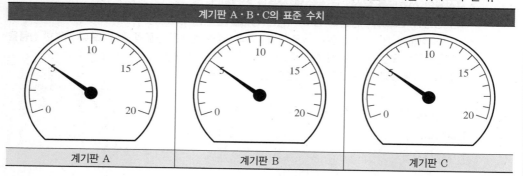		
계기판 A	계기판 B	계기판 C

[기계조작실]

1. 계기판을 확인하여 PSD 수치를 구한다.
   - Parallel Mode : PSD=(검침 시각 각 계기판 수치의 평균)
   - Serial Mode : PSD=(검침 시각 각 계기판 수치의 합)
   ※ 검침하는 시각에 실외 온도계의 온도가 영상이면 계기판 B는 고려하지 않는다.
   ※ 검침하는 시각에 실내 온도계의 온도가 20℃ 미만이면 Parallel Mode를, 20℃ 이상이면 Serial Mode를 적용한다.

2. PSD 수치 범위에 따라서 알맞은 버튼을 누른다.

수치	버튼
PSD ≤ 기준치	정상
기준치 < PSD < 기준치+5	경계
기준치+5 ≤ PSD	비정상

   ※ 화요일과 금요일은 세 계기판의 표준 수치 합의 1/2을 기준치로 삼고, 나머지 요일은 세 계기판의 표준 수치 합을 기준치로 삼는다(단, 온도에 영향을 받지 않는다).

3. 기계조작실에서 버튼을 누르면 버튼에 따라 상황통제실의 경고등에 불이 들어온다.

버튼	경고등 색상
정상	녹색
경계	노란색
비정상	빨간색

[기계조작실]

들어온 경고등의 색을 보고 필요한 조치를 취한다.

경고등 색상	조치
녹색	정상가동
노란색	안전요원 배치
빨간색	접근제한 및 점검

29 목요일 오전 9시에 실외 온도계의 수치는 15℃이고 실내 온도계의 수치는 22℃이며, 계기판 수치는 다음과 같았다. 눌러야 하는 버튼은 무엇이며, 이를 본 상황통제실에서는 다음 중 어떤 조치를 취해야 하는가?

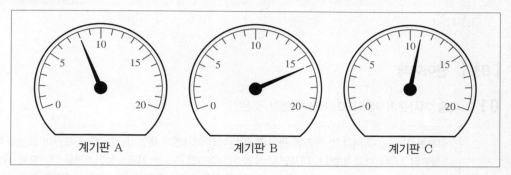

① 정상, 정상가동
② 정상, 안전요원 배치
③ 경계, 안전요원 배치
④ 비정상, 접근 제한 및 점검
⑤ 경계, 접근 제한 및 점검

30 화요일 오전 9시에 실외 온도계의 수치는 −3℃이고 실내 온도계의 수치는 15℃이며, 계기판 수치는 다음과 같았다. 눌러야 하는 버튼은 무엇이며, 이를 본 상황통제실에서는 다음 중 어떤 조치를 취해야 하는가?

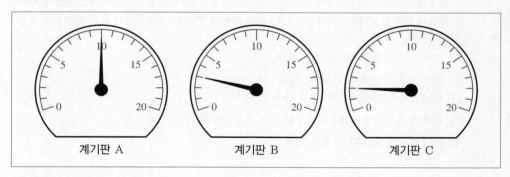

① 정상, 정상가동
② 정상, 안전요원 배치
③ 경계, 안전요원 배치
④ 비정상, 접근 제한 및 점검
⑤ 비정상, 안전요원 배치

제2회 최종점검 모의고사

모바일 OMR
답안채점 / 성적분석
서비스

☑ 응시시간 : 90분 　 ☑ 문항 수 : 150문항

정답 및 해설 p.050

| 01 | 언어이해

01 다음 기사문의 제목으로 가장 적절한 것은?

> 정부는 '미세먼지 저감 및 관리에 관한 특별법(이하 미세먼지 특별법)' 제정·공포안이 의결돼 내년 2월부터 시행된다고 밝혔다. 미세먼지 특별법은 그동안 수도권 공공·행정기관을 대상으로 시범·시행한 '고농도 미세먼지 비상저감조치'의 법적 근거를 마련했다. 이로 인해 미세먼지 관련 정보와 통계의 신뢰도를 높이기 위해 국가미세먼지 정보센터를 설치하게 되고, 이에 따라 시·도지사는 미세먼지 농도가 비상저감조치 요건에 해당하면 자동차 운행을 제한하거나 대기오염물질 배출시설의 가동시간을 변경할 수 있다. 또한 비상저감조치를 시행할 때 관련 기관이나 사업자에 휴업, 탄력적 근무제도 등을 권고할 수 있게 되었다. 이와 함께 환경부 장관은 관계 중앙행정기관이나 지방자치단체의 장, 시설운영자에게 대기오염물질 배출시설의 가동률 조정을 요청할 수도 있다.
> 미세먼지 특별법으로 시·도지사, 시장, 군수, 구청장은 어린이나 노인 등이 이용하는 시설이 많은 지역을 '미세먼지 집중관리구역'으로 지정해 미세먼지 저감사업을 확대할 수 있게 되었다. 그리고 집중관리구역 내에서는 대기오염 상시측정망 설치, 어린이 통학차량의 친환경차 전환, 학교 공기정화시설 설치, 수목 식재, 공원 조성 등을 위한 지원이 우선적으로 이뤄지게 된다.
> 국무총리 소속의 '미세먼지 특별대책위원회'와 이를 지원하기 위한 '미세먼지 개선기획단'도 설치된다. 국무총리와 대통령이 지명한 민간위원장은 위원회의 공동위원장을 맡는다. 위원회와 기획단의 존속 기간은 5년으로 설정했으며 연장하려면 만료되기 1년 전에 그 실적을 평가해 국회에 보고하게 된다.
> 아울러 정부는 5년마다 미세먼지 저감 및 관리를 위한 종합계획을 수립하고 시·도지사는 이에 따른 시행계획을 수립하고 추진실적을 매년 보고하도록 했다. 또한 미세먼지 특별법은 입자의 지름이 $10\mu m$ 이하인 먼지는 '미세먼지', $2.5\mu m$ 이하인 먼지는 '초미세먼지'로 구분하기로 확정했다.

① 미세먼지와 초미세먼지 구분 방법
② 미세먼지 특별대책위원회의 역할
③ 미세먼지 집중관리구역 지정 방안
④ 미세먼지 저감을 위한 대기오염 상시측정망의 효과
⑤ 미세먼지 특별법의 제정과 시행

02 다음 기사의 주된 내용 전개 방식으로 가장 적절한 것은?

> 비만은 더 이상 개인의 문제가 아니다. 세계보건기구(WHO)는 비만을 질병으로 분류하고, 총 8종의 암(대장암·자궁내막암·난소암·전립선암·신장암·유방암·간암·담낭암)을 유발하는 주요 요인으로 제시하고 있다. 오늘날 기대수명이 늘어가는 상황에서 실질적인 삶의 질 향상을 위해서도 국가적으로 적극적인 비만관리가 필요해진 것이다.
>
> 이러한 비만을 예방하기 위한 국가적인 대책을 살펴보면, 우선 비만을 유발하는 과자, 빵, 탄산음료 등 고열량·저열량·고카페인 함유 식품의 판매 제한 모니터링이 강화되어야 하며, 또한 과음과 폭식 등 비만을 조장·유발하는 문화와 환경도 개선되어야 한다. 특히 과음은 식사량과 고열량 안주 섭취를 늘려 지방간, 간경화 등 건강 문제와 함께 복부 비만의 위험을 높이는 주요 요인이다. 따라서 회식과 접대 문화, 음주 행태 개선을 위한 가이드라인을 마련하고 음주 폐해 예방 캠페인을 추진하는 것도 하나의 방법이다.
>
> 다음으로 건강관리를 위해 운동을 권장하는 것도 중요하다. 수영, 스케이트, 볼링, 클라이밍 등 다양한 스포츠를 즐기는 문화를 조성하고, 특히 비만 환자의 경우 체계적인 체력 관리와 건강증진을 위한 운동프로그램이 요구된다.

① 다양한 관점들을 제시한 뒤, 예를 들어 설명하고 있다.
② 시간에 따른 현상의 변화과정에 대해 설명하고 있다.
③ 서로 다른 관점을 비교·분석하고 있다.
④ 주장을 제시하고, 여러 가지 근거를 들어 설득하고 있다.
⑤ 문제점을 제시하고, 그에 대한 해결방안을 제시하고 있다.

※ 다음 글을 읽고 이어지는 질문에 답하시오. [3~5]

민족 문화의 전통을 말하는 것은 반드시 보수적이라는 멍에를 메어야만 하는 것일까? 이 문제에 대한 올바른 해답을 얻기 위해서는, 전통이란 어떤 것이며, 또 그것이 어떻게 계승되어 왔는가를 살펴보아야 할 것이다. 연암 박지원은 영·정조 시대 북학파의 대표적 인물 중 한 사람이다. 그가 지은 『열하일기』나 『방경각외전』에 실려 있는 소설이 몰락하는 양반 사회에 대한 신랄한 풍자를 가지고 있을 뿐 아니라, 문장 또한 기발하여, 그는 당대의 허다한 문사들 중에서도 최고봉을 이루고 있는 것으로 추앙되고 있다. 그러나 그의 문학은 패관 기서를 따르고 고문을 본받지 않았다 하여, 하마터면 『열하일기』가 촛불의 재로 화할 뻔한 아슬아슬한 때도 있었다. 말하자면, 연암은 고문파에 대한 반항을 통하여 그의 문학을 건설한 것이다. 그러나 오늘날 우리는 민족 문화의 전통을 연암에게서 찾으려고는 할지언정, 고문파에서 찾으려고 하지는 않는다. 이 사실은 우리에게 민족 문화의 전통에 관한 해명의 열쇠를 제시해 주는 것은 아닐까?

전통은 물론 과거로부터 이어 온 것을 말한다. 이 전통은 대체로 그 사회 및 그 사회의 구성원인 개인의 몸에 배어 있는 것이다. 그러므로 스스로 깨닫지 못하는 사이에 전통은 우리의 현실에 작용하는 경우가 있다. 그러나 과거에서 이어 온 것을 무턱대고 모두 전통이라 한다면, 인습이라는 것과 구별이 서지 않을 것이다. 우리는 인습을 버려야 할 것이라고는 생각하지만, 계승해야 할 것이라고는 생각하지 않는다.

여기서 우리는 과거에서 이어 온 것을 객관화하고, 이를 비판하는 입장에 서야 할 필요를 느끼게 된다. 그 비판을 통해서 현재의 문화 창조에 이바지할 수 있다고 생각되는 것만을 우리의 전통이라고 불러야 할 것이다. 이와 같이, 전통은 인습과 구별될 뿐더러 또 단순한 유물과도 구별되어야 한다. 현재에 있어서의 문화 창조와 관계가 없는 것을 우리는 문화적 전통이라고 부를 수가 없기 때문이다.

03 다음 중 제시문에 나타난 글쓴이의 관점으로 가장 적절한 것은?

① 과거에서 이어온 것은 모두 살릴 필요가 있다.
② 과거보다 현재의 것을 더 중요시할 필요가 있다.
③ 현재의 관점에서 과거의 것은 청산할 필요가 있다.
④ 과거의 것 중에서 가치 있는 것을 찾을 필요가 있다.
⑤ 과거를 불식하고 미래지향적 태도를 지닐 필요가 있다.

04 다음 중 제시문과 같은 글을 읽을 때 고려해야 할 사항이 아닌 것은?

① 주장의 타당성
② 논거의 정확성
③ 비유의 참신성
④ 사실과 의견의 구분
⑤ 추론 과정의 논리성

05 다음 중 제시문을 바탕으로 '전통'을 정의할 때 가장 적절한 것은?

① 전통은 과거에서 이어온 것이다.
② 전통은 후대에 높이 평가되는 것이다.
③ 전통은 오늘날 널리 퍼져 있는 것이다.
④ 전통은 과거에서 이어와 현재 문화 창조에 이바지할 수 있는 것이다.
⑤ 전통은 오늘날 삶에 막대한 영향을 주는 것이다.

06 다음 글이 비판의 대상으로 삼는 주장으로 가장 적절한 것은?

> 경제 문제는 대개 해결이 가능하다. 대부분의 경제 문제에는 몇 개의 해결책이 있다. 그러나 모든 해결책은 누군가가 상당한 손실을 반드시 감수해야 한다는 특징을 갖고 있다. 하지만 누구도 이 손실을 자발적으로 감수하고자 하지 않으며, 우리의 정치제도는 누구에게도 이 짐을 짊어지라고 강요할 수 없다. 우리의 정치적·경제적 구조로는 실질적으로 제로섬(Zero-sum)적인 요소를 지니는 경제 문제에 전혀 대처할 수 없기 때문이다.
> 대개의 경제적 해결책은 대규모의 제로섬적인 요소를 갖기 때문에 큰 손실을 수반한다. 모든 제로섬 게임에는 승자가 있다면 반드시 패자가 있으며, 패자가 존재해야만 승자가 존재할 수 있다. 경제적 이득이 경제적 손실을 초과할 수도 있지만, 손실의 주체에게 손실의 의미란 상당한 크기의 경제적 이득을 부정할 수 있을 만큼 매우 중요하다. 어떤 해결책으로 인해 평균적으로 사회는 더 잘살게 될 수도 있지만, 이 평균이 훨씬 더 잘살게 된 수많은 사람과 훨씬 더 못살게 된 수많은 사람을 감춘다. 만약 당신이 더 못살게 된 사람 중 하나라면 내 수입이 줄어든 것보다 다른 누군가의 수입이 더 많이 늘었다고 해서 위안을 얻지는 않을 것이다. 결국 우리는 우리 자신의 수입을 보호하기 위해 경제적 변화가 일어나는 것을 막거나 혹은 사회가 우리에게 손해를 입히는 공공정책이 강제로 시행되는 것을 막기 위해 싸울 것이다.

① 빈부격차를 해소하는 것만큼 중요한 정책은 없다.
② 사회의 총생산량이 많아지게 하는 정책이 좋은 정책이다.
③ 경제문제에서 모두가 만족하는 해결책은 존재하지 않는다.
④ 경제적 변화에 대응하는 정치제도의 기능에는 한계가 존재한다.
⑤ 경제정책의 효율성을 높이는 방법은 일관성을 유지하는 것이다.

신문이나 잡지는 대부분 유료로 판매된다. 반면에 인터넷 뉴스 사이트는 신문이나 잡지의 기사와 같거나 비슷한 내용을 무료로 제공한다. 왜 이런 현상이 발생하는 것일까?

이 현상 속에는 경제학적 배경이 숨어 있다. 대체로 상품의 가격은 그 상품을 생산하는 데 드는 비용의 언저리에서 결정된다. 생산 비용이 많이 들면 들수록 상품의 가격이 상승하는 것이다. 그런데 인터넷에 게재되는 기사를 생산하는 데 드는 비용은 0원에 가깝다. 기자가 컴퓨터로 작성한 기사를 신문사 편집실로 보내 종이 신문에 게재하고, 그 기사를 그대로 재활용하여 인터넷 뉴스 사이트에 올리기 때문이다. 또한 인터넷 뉴스 사이트 방문자 수가 증가하면 사이트에 걸어 놓은 광고에 대한 수입도 증가하게 된다. 이러한 이유로 신문사들은 경쟁적으로 인터넷 뉴스 사이트를 개설하여 무료로 운영했던 것이다.

그런데 이렇게 무료로 인터넷 뉴스 사이트를 이용하는 사람들이 폭발적으로 늘어나면서 돈을 지불하고 신문이나 잡지를 구독하는 사람들이 점점 줄어들기 시작했다. 그 결과 언론사들의 수익률이 감소하여 재정이 악화되었다. 문제는 여기서 그치지 않는다. 언론사들의 재정적 악화는 깊이있고 정확한 뉴스를 생산하는 그들의 능력을 저하시키거나 사라지게 할 수도 있다. 결국 그로 인한 피해는 뉴스를 이용하는 소비자에게로 되돌아올 것이다.

그래서 언론사들, 특히 신문사들의 재정악화 개선을 위해 인터넷 뉴스를 유료화해야 한다는 의견이 있다. 하지만 그러한 주장을 현실화하는 것은 그리 간단하지 않다. 소비자들은 어떤 상품을 구매할 때 그 상품의 가격이 얼마 정도면 구입할 것이고, 얼마 이상이면 구입하지 않겠다는 마음의 선을 긋는다. 이 선의 최대치가 바로 최대지불의사(Willingness to Pay)이다. 소비자들의 머릿속에 한번 각인된 최대지불의사는 좀처럼 변하지 않는 특성이 있다. 인터넷 뉴스의 경우 오랫동안 소비자에게 무료로 제공되었고, 그러는 사이 인터넷 뉴스에 대한 소비자들의 최대지불의사도 0원으로 굳어진 것이다. 그런데 이제 와서 무료로 이용하던 정보를 유료화한다면 소비자들은 여러 이유를 들어 불만을 토로할 것이다.

해외 신문 중 일부 경제 전문지는 이러한 문제를 성공적으로 해결했다. 그들은 매우 전문화되고 깊이 있는 기사를 작성하여 소비자에게 제공하는 대신 인터넷 뉴스 사이트를 유료화했다. 그럼에도 불구하고 많은 소비자들이 기꺼이 돈을 지불하고 이들 사이트의 기사를 이용하고 있다. 전문화되고 맞춤화된 뉴스일수록 유료화 잠재력이 높은 것이다. 이처럼 제대로 된 뉴스를 만드는 공급자와 정당한 값을 내고 제대로 된 뉴스를 소비하는 수요자가 만나는 순간 문제해결의 실마리를 찾을 수 있을 것이다.

07 다음 중 윗글의 내용에 바탕이 되는 경제관으로 적절하지 않은 것은?

① 경제적 이해관계는 사회현상의 변화를 초래한다.

② 상품의 가격이 상승할수록 소비자의 수요가 증가한다.

③ 소비자들의 최대지불의사는 상품의 구매 결정과 밀접한 관련이 있다.

④ 일반적으로 상품의 가격은 상품 생산의 비용과 가까운 수준에서 결정된다.

⑤ 적정 수준의 상품가격이 형성될 때 소비자의 권익과 생산자의 이익이 보장된다.

08 다음 중 윗글을 읽은 사람들의 반응으로 적절하지 않은 것은?

① 정보를 이용할 때 정보의 가치에 상응하는 이용료를 지불하는 것은 당연한 거라고 생각해.

② 현재 무료인 인터넷 뉴스 사이트를 유료화하려면 먼저 전문적이고 깊이 있는 기사를 제공해야만 해.

③ 인터넷 뉴스가 광고를 통해 수익을 내는 경우도 있으니, 신문사의 재정을 악화시키는 것만은 아니야.

④ 인터넷 뉴스 사이트 유료화가 정확하고 공정한 기사를 양산하는 결과에 직결되는 것은 아니라고 생각해.

⑤ 인터넷 뉴스만 보는 독자들의 행위가 품질이 나쁜 뉴스를 생산하게 만드는 근본적인 원인이므로 종이 신문을 많이 구독해야겠어.

09 다음 글에서 다루고 있는 내용으로 적절하지 않은 것은?

> 관용 구절의 생성 유래로 먼저 사회·문화적 배경의 변화를 들 수 있다. 즉, 문자 그대로의 의미로 쓰이던 일반 구절이 사회·문화적 배경의 변화에 의하여 관용 구절이 되는 것이다. 또 이른 시기에 생성된 우리 고유의 관용 구절은 역사적 사건이나 옛 이야기, 고(古)기록, 근원 설화, 민담 등에서 유래된 경우가 많다.

① 여자가 시집을 간다는 의미를 지닌 '머리를 얹다.'

② 장한종의 어면 신화에서 유래된 '학질을 떼다.'

③ 벼슬자리나 높은 지위에 오름을 의미하는 '감투를 쓰다.'

④ 지역 사회에서 있었던 특별한 이야기를 연원으로 하여 생성된 '남산골 샌님'

⑤ 이란투석(以卵投石)에서 유래된 '계란으로 바위 치기'

파리협정의 발효에 따라 새롭게 출범하게 될 신기후체제는 다음 표에 비교된 바와 같이 이전의 기후변화협약과는 규모와 온실가스 감축목표의 설정 및 실행방식 모두에서 판이한 특징을 보이며 그에 따른 영향 역시 확대될 수밖에 없을 것으로 예상하고 있다. 우선 1997년 COP3에서 채택되어 2005년부터 공식적으로 발효된 교토의정서는 선진국(37개국)에만 온실가스 감축의무를 부과하였다. 그러나 미국은 처음부터 협약참여를 거부한 데 이어 러시아, 일본 및 캐나다 등이 잇따라 탈퇴하였고 온실가스 최대배출국인 중국과 인도 등 개도국에는 애초에 감축의무가 부과되지 않으면서 사실상 실효성에 대한 의문이 계속 제기되어왔다. 그러나 이번에 발효된 파리협정은 장기목표로 산업화 이전(1850~1900) 대비 지구 평균 기온상승을 2℃보다 상당히 낮은 수준으로 유지키로 하고, 1.5℃ 이하로 제한하기 위한 노력을 추구하기로 합의하였고 197개 당사국 모두에 감축목표 준수의무가 부과됨에 따라 전 세계 온실가스 배출량의 90% 이상을 커버하고 있다. 물론 감축목표 유형은 국가별로 다른 방식을 채택하고 있는데, 이는 차별적인 책임원칙에 따라 선진국은 절대량 방식을 유지하여야 하지만 개도국은 자국여건을 감안해 배출전망치 대비 방식을 선택할 수 있도록 했기 때문이다. 이에 온실가스 감축목표의 효과적인 달성을 위해 UN 기후변화협약 중심의 시장 이외에 당사국 간의 자발적인 협력도 인정하는 등 다양한 형태의 국제 탄소시장 메커니즘 설립에 합의했다.

〈기후변화협약과 온실가스 감축체제 비교(교토의정서 vs 신기후체제)〉

구분	교토의정서(1997, COP3)	신기후체제(2015, COP21)
당사국	선진국 등 Annex I 국가 (37개국 감축의무, 개도국은 의무면제)	개도국 포함 대부분 국가 (197개국 참여, 배출비중 90% 이상)
감축목표	1990년 대비 배출량 총량감축 (1기 5.2%, 2기 18%)	산업화 이전 대비 지구 평균온도 상승제한 (2℃ 이내, 1.5℃까지 제한노력 합의)
실행방식	하향식 의무할당 및 페널티(교토 메커니즘)	상향식 자발적 감축목표(시장 메커니즘 도입)
시행시기	1기 2008~2012년 / 2기 2013~2020년 (2005년 발효, 요건충족까지 8년 소요)	2021년 이후, 5년마다 목표상향 / 보고 의무화 (2016.11.4 발효)
잠정평가	미국 불참, 러시아·일본·캐나다 등 탈퇴 (2기 전 세계 배출량의 14%에 불과)	INDC에 대한 국제법상 구속력은 제외 (185개국 제출 INDC 기준 3.5℃ 상승)

10 다음 중 밑줄 친 단어의 설명으로 적절하지 않은 것은?

① 출범하다 : 단체가 새로 조직되어 일을 시작하다.

② 판이하다 : 비교 대상의 성질이나 모양, 상태 따위가 아주 다르다.

③ 부과하다 : 세금이나 부담금 따위를 매기어 부담하게 하다.

④ 제기되다 : 의견이나 문제가 내어놓아지다.

⑤ 감안하다 : 여러 사정을 참고하여 생각하다.

11 다음 중 지문을 읽고 이해한 것으로 적절하지 않은 것은?

① 1기 교토의정서에서 감축의무가 있던 나라들은 평균 5.2%의 온실가스를 감축해야 했다.

② 신기후체제는 자발적 감축을 목표로 한다.

③ 신기후체제는 국가별로 다른 방식의 감축목표 유형을 채택하고 있다.

④ 미국과 일본이 교토의정서 불참을 선언하면서 중국과 인도도 탈퇴하였다.

⑤ 교토의정서가 채택될 때, 선진국과 개도국의 참여문제로 갈등을 빚었을 것이다.

예술 작품에 대한 감상이나 판단은 주관적이라 할 수 있다. 그렇다고 하더라도 어떤 사람의 감상이나 판단은 다른 사람들보다 더 좋거나 나쁠 수도 있지 않을까? 혹은 덜 발달되었을 수도, 더 세련되었을 수도 있지 않을까? 이러한 의문과 관련하여 우리는 흄(D. Hume)의 설명을 참조할 수 있다.

흄은 예술적인 판단이란, 색이나 맛과 같은 지각 가능한 성질에 대한 판단과 유사하다고 하면서, ㉮『돈키호테』에 나오는 이야기를 소개한다. 마을 사람들이 포도주를 즐기고 있었는데 두 명의 '전문가'가 불평을 한다. 한 사람은 쇠 맛이 살짝 난다고 했고 또 다른 사람은 가죽 맛이 향을 망쳤다고 했다. 마을 사람들은 그들을 비웃었지만, 포도주 통 밑바닥에서 가죽끈에 묶인 녹슨 열쇠가 발견되었다. 이 전문가들은 마을 사람들이 느낄 수 없었던 포도주 맛의 요소들을 식별해낸 셈이다.

이는 예술적인 식별과 판단에서도 마찬가지다. 훈련받지 못한 사람은 서로 다른 악기의 소리나 화음의 구성을 구별해낼 수 없을 것이다. 또한 구도나 색 또는 명암의 대비, 중요한 암시를 알아내기 어려울 것이다. 이런 것들은 다양한 작품을 감상하고 세련된 감수성을 지닌 사람들의 말을 들음으로써, 또는 좋은 비평을 읽음으로써 계발될 수 있다. 이처럼 예술적 판단이나 식별이 계발될 수 있다 해도 의문은 남는다. 포도주의 맛을 알아챈 전문가들에게는 가죽끈에 녹슨 열쇠가 있었지만, 예술 비평가들의 판단이나 식별이 올바르다는 것은 어떻게 알 수 있는가?

이 질문에 답하기 위해 흄은 '진정한 판관(True Judge)'이라는 개념을 제안했다. 흄이 말한 진정한 판관은, 세련된 감수성과 섬세한 감각을 가졌으며 부단한 연습과 폭넓은 경험으로 식별력을 키운 사람이다. 그리고 편견이나 편애와 같은 작품 외적 요소들에서 벗어나 있으며, 당대의 일시적인 유행에도 거리를 두고 작품을 볼 수 있는 사람이다. 이러한 조건들을 갖추었을 때 그는 비로소 예술 작품을 식별하고 평가할 수 있는 자격을 얻게 된다. 또한 흄은 '시간의 테스트'를 넘어서, 즉 시간과 공간의 장벽을 가로질러 그 가치를 인정받는 작품들에 주목하였다. 다양한 시대와 문화, 태도들의 차이가 있음에도 불구하고, 그 작품들의 진정한 가치를 알아보고 그것에 매혹되어 온 최고의 비평가들이 있었다.

이처럼 예술 비평가들의 판단과 식별의 타당성은 이들이 갖춘 비평가로서의 자격, 이들이 알아보고 매혹된 위대한 작품들의 존재를 통해서 입증될 수 있다는 것이다. 이러한 흄의 생각은 분명 그럴듯한 점이 있다. 우리가 미켈란젤로와 카라바조, 고야, 렘브란트의 작품을 그 작품들이 창조된 지 수백 년이 지난 후에도 여전히 감상하고 있다는 사실은 그 작품이 지닌 힘과 위대함을 증명해준다.

그렇지만 또 하나의 의문이 여전히 남는다. ㉯ 자격을 갖춘 비평가들, 심지어는 최고라고 평가받는 비평가들에게서조차 비평의 불일치가 생겨난다는 점이다. 흄은 이러한 불일치를 낳는 두 개의 근원을 지적했는데, 비평가 개인의 성격적인 기질의 차이가 그 하나이다. 또한 자격을 갖춘 비평가라 할지라도 자기 시대의 특정한 믿음이나 태도, 가정들에서 완전히 자유로울 수는 없기 때문에 불일치가 생겨난다고 하였다. 이에 따르면 살아 있던 당시에는 갈채를 받았던 예술가의 작품이 시간이 흐르면서 왜 역사의 뒤안길로 사라지곤 하는지도 설명할 수 있다. 평범한 사람에게든 자격을 갖춘 비평가에게든 그런 작품들이 당시의 사람들에게 가졌던 호소력은, 그 시대에만 특별했던 태도나 가정에 의존했을 가능성이 크기 때문이다.

12 다음 중 제시된 글의 전개 방식에 대한 설명으로 가장 적절한 것은?

① 흄의 견해를 순차적으로 소개한 후 비판적으로 평가하고 있다.

② 의문들을 제기하면서 흄의 견해에 근거하여 순차적으로 답변하고 있다.

③ 제기된 의문들과 관련하여 흄의 견해가 변화해 가는 과정을 밝히고 있다.

④ 흄의 견해에 근거하여 통상적인 의문들에 내포된 문제점을 고찰하고 있다.

⑤ 흄의 견해에 근거하여 제기된 의문들에 대한 기존의 답변들을 비판하고 있다.

13 다음 중 ㉔에서 ㉘에 해당하는 내용으로 볼 수 있는 것은?

① 마을 사람들은 전문가들의 진단을 비웃었다.

② 마을 사람들은 포도주 맛의 요소들을 식별하지 못했다.

③ 포도주 통 밑바닥에서 가죽끈에 묶인 녹슨 열쇠가 발견되었다.

④ 포도주의 이상한 맛에 대한 전문가들의 원인 진단이 서로 달랐다.

⑤ 마을 사람들과는 달리 전문가들은 포도주 맛에 대해 불평을 했다.

행동경제학은 기존의 경제학과 다른 시선으로 인간을 바라본다. 기존의 경제학은 인간을 철저하게 합리적이고 이기적인 존재로 상정(想定)하여, 인간은 시간과 공간에 관계없이 일관된 선호를 보이며 효용을 극대화하는 방향으로 선택을 한다고 본다. 그래서 기존의 경제학자들은 인간의 행동이 예측 가능하다는 것을 전제(前提)로 경제이론을 발전시켜 왔다. 반면 행동경제학에서는 인간이 제한적으로 합리적이고 감성적인 존재라고 보며, 처한 상황에 따라 선호가 바뀌기 때문에 그 행동을 예측하기 어렵다고 생각한다. 또한 인간은 효용을 극대화하기보다는 어느 정도 만족하는 선에서 선택을 한다고 본다. 행동경제학은 기존의 경제학이 가정하는 인간관을 지나치게 이상적이고 비현실적이라고 비판한다. 그래서 행동경제학은 인간이 때로는 이타적인 행동을 하고 비합리적인 행동을 하는 존재라는 점을 인정하며, 현실에 실재(實在)하는 인간을 연구 대상으로 한다.

행동경제학에서 사용하는 용어인 '휴리스틱'은 인간의 제한된 합리성을 잘 보여준다. 휴리스틱은 사람들이 판단을 내리거나 결정을 할 때 사용하는 주먹구구식의 어림짐작을 말한다. 휴리스틱에는 다양한 종류가 있는데, 그중 하나가 ㉠ 기준점 휴리스틱이다. 이것은 외부에서 기준점이 제시되면 사람들은 그것을 중심으로 제한된 판단을 하게 되는 것을 뜻한다. 가령 '폭탄 세일! 단, 1인당 5개 이내'라는 광고 문구를 내세워 한 사람의 구입 한도를 5개로 제한하면 1개를 사려고 했던 소비자도 충동구매를 하게 되는 경우가 많다. 이것은 5라는 숫자가 기준점으로 작용했기 때문이다. 감정 휴리스틱은 이성이 아닌 감성이 선택에 영향을 미치는 경향을 뜻한다. 수많은 제품에 'New, Gold, 프리미엄'과 같은 수식어를 붙이는 이유는, 사람들의 감성을 자극하는 감정 휴리스틱을 활용한 마케팅과 관련이 있다.

사람들은 불확실한 일에 대해 의사 결정을 할 때 대개 위험을 회피하려는 경향을 보인다. 행동경제학에서는 이를 '손실 회피성'으로 설명한다. 손실 회피성은 사람들이 이익과 손실의 크기가 같더라도, 이익에서 얻는 효용보다 손실에서 느끼는 비효용을 더 크게 생각하여 손실을 피하려고 하는 성향을 말한다. 예를 들어, 천 원이 오르거나 내릴 확률이 비슷한 주식이 있을 경우, 많은 사람은 이것을 사려 하지 않는다고 한다. 천 원을 얻는 만족보다 천 원을 잃는 고통을 더 크게 느끼기 때문이다. 이런 심리로 인해 사람들은 손실을 능가하는 충분한 이익이 없는 한, 현재 상태를 유지하는 쪽으로 편향(偏向)된 선택을 한다고 한다. 실험 결과에 따르면, 사람들이 손실에서 느끼는 불만족은 이익에서 얻는 만족보다 2배 이상 크다고 한다.

행동경제학자들의 연구는 심리학적 관점에서 인간의 경제 행위를 분석함으로써, 인간의 본성을 거스르지 않는 의사 결정을 하게 하는 좋은 단서(端緒)를 제공할 수 있을 것으로 기대된다.

14 다음 중 윗글의 내용에 대한 이해로 적절하지 않은 것은?

① 사람들은 불확실한 일에 대해 의사 결정을 할 때 손실 회피성을 보인다.

② 휴리스틱은 인간의 경제 행위를 예측하기 어렵게 하는 요인 중 하나이다.

③ 사람들은 손실보다 이익이 크지 않으면 현재 상태를 유지하려는 경향을 보인다.

④ 행동경제학은 심리학과 경제학을 접목하여 현실에 실재하는 인간을 연구하는 학문이다.

⑤ 사람들은 이익과 손실의 크기가 같더라도 손실보다 이익을 2배 이상 크게 생각하는 성향이 있다.

15 다음 중 ㉠을 활용한 사례로 가장 적절한 것은?

① 신제품에 기존의 제품과 유사한 상표명을 사용하여 소비자가 쉽게 제품을 연상하게 하는 경우

② 친숙하고 호감도가 높은 유명 연예인을 내세운 광고로 소비자가 그 제품을 쉽게 수용하게 하는 경우

③ 시장에 일찍 진입하여 인지도가 높은 제품을 소비자가 그 업종을 대표하는 제품이라고 인식하게 하는 경우

④ 정가와 판매 가격을 같이 제시하여 소비자가 제품을 정가에 비해 상대적으로 싼 판매 가격으로 샀다고 느끼게 하는 경우

⑤ 제품을 구입할 의사가 없던 소비자에게 일정 기간 동안 사용할 기회를 준 다음에 제품의 구입 여부를 선택하게 하는 경우

16 다음 글에 이어질 내용으로 가장 적절한 것은?

> 책은 벗입니다. 먼 곳에서 찾아온 반가운 벗입니다. 배움과 벗에 관한 이야기는 『논어』의 첫 구절에도 있습니다. '배우고 때때로 익히니 어찌 기쁘지 않으랴. 벗이 먼 곳에서 찾아오니 어찌 즐겁지 않으랴.'가 그런 뜻입니다. 그러나 오늘 우리의 현실은 그렇지 못합니다. 인생의 가장 빛나는 시절을 수험 공부로 보내야 하는 학생들에게 독서는 결코 반가운 벗이 아닙니다. 가능하면 빨리 헤어지고 싶은 불행한 만남일 뿐입니다. 밑줄 그어 암기해야 하는 독서는 진정한 의미의 독서가 못 됩니다.

① 진정한 독서의 방법

② 친밀한 교우 관계의 중요성

③ 벗과 함께하는 독서의 즐거움

④ 반가운 벗과 반갑지 않은 벗의 구분

⑤ 현대인의 독서량 감소 원인

※ 다음 문장을 논리적 순서대로 바르게 나열한 것을 고르시오. [17~18]

17

> (가) 초연결사회란 사람, 사물, 공간 등 모든 것들이 인터넷으로 서로 연결돼, 모든 것에 대한 정보가 생성 및 수집되고 공유·활용되는 것을 말한다. 즉, 모든 사물과 공간에 새로운 생명이 부여되고 이들의 소통으로 새로운 사회가 열리고 있는 것이다.
>
> (나) 최근 '초연결사회(Hyper Connected Society)'란 말을 주위에서 심심치 않게 들을 수 있다. 인터넷을 통해 사람 간의 연결은 물론 사람과 사물, 심지어 사물 간의 연결 등 말 그대로 '연결의 영역 초월'이 이뤄지고 있다.
>
> (다) 나아가 초연결사회는 단지 기존의 인터넷과 모바일 발전의 맥락이 아닌 우리가 살아가는 방식 전체, 즉 사회의 관점에서 미래사회의 새로운 패러다임으로 큰 변화를 가져올 전망이다.
>
> (라) 초연결사회에서는 인간 대 인간은 물론, 기기와 사물 같은 무생물 객체끼리도 네트워크를 바탕으로 상호 유기적인 소통이 가능해진다. 컴퓨터, 스마트폰으로 소통하던 과거와 달리 초연결 네트워크로 긴밀히 연결되어 오프라인과 온라인이 융합되고, 이를 통해 새로운 성장과 가치 창출의 기회가 증가할 것이다.

① (가) – (나) – (다) – (라)　　　② (가) – (나) – (라) – (다)
③ (나) – (가) – (다) – (라)　　　④ (나) – (가) – (라) – (다)
⑤ (다) – (나) – (가) – (라)

18

> (가) 1970년 이후 적정기술을 기반으로 많은 제품이 개발되어 현지에 보급되어 왔지만, 그 성과에 대해서는 여전히 논란이 있다.
>
> (나) 적정기술은 새로운 기술이 아닌 우리가 알고 있는 여러 기술 중의 하나로, 어떤 지역의 직면한 문제를 해결하는 데 적절하게 사용된 기술이다.
>
> (다) 빈곤 지역의 문제 해결을 위해서는 기술 개발 이외에도 지역 문화에 대한 이해와 현지인의 교육까지도 필요하다.
>
> (라) 이는 기술의 보급만으로는 특정 지역의 빈곤 탈출과 경제적 자립을 이룰 수 없기 때문이다.

① (가) – (나) – (다) – (라)　　　② (가) – (라) – (나) – (다)
③ (나) – (가) – (라) – (다)　　　④ (나) – (다) – (라) – (가)
⑤ (다) – (라) – (나) – (가)

19

중세 이전에는 예술가와 장인의 경계가 분명치 않았다. 화가들도 당시에는 왕족과 귀족의 주문을 받아 제작하는 일종의 장인 취급을 받아왔다. 근대에 접어들면서 예술은 독창적인 창조 활동으로 존중받게 되었고, 아름다움의 가치를 만들어내는 예술가들의 독창성이 인정받게 된 것이다. 그리고 이 가치의 중심에 작가가 있다. 작가가 담으려 했던 의도, 그것이 바로 아름다움을 창조하는 예술의 가치인 셈이다. 예술작품은 작가의 의도를 담고 있고, 작가의 의도가 없다면 작품은 만들어질 수 없다. 이것이 작품에 포함된 작가의 권위를 인정해야 하는 이유이다.

또한 예술은 예술가가 표현하고자 하는 것을 창작해내는 그 과정 자체로 완성되는 것이지 독자의 해석으로 완성되는 게 아니다. 설사 작품을 감상하고 해석해 줄 독자가 없어도 예술은 그 자체로 가치 있는 법이다. 예술가는 독자를 위해 작품을 창작하는 것이 아니라 자신의 열정과 열망으로 표현하고자 하는 바를 표현해내는 것이다. 물론 예술작품을 해석하고 이해하는 데에 독자의 역할도 분명 존재하고 필요한 것이 사실이다. 하지만 그렇다고 해도 이는 예술적 가치가 있는 작품에서 파생된 2차적인 활동이지 작품을 새롭게 완성하는 창조적 활동이라고 보기 어렵다. 따라서 독자의 수용과 이해는 _____

① 독자가 가지고 있는 작품에 대한 사전 정보에 따라 다르게 나타날 것이다.
② 작품에 담긴 아름다움의 가치를 독자가 나름대로 해석하는 활동으로 볼 수 있다.
③ 권위가 높은 작가의 작품에서 더욱 다양하게 나타난다.
④ 작가의 의도와 작품을 왜곡하지 않는 범위에서 이루어져야 한다.
⑤ 작품이 만들어진 시대적 배경과 문화적 배경을 고려하여야 한다.

20

글을 쓰다 보면 어휘력이 부족하여 적당한 단어를 찾지 못하고 고민을 하는 경우가 많이 있다. 특히 사용 빈도가 낮은 단어들은 일상적인 회화 상황에서 자연스럽게 익힐 기회가 적다. 대개 글에서는 일상적인 회화에서 사용하는 것보다 훨씬 고급 수준의 단어를 많이 사용하게 되므로 이런 어휘력 습득은 광범위한 독서를 통해서 가능하다.

_____

① 그러므로 평소 국어사전을 활용하여 어휘력을 습득하는 습관이 필요하다.
② 그러므로 사용빈도가 낮은 단어들은 사용하지 않는 것이 좋다.
③ 그러므로 고급수준의 단어들을 사용하는 것보다는 평범한 단어를 사용하는 것이 의미전달을 분명히 한다.
④ 그러므로 평소에 수준 높은 좋은 책들을 많이 읽는 것이 필요하다.
⑤ 그러므로 독서보다는 자기 학습을 통해 어휘력을 습득해야 한다.

21 다음 글을 읽고 추론한 내용으로 가장 적절한 것은?

> 세계대전이 끝난 후 미국의 비행기 산업이 급속도로 성장하기 시작하자 영국과 프랑스 정부는 미국을 견제하기 위해 초음속 여객기인 콩코드를 함께 개발하기로 결정했다. 양국의 지원을 받으며 탄생한 콩코드는 일반 비행기보다 2배 빠른 마하 2의 속도로 비행하면서 평균 8시간 걸리는 파리 ~ 뉴욕 구간을 3시간대에 주파할 수 있게 되었다. 그러나 콩코드의 낮은 수익성이 문제가 되었다. 콩코드는 일반 비행기에 비해 많은 연료가 필요했고, 몸체가 좁고 길어 좌석 수도 적었다. 일반 비행기에 300명 정도를 태울 수 있었다면 콩코드는 100명 정도만 태울 수 있었다. 연료 소비량은 많은데 태울 수 있는 승객 수는 적으니 당연히 항공권 가격은 비싸질 수밖에 없었다. 좁은 좌석임에도 불구하고 가격은 일반 항공편의 퍼스트클래스보다 3배 이상 비쌌고 이코노미석 가격의 15배에 달했다. 게다가 2000년 7월 파리발 뉴욕행 콩코드가 폭발하여 100명의 승객과 9명의 승무원 전원이 사망하면서 큰 위기가 찾아왔다. 수많은 고위층과 부자들이 한날한시에 유명을 달리함으로써 세계 언론의 관심이 쏠렸고 콩코드의 안정성에 대한 부정적인 시각이 팽창했다. 이후 어렵게 운항을 재개했지만, 승객 수는 좀처럼 늘지 않았다. 결국 유지비를 감당하지 못한 영국과 프랑스의 항공사는 27년 만에 운항을 중단하게 되었다.

① 영국과 프랑스는 전쟁에서 사용하기 위해 초음속 여객기 콩코드를 개발했군.
② 일반 비행기가 파리 ~ 뉴욕 구간을 1번 왕복하는 동안 콩코드는 최대 4번 왕복할 수 있겠군.
③ 콩코드의 탑승객 수가 늘어날수록 많은 연료가 필요했겠군.
④ 결국 빠른 비행 속도가 콩코드 폭발의 원인이 되었군.
⑤ 콩코드는 주로 돈이 많은 고위층이나 시간이 부족한 부유층이 이용했겠군.

22 다음 글의 요지로 가장 적절한 것은?

> 80대 20 법칙, 2대 8 법칙으로 불리기도 하는 파레토 법칙은 전체 결과의 80%가 전체 원인의 20%에서 일어나는 현상을 가리킨다. 결국 크게 수익이 되는 것은 20%의 상품군, 그리고 20%의 구매자이기에 이들에게 많은 역량을 집중할 필요가 있다는 것으로, 이른바 선택과 집중이라는 경영학의 기본 개념으로 자리 잡아 왔다.
> 하지만 파레토 법칙은 현상에 붙은 이름일 뿐 법칙의 필연성을 설명하진 않으며, 그 적용이 쉬운 만큼 내부의 개연성을 명확하게 파악하지 않으면 오용될 여지가 다분하다는 문제점을 지니고 있다. 예컨대 상위권 성적을 지닌 20%의 학생을 한 그룹으로 모아놓는다고 해서 그들의 80%가 갑작스레 공부를 중단하진 않을 것이며, 20%의 고객이 80%의 매출에 기여하므로 백화점 찾는 80%의 고객들을 홀대해도 된다는 비약으로 이어질 수 있기 때문이다.

① 파레토 법칙은 80%의 고객을 경원시하는 법칙이다.
② 파레토 법칙을 함부로 여러 사례에 적용해서는 안 된다.
③ 파레토 법칙은 20%의 주요 구매자를 찾아내는 데 유효한 법칙이다.
④ 파레토 법칙은 보다 효율적인 판매 전략을 세우는 데 도움을 준다.
⑤ 파레토 법칙을 제외하면 전반적인 사례를 분석하는 데 용이해진다.

23 다음 글의 중심 내용으로 가장 적절한 것은?

쇼펜하우어에 따르면 우리가 살고 있는 세계의 진정한 본질은 의지이며 그 속에 있는 모든 존재는 맹목적인 삶에의 의지에 의해서 지배당하고 있다. 쇼펜하우어는 우리가 일상적으로 또는 학문적으로 접근하는 세계는 단지 표상의 세계일 뿐이라고 주장하는데, 인간의 이성은 단지 이러한 표상의 세계만을 파악할 수 있을 뿐이다. 그에 따르면 존재하는 세계의 모든 사물들은 우선적으로 표상으로서 드러나게 된다. 시간과 공간 그리고 인과율에 의해서 파악되는 세계가 나의 표상인데, 이러한 표상의 세계는 오직 나에 의해서, 즉 인식하는 주관에 의해서만 파악되는 세계이다. 쇼펜하우어에 따르면 이러한 주관은 모든 현상의 세계, 즉 표상의 세계에서 주인의 역할을 하는 '나'이다.

이러한 주관을 이성이라고 부를 수도 있는데, 이성은 표상의 세계를 이끌어가는 주인공의 역할을 하는 것이다. 그러나 쇼펜하우어는 여기서 한발 더 나아가 표상의 세계에서 주인의 역할을 하는 주관 또는 이성은 의지의 지배를 받는다고 주장한다. 즉, 쇼펜하우어는 이성에 의해서 파악되는 세계의 뒤편에는 참된 본질적 세계인 의지의 세계가 있으므로 표상의 세계는 제한적이며 표면적인 세계일 뿐, 결코 이성에 의해서 또는 주관에 의해서 결코 파악될 수 없다고 주장한다. 오히려 그는 그동안 인간이 진리를 파악하는 데 최고의 도구로 칭송받던 이성이나 주관을 의지에 끌려 다니는 피지배자일 뿐이라고 비판한다.

① 세계의 본질로서 의지의 세계
② 표상 세계의 극복과 그 해결 방안
③ 의지의 세계와 표상의 세계 간의 차이
④ 세계의 주인으로서 주관의 표상 능력
⑤ 표상 세계 안에서의 이성의 역할과 한계

24 다음 주장에 대한 반박으로 가장 적절한 것은?

고전적 귀납주의는 경험적 증거가 배제하지 않는 가설들 사이에서 선택을 가능하게 해 준다. 고전적 귀납주의는 특정 가설에 부합하는 경험적 증거가 많을수록 그 가설이 더욱 믿을 만하게 된다고 주장한다. 이에 따르면 우리는 관련된 경험적 증거 전체를 고려하여 가설을 선택할 수 있다. 예를 들어, 비슷한 효능이 기대되는 두 신약 중 어느 것을 건강보험 대상 약품으로 지정할 것인지를 결정하는 경우를 생각해 보자. 고전적 귀납주의는 우리가 두 신약에 대한 다양한 임상 시험 결과를 종합적으로 고려해서 긍정적 결과를 더 많이 얻은 신약을 선택해야 한다고 조언한다.

① 가설의 신뢰도가 높아지려면 가설에 부합하는 새로운 증거가 계속 등장해야 한다.
② 경험적 증거가 여러 가설에 부합하는 경우 아무런 도움이 되지 않는다.
③ 가설로부터 도출된 예측과 경험적 관찰이 모순되는 가설은 배제해야 한다.
④ 가설의 신뢰도가 경험적 증거로 인하여 얼마나 높아지는지를 정량적으로 판단할 수 없다.
⑤ 가설 검증을 통해서만 절대적 진리에 도달할 수 있다.

25 다음 글의 주장에 대한 비판으로 가장 적절한 것은?

고대 그리스 시대의 사람들은 신에 의해 우주가 운행된다고 믿는 결정론적 세계관 속에서 신에 대한 두려움이나 신이 야기한다고 생각되는 자연재해나 천체 현상 등에 대한 두려움을 떨치지 못했다. 에피쿠로스는 당대의 사람들이 이러한 잘못된 믿음에서 벗어나도록 하는 것이 중요하다고 보았고, 이를 위해 인간이 행복에 이를 수 있도록 자연학을 바탕으로 자신의 사상을 전개하였다.

에피쿠로스는 신의 존재는 인정하나 신의 존재 방식이 인간이 생각하는 것과는 다르다고 보고, 신은 우주들 사이의 중간 세계에 살며 인간사에 개입하지 않는다는 이신론적(理神論的) 관점을 주장한다. 그는 불사하는 존재인 신이 최고로 행복한 상태이며, 다른 어떤 것에게도 고통을 주지 않고, 모든 고통은 물론 분노와 호의와 같은 것으로부터 자유롭다고 말한다. 따라서 에피쿠로스는 인간의 세계가 신에 의해 결정되지 않으며, 인간의 행복도 자율적 존재인 인간 자신에 의해 완성된다고 본다.

한편 에피쿠로스는 인간의 영혼도 육체와 마찬가지로 미세한 입자로 구성된다고 본다. 영혼은 육체와 함께 생겨나고 육체와 상호작용하며 육체가 상처를 입으면 영혼도 고통을 받는다. 더 나아가 육체가 소멸하면 영혼도 함께 소멸하게 되어 인간은 사후(死後)에 신의 심판을 받지 않으므로, 살아있는 동안 인간은 사후에 심판이 있다고 생각하여 두려워 할 필요가 없게 된다. 이러한 생각은 인간으로 하여금 죽음에 대한 모든 두려움에서 벗어나게 하는 근거가 된다.

① 신은 우리가 생각하는 것처럼 인간 세계에 대해 그다지 관심이 많지 않다.

② 인간은 신을 믿지 않기 때문에 두려움도 느끼지 않는다.

③ 신이 만든 인간의 육체와 영혼은 서로 분리될 수 없으므로 사후세계는 인간의 허상에 불과하다.

④ 신은 인간 세계에 개입하지 않으므로 신의 섭리에 따라 인간의 삶을 이해하려 해서는 안 된다.

⑤ 인간이 아픔 때문에 죽음에 대해 두려움을 느낀다면, 사후에 대한 두려움을 떨쳐버리는 것만으로 두려움은 해소될 수 없다.

26 다음 글을 읽고 추론한 내용으로 가장 적절한 것은?

> 미적인 것이란 내재적이고 선험적인 예술 작품의 특성을 밝히는 데서 더 나아가 삶의 풍부하고 생동적인 양상과 가치, 목표를 예술 형식으로 변환한 것이다. 미(美)는 어떤 맥락으로부터도 자율적이기도 하지만 타율적이다. 미에 대한 자율적 견해를 지닌 칸트도 일견 타당하지만, 미를 도덕이나 목적론과 연관시킨 톨스토이나 마르크스도 타당하다. 우리가 길을 지나다 이름 모를 곡을 듣고서 아름답다고 느끼는 것처럼 순수미의 영역이 없는 것은 아니다. 하지만 그 곡이 독재자를 열렬히 지지하기 위한 선전곡이었음을 안 다음부터 그 곡을 혐오하듯 미(美) 또한 사회 경제적, 문화적 맥락의 영향을 받기도 한다.

① 작품의 구조 자체에 주목하여 문학작품을 감상해야 한다는 절대주의적 관점은 칸트의 견해와 유사하다.

② 칸트는 현실과 동떨어진 작품보다 부조리한 사회 현실을 고발하는 작품의 가치를 더 높게 평가하였을 것이다.

③ 칸트의 견해에 따르면 예술 작품이 독자에게 어떠한 영향을 미치느냐에 따라 작품의 가치가 달라질 수 있다.

④ 톨스토이의 견해에 따라 시를 감상한다면 운율과 이미지, 시상 전개 등을 중심으로 감상해야 한다.

⑤ 톨스토이와 마르크스는 예술 작품이 내재하고 있는 고유한 특성이 감상에 중요하지 않다고 주장했다.

27 다음 글에 나타난 필자의 의도를 바르게 파악한 것은?

세상은 수많은 뉴스로 넘쳐난다. 어떤 뉴스는 사람들에게 유용한 지식과 정보를 제공하고, 살아가는 데 힘이 된다. 하지만 또 어떤 뉴스는 사람들에게 거짓 정보를 흘려 현실을 왜곡하거나 잘못된 정보와 의도로 우리를 현혹하기도 한다. 우리는 흔히 뉴스를 볼 때 우리가 선택하고 이용한다고 생각하지만, 사실은 뉴스가 보여주거나 알려주는 것만을 볼 수밖에 없다. 더구나 뉴스로 선택된 것들은 기자와 언론사의 판단을 통해 해석되고 재구성되는 과정을 거치기 마련이다. 아무리 객관적인 보도라 할지라도 해당 매체의 가치 판단을 거친 결과라는 말이다. 더군다나 스마트폰과 소셜미디어로 대표되는 인터넷을 통한 뉴스 이용은 언론사라는 뉴스 유통 단계를 거치지 않고 곧바로 독자에게 전달되어 가짜 뉴스와 같은 문제를 일으키기도 한다.

2016년 미국 대통령 선거에서 떠들썩했던 가짜 뉴스 사례는 가짜 뉴스의 영향력과 심각성이 얼마나 대단한지를 보여 준다. 당시 가짜 뉴스는 소셜미디어를 통해 확산되었다. 소셜 미디어를 통한 뉴스 이용은 개인적인 차원에서 이루어져 뉴스가 제공하는 정보의 형태와 출처가 뒤섞이거나, 지인의 영향력에 의해 뉴스의 신뢰도가 결정되는 등의 부작용을 낳는다.

① 뉴스의 가치는 다양성에 있다.
② 뉴스는 생산자에 따라 다양하게 구성된다.
③ 뉴스는 이용자의 특성에 따라 다양하게 구성된다.
④ 뉴스는 생산자의 특성과 가치를 포함한다.
⑤ 뉴스 이용자의 올바른 이해와 판단이 필요하다.

28 다음 글을 통해 추론할 수 있는 내용으로 적절하지 않은 것은?

인류는 미래의 에너지로 청정하고 고갈될 염려가 없는 풍부한 에너지를 기대하며, 신재생에너지인 태양광과 풍력에너지에 많은 기대를 걸고 있다. 그러나 태양광이나 풍력으로는 화력발전을 통해 생산되는 전력 공급량을 대체하기 어렵고, 기상 환경에 많은 영향을 받는다는 점에서 한계가 있다. 이에 대한 대안으로 많은 전문가들은 '핵융합 에너지'에 기대를 걸고 있다.

핵융합발전은 핵융합 현상을 이용하는 발전 방식으로, 핵융합은 말 그대로 원자의 핵이 융합하는 것을 말한다. 우라늄의 원자핵이 분열하면서 방출되는 에너지를 이용하는 원자력발전과 달리, 핵융합발전은 수소 원자핵이 융합해 헬륨 원자핵으로 바뀌는 과정에서 방출되는 에너지를 이용해 물을 가열하고 수증기로 터빈을 돌려 전기를 생산한다.

핵융합발전이 다음 세대를 이끌어갈 전력 생산 방식이 될 수 있는 이유는 인류가 원하는 에너지원의 조건을 모두 갖추고 있기 때문이다. 우선 연료가 거의 무한대라고 할 수 있을 정도로 풍부하다. 핵융합발전에 사용되는 수소는 일반적인 수소가 아닌 수소의 동위원소로, 지구의 70%를 덮고 있는 바닷물을 이용해서 얼마든지 생산할 수 있다. 게다가 적은 연료로 원자력발전에 비해 훨씬 많은 에너지를 얻을 수 있다. 1g으로 석유 8톤(t)을 태워서 얻을 수 있는 전기를 생산할 수 있고, 원자력발전에 비하면 같은 양의 연료로 3 ~ 4배의 전기를 생산할 수 있다.

무엇보다 오염물질을 거의 배출하지 않는 점이 큰 장점이다. 미세먼지와 대기오염을 일으키는 오염물질은 전혀 나오지 않고 오직 헬륨만 배출된다. 약간의 방사선이 방출되지만, 원자력발전에서 배출되는 방사성 폐기물에 비하면 거의 없다고 볼 수 있을 정도다.

핵융합발전은 안전 문제에서도 자유롭다. 원자력발전은 수개월 혹은 1년 치 연료를 원자로에 넣고 연쇄적으로 핵분열 반응을 일으키는 방식이라 문제가 생겨도 당장 가동을 멈춰 사태가 악화되는 것을 막을 수 없다. 하지만 핵융합발전은 연료가 아주 조금 들어가기 때문에 문제가 생겨도 원자로가 녹아내리는 것과 같은 대형 재난으로 이어지지 않는다. 문제가 생기면 즉시 핵융합 반응이 중단되고 발전장치가 꺼져버린다. 핵융합 반응을 제어하는 일이 극도로 까다롭기 때문에 오히려 발전장치가 꺼지지 않도록 정밀하게 제어하는 것이 중요하다.

현재 세계 각국은 각자 개별적으로 핵융합발전 기술을 개발하는 한편 프랑스 남부 카다라슈 지역에 '국제핵융합실험로(ITER)'를 건설해 공동으로 실증 실험을 할 준비를 진행하고 있다. 한국과 유럽연합(EU), 미국, 일본, 러시아, 중국, 인도 등 7개국이 참여해 구축하고 있는 ITER는 2025년 12월 완공될 예정이며, 2025년 이후에는 그동안 각국이 갈고 닦은 기술을 적용해 핵융합 반응을 일으켜 상용화 가능성을 검증하게 된다. 불과 10년 내로 세계 전력산업의 패러다임을 바꾸는 역사적인 핵융합 실험이 지구상에서 이뤄지게 되는 것이다.

① 핵융합발전이 태양열발전보다 더 많은 양의 전기를 생산할 수 있겠어.
② 핵융합발전과 원자력발전은 원자의 핵을 다르게 이용한다는 점에서 차이가 있군.
③ 같은 양의 전력 생산을 목표로 한다면 원자력발전의 연료비는 핵융합발전의 3배 이상이겠어.
④ 헬륨은 대기오염을 일으키는 오염물질에 해당하지 않는군.
⑤ 핵융합발전에는 발전장치를 제어하는 사람의 역할이 중요하겠어.

29 다음 글을 통해 글쓴이가 말하고자 하는 것으로 가장 적절한 것은?

> 프랜시스 베이컨은 사람을 거미와 같은 사람, 개미와 같은 사람, 꿀벌과 같은 사람 세 종류로 나누어 보았다.
>
> 첫째, '거미'와 같은 사람이 있다. 거미는 벌레들이 자주 날아다니는 장소에 거미줄을 쳐놓고 숨어 있다가, 벌레가 거미줄에 걸리면 슬그머니 나타나 잡아먹는다. 거미와 같은 사람은 땀 흘려 노력하지 않으며, 누군가 실수하기를 기다렸다가 그것을 약점으로 삼아 그 사람의 모든 것을 빼앗는다.
>
> 둘째, '개미'와 같은 사람이 있다. 개미는 부지런함의 상징이 되는 곤충이다. 더운 여름에도 쉬지 않고 땀을 흘리며 먹이를 물어다 굴속에 차곡차곡 저장한다. 그러나 그 개미는 먹이를 남에게 나누어 주지는 않는다. 개미와 같은 사람은 열심히 일하고 노력하여 돈과 재산을 많이 모으지만, 남을 돕는 일에는 아주 인색하여 주변 이웃의 불행을 모른 체하며 살아간다.
>
> 셋째, '꿀벌'과 같은 사람이 있다. 꿀벌은 꽃의 꿀을 따면서도 꽃에 상처를 남기지 않고, 이 꽃 저 꽃으로 날아다니며 열매를 맺도록 도와준다. 만약 꿀벌이 없다면 많은 꽃은 열매를 맺지 못할 것이다. 꿀벌과 같은 사람은 책임감을 갖고 열심히 일하면서도 남에게 도움을 준다. 즉, 꿀벌과 같은 사람이야말로 우리 사회에 반드시 있어야 할 이타적 존재이다.

① 노력하지 않으면서 성공을 바라는 사람은 결코 성공할 수 없다.
② 다른 사람의 실수를 모른 체 넘어가 주는 배려를 해야 한다.
③ 자신의 일만 열심히 하다 보면 누군가는 반드시 알아본다.
④ 맡은 바 책임을 다하면서도 남을 돌볼 줄 아는 사람이 되어야 한다.
⑤ 자신의 삶보다 이웃의 삶을 소중하게 돌봐야 한다.

30 다음 글을 통해 추론할 수 있는 것은?

> 만약 어떠한 불쾌한 것을 인식한다고 하자. 우리가 불쾌한 것을 불쾌하게 인식하는 것은 그것이 불쾌해서가 아니라 우리의 형식이 그것을 불쾌하다고 규정짓기 때문이다.
>
> 이렇게 쾌와 불쾌는 대상에 내재하는 성질이 아니라 우리의 형식에 달려 있다. 우리는 대상 그 자체를 감각하는 것이 아니라, 대상의 현상을 우리의 형식에 따라 감각하는 것이다. 대상 그 자체는 감각될 수 없으며, 단지 사유될 수만 있다. 따라서 대상 그 자체가 갖는 성질을 논하는 것은 불가능하고 또한 필요 없는 행위이며, 실제 세계에서 나타나는 대상의 성질은 단지 우리의 형식에 의거하여 감각되므로, 감각 행위에서 중요한 것은 대상이 아니라, 바로 우리 자신이다.

① 감각의 근거는 오로지 대상에 내재한다.
② 불쾌한 것이 불쾌한 것은 그것이 불쾌함을 내재하기 때문이다.
③ 대상 그 자체의 성질을 논하여야 한다.
④ 감각 주체에 따라 감각 행위의 내용이 달라진다.
⑤ 감각 행위에서 중요한 것은 대상 그 자체이다.

| 02 | 언어비판

01 A ~ E사원이 강남, 여의도, 상암, 잠실, 광화문 다섯 지역에 각각 출장을 간다. 다음 대화에서 A ~ E 중 한 명은 거짓말을 하고 나머지 네 명은 진실을 말하고 있을 때, 항상 거짓인 것은?

> • A : B는 상암으로 출장을 가지 않는다.
> • B : D는 강남으로 출장을 간다.
> • C : B는 진실을 말하고 있다.
> • D : C는 거짓말을 하고 있다.
> • E : C는 여의도, A는 잠실로 출장을 간다.

① A는 광화문으로 출장을 가지 않는다.
② B는 여의도로 출장을 가지 않는다.
③ C는 강남으로 출장을 가지 않는다.
④ D는 잠실로 출장을 가지 않는다.
⑤ E는 상암으로 출장을 가지 않는다.

02 테니스공, 축구공, 농구공, 배구공, 야구공, 럭비공을 각각 A, B, C상자에 넣으려고 한다. 한 상자에 공을 두 개까지 넣을 수 있고, 조건이 다음과 같다고 할 때 항상 참이 될 수 없는 것은?

조건
> • 테니스공과 축구공은 같은 상자에 넣는다.
> • 럭비공은 B상자에 넣는다.
> • 야구공은 C상자에 넣는다.

① 농구공을 C상자에 넣으면 배구공은 B상자에 들어가게 된다.
② 테니스공과 축구공은 반드시 A상자에 들어간다.
③ 배구공과 농구공은 같은 상자에 들어갈 수 없다.
④ B상자에 배구공을 넣으면 농구공은 야구공과 같은 상자에 들어가게 된다.
⑤ 럭비공은 반드시 배구공과 같은 상자에 들어간다.

※ 다음 제시된 명제들로부터 추론할 수 있는 것을 고르시오. [3~10]

03

> • 현명한 사람은 거짓말을 하지 않는다.
> • 건방진 사람은 남의 말을 듣지 않는다.
> • 거짓말을 하지 않으면 다른 사람의 신뢰를 얻는다.
> • 남의 말을 듣지 않으면 친구가 없다.

① 현명한 사람은 다른 사람의 신뢰를 얻는다.
② 건방진 사람은 친구가 있다.
③ 거짓말을 하지 않으면 현명한 사람이다.
④ 다른 사람의 신뢰를 얻으면 거짓말을 하지 않는다.
⑤ 건방지지 않은 사람은 남의 말을 듣는다.

04

> • 철수의 성적은 영희보다 낮고, 수연이보다 높다.
> • 영희의 성적은 90점이고, 수연이의 성적은 85점이다.
> • 수연이와 윤수의 성적은 같다.

① 철수의 성적은 윤수보다 낮다.
② 철수의 성적은 90점 이상이다.
③ 철수의 성적은 85점 이하이다.
④ 철수의 성적은 86점 이상 89점 이하이다.
⑤ 영희의 성적은 수연이보다 낮다.

05

> 8월의 비정규직 근로자 수는 지난해에 비해 30만 9천 명(5.7%) 증가했지만, 이들이 받는 임금은 평균 7.3% 감소한 것으로 나타났다.

① 비정규직 근로자가 해마다 계속 증가하였다.
② 비정규직 근로자의 임금은 계속 감소하였다.
③ 어떤 비정규직 근로자의 임금은 증가하였다.
④ 어떤 비정규직 근로자의 임금은 감소하였다.
⑤ 비정규직 근로자의 임금은 계속 증가하였다.

06

> • 민지, 진희, 아름이는 가방의 무게를 비교해봤다.
> • 민지의 가방은 진희의 가방보다 2kg 무겁다.
> • 진희의 가방은 아름이의 가방보다 3kg 가볍다.

① 민지의 가방이 가장 무겁다.
② 아름이의 가방이 가장 무겁다.
③ 아름이의 가방이 가장 가볍다.
④ 민지와 아름이의 가방 무게는 서로 같다.
⑤ 아름이의 가방보다 민지의 가방이 더 무겁다.

07

> • 개교기념일 이틀 전에 운동회가 열린다.
> • 학생회장 선거는 개교기념일 다음 날 실시된다.

① 운동회 다음 날 학생회장 선거가 시행된다.
② 운동회보다 먼저 학생회장 선거가 시행된다.
③ 학생회장 선거일 3일 전에 운동회가 열린다.
④ 학생회장 선거일 3일 후 운동회가 열린다.
⑤ 개교기념일은 수요일이다.

08

> • 영희, 상욱, 수현이는 영어, 수학, 국어 시험을 보았다.
> • 영희는 영어 2등, 수학 2등, 국어 2등을 하였다.
> • 상욱이는 영어 1등, 수학 3등, 국어 1등을 하였다.
> • 수현이는 수학만 1등을 하였다.
> • 전체 평균 1등을 한 사람은 영희이다.

① 총점이 가장 높은 것은 영희이다.
② 수현이의 수학 점수는 상욱이의 영어 점수보다 높다.
③ 상욱이의 영어 점수는 영희의 수학 점수보다 높다.
④ 영어와 수학 점수만을 봤을 때, 상욱이가 1등일 것이다.
⑤ 상욱이의 국어 점수는 수현이의 수학 점수보다 낮다.

09

> - 책은 휴대할 수 있고, 값이 싸며, 읽기 쉬운 데 반해 컴퓨터는 들고 다닐 수가 없고, 값도 비싸며, 전기도 필요하다.
> - 전자 기술의 발전은 이런 문제를 해결할 것이다. 조만간 지금의 책 크기만 한, 아니 더 작은 컴퓨터가 나올 것이고, 컴퓨터 모니터도 훨씬 정교하고 읽기 편해질 것이다.
> - 조그만 칩 하나에 수백 권 분량의 정보가 기록될 것이다.

① 컴퓨터는 종이 책을 대신할 것이다.
② 컴퓨터는 종이 책을 대신할 수 없다.
③ 컴퓨터도 종이 책과 함께 사라질 것이다.
④ 종이 책의 역사는 앞으로도 계속될 것이다.
⑤ 전자 기술의 발전은 종이 책의 발전과 함께할 것이다.

10

> - 세경이는 전자공학을 전공한다.
> - 원영이는 사회학을 전공한다.
> - 세경이는 복수전공으로 패션디자인을 전공한다.

① 원영이는 전자공학을 전공한다.
② 세경이는 전자공학과 패션디자인 모두를 전공한다.
③ 원영이의 부전공은 패션디자인이다.
④ 세경이의 부전공은 패션디자인이다.
⑤ 원영이의 복수전공은 전자공학이다.

- 6명의 친구가 달리기를 했다.
- A는 3등으로 들어왔다.
- B는 꼴찌로 들어왔다.
- C는 E 바로 앞에 들어왔다.
- D는 F 바로 앞에 들어왔다.

11 D가 4등이라면 E는 2등일 것이다.

① 참   ② 거짓   ③ 알 수 없음

12 C는 1등으로 들어왔다.

① 참   ② 거짓   ③ 알 수 없음

※ 다음 제시문을 읽고 각 문장이 항상 참이면 ①, 거짓이면 ②, 알 수 없으면 ③을 고르시오. [13~14]

- H대학교에는 필수 전공과목으로 건축학개론이 있다.
- 건축학개론 수업을 듣는 학생들은 대부분이 1학년이다.
- 졸업을 하기 위해서는 필수 전공과목 모두 B 이상의 학점을 받아야 한다.

13 건축학개론의 점수가 B라면 재수강을 할 수 없다.

① 참   ② 거짓   ③ 알 수 없음

14 2학년이 건축학개론을 듣게 되면, 1학년들과 수업을 들어야 한다.

① 참   ② 거짓   ③ 알 수 없음

※ 다음 제시문을 읽고 각 문장이 항상 참이면 ①, 거짓이면 ②, 알 수 없으면 ③을 고르시오. [15~16]

- 선화는 20,000원을 가지고 있다.
- 효성이는 50,000원을 가지고 있다.
- 은정이는 30,000원을 가지고 있다.
- 은정이와 현아는 10,000원 차이가 난다.

15 현아는 효성이보다 돈이 적다.

① 참   ② 거짓   ③ 알 수 없음

16 돈이 가장 적은 것은 선화다.

① 참   ② 거짓   ③ 알 수 없음

※ 다음 명제를 읽고 판단했을 때 옳지 않은 것을 고르시오. [17~19]

17
- 정리정돈을 잘하는 사람은 집중력이 좋다.
- 주변이 조용할수록 집중력이 좋다
- 깔끔한 사람은 정리정돈을 잘한다.
- 집중력이 좋으면 성과 효율이 높다.

① 깔끔한 사람은 집중력이 좋다.
② 주변이 조용할수록 성과 효율이 높다.
③ 깔끔한 사람은 성과 효율이 높다.
④ 성과 효율이 높지 않은 사람은 주변이 조용하지 않다.
⑤ 깔끔한 사람은 주변이 조용하다.

18

> • 딸기를 좋아하는 사람은 가지를 싫어한다.
> • 바나나를 좋아하는 사람은 가지를 좋아한다.
> • 가지를 싫어하는 사람은 감자를 좋아한다.

① 감자를 좋아하는 사람은 바나나를 싫어한다.
② 가지를 좋아하는 사람은 딸기를 싫어한다.
③ 감자를 싫어하는 사람은 딸기를 싫어한다.
④ 바나나를 좋아하는 사람은 딸기를 싫어한다.
⑤ 딸기를 좋아하는 사람은 감자를 좋아한다.

19

> • 비가 많이 내리면 습도가 높아진다.
> • 겨울보다 여름에 비가 더 많이 내린다.
> • 습도가 높으면 먼지가 잘 나지 않는다.
> • 습도가 높으면 정전기가 잘 일어나지 않는다.

① 겨울은 여름보다 습도가 낮다.
② 먼지는 여름이 겨울보다 잘 난다.
③ 여름에는 겨울보다 정전기가 잘 일어나지 않는다.
④ 비가 많이 오면 정전기가 잘 일어나지 않는다.
⑤ 정전기가 잘 일어나면 비가 많이 오지 않은 것이다.

20 다음 명제들이 모두 참이라면 금요일에 도서관에 가는 사람은?

> • 정우는 금요일에 도서관에 간다.
> • 연우는 화요일과 목요일에 도서관에 간다.
> • 승우가 도서관에 가지 않으면 민우가 도서관에 간다.
> • 민우가 도서관에 가면 견우도 도서관에 간다.
> • 연우가 도서관에 가지 않으면 정우는 도서관에 간다.
> • 정우가 도서관에 가면 승우는 도서관에 가지 않는다.

① 정우, 민우, 견우   ② 정우, 승우, 연우
③ 정우, 승우, 견우   ④ 정우, 민우, 연우
⑤ 정우, 연우, 견우

21 A, B, C, D, E는 한국사 시험에 함께 응시하였다. 다음과 같이 시험 도중 부정행위가 일어났다고 할 때 부정행위를 한 사람을 모두 고르면?

- 2명이 부정행위를 저질렀다.
- B와 C는 같이 부정행위를 하거나 같이 부정행위를 하지 않았다.
- B나 E가 부정행위를 했다면, A도 부정행위를 했다.
- C가 부정행위를 했다면, D도 부정행위를 했다.
- E가 부정행위를 하지 않았으면, D도 부정행위를 하지 않았다.

---

① B, C   ② A, B
③ A, E   ④ C, D
⑤ D, E

※ 다음 문장을 읽고 추론할 수 있는 것을 고르시오. [22~26]

22

- 효주는 지영이보다 나이가 많다.
- 효주와 채원이는 같은 회사에 다니고, 이 회사는 나이 많은 사람이 승진을 더 빨리 한다.
- 효주는 채원이보다 승진을 빨리 했다.

---

① 효주는 나이가 가장 많다.
② 채원이는 지영이보다 나이가 많다.
③ 채원이는 효주보다 나이가 많다.
④ 지영이는 채원이보다 나이가 많다.
⑤ 효주와 채원이는 나이가 같다.

23

- 강아지를 좋아하는 사람은 자연을 좋아한다.
- 편의점을 좋아하는 사람은 자연을 좋아하지 않는다.

---

① 편의점을 좋아하지 않는 사람은 강아지를 좋아한다.
② 자연을 좋아하는 사람은 강아지를 좋아한다.
③ 강아지를 좋아하는 사람은 편의점을 좋아한다.
④ 편의점을 좋아하는 사람은 강아지를 좋아하지 않는다.
⑤ 강아지를 좋아하지 않는 사람은 자연을 좋아하지 않는다.

24

- 철수는 의사이거나 변호사이다.
- 의사는 스포츠카와 오토바이를 가지고 있다.
- 변호사는 스포츠카를 가지고 있지 않거나 오토바이를 가지고 있지 않다.

① 철수가 스포츠카를 가지고 있지 않다면 철수는 변호사이다.
② 철수가 스포츠카나 오토바이를 가지고 있다면 철수는 변호사가 아니다.
③ 철수가 변호사라면 오토바이를 가지고 있지 않다.
④ 철수는 의사이면서 변호사이다.
⑤ 철수는 스포츠카와 오토바이를 가지고 있다.

25

- 달리기를 못하면 건강하지 않다.
- 홍삼을 먹으면 건강하다.
- 달리기를 잘하면 다리가 길다.

① 건강하지 않으면 다리가 길다.
② 홍삼을 먹으면 달리기를 못한다.
③ 달리기를 잘하면 홍삼을 먹는다.
④ 다리가 길면 홍삼을 먹는다.
⑤ 다리가 길지 않으면 홍삼을 먹지 않는다.

26

- 진달래를 좋아하는 사람은 감성적이다.
- 백합을 좋아하는 사람은 보라색을 좋아하지 않는다.
- 감성적인 사람은 보라색을 좋아한다.

① 감성적인 사람은 백합을 좋아한다.
② 백합을 좋아하는 사람은 감성적이다.
③ 진달래를 좋아하는 사람은 보라색을 좋아한다.
④ 보라색을 좋아하는 사람은 감성적이다.
⑤ 백합을 좋아하는 사람은 진달래를 좋아한다.

27 다음 명제가 모두 참이라고 할 때 결론으로 가장 적절한 것은?

> • 티라노사우르스는 공룡이다.
> • 곤충을 먹으면 공룡이 아니다.
> • 곤충을 먹지 않으면 직립보행을 한다.

① 직립보행을 하지 않으면 공룡이다.
② 직립보행을 하면 티라노사우르스이다.
③ 곤충을 먹지 않으면 티라노사우르스이다.
④ 티라노사우르스는 직립보행을 하지 않는다.
⑤ 티라노사우르스는 직립보행을 한다.

28 다음 문장을 읽고 유추할 수 있는 것은?

> • 마라톤을 좋아하는 사람은 체력이 좋고, 인내심도 있다.
> • 몸무게가 무거운 사람은 체력이 좋다.
> • 명랑한 사람은 마라톤을 좋아한다.

① 체력이 좋은 사람은 인내심이 없다.
② 인내심이 없는 사람은 명랑하지 않다.
③ 마라톤을 좋아하는 사람은 몸무게가 가볍다.
④ 몸무게가 무겁지 않은 사람은 인내심이 있다.
⑤ 명랑하지 않은 사람은 몸무게가 무겁다.

29 대학생의 취미생활에 대한 선호도를 조사한 결과 다음과 같은 결과가 나왔다. 결과를 바탕으로 올바르게 추론한 것은?

> • 등산을 좋아하는 사람은 스케이팅을 싫어한다.
> • 영화 관람을 좋아하지 않는 사람은 독서를 좋아한다.
> • 영화 관람을 좋아하지 않는 사람은 조깅 또한 좋아하지 않는다.
> • 낮잠 자기를 좋아하는 사람은 스케이팅을 좋아한다.
> • 스케이팅을 좋아하는 사람은 독서를 좋아한다.

① 영화 관람을 좋아하는 사람은 스케이팅을 좋아한다.
② 스케이팅을 좋아하는 사람은 낮잠 자기를 싫어한다.
③ 조깅을 좋아하는 사람은 독서를 좋아한다.
④ 낮잠 자기를 좋아하는 사람은 독서를 좋아한다.
⑤ 조깅을 좋아하지 않는 사람은 영화 관람을 좋아하지 않는다.

30 다음 명제들을 읽고 '참'인 내용으로 추론할 수 있는 것은?

> • 아침에 시리얼을 먹는 사람은 두뇌 회전이 빠르다.
> • 아침에 토스트를 먹는 사람은 피곤하다.
> • 에너지가 많은 사람은 아침에 밥을 먹는다.
> • 피곤하면 회사에 지각한다.
> • 두뇌 회전이 빠르면 일 처리가 빠르다.

① 회사에 가장 일찍 오는 사람은 피곤하지 않다.
② 두뇌 회전이 느리면 아침에 시리얼을 먹는다.
③ 아침에 밥을 먹는 사람은 에너지가 많다.
④ 회사에 지각하지 않으면 아침에 토스트를 먹지 않는다.
⑤ 일 처리가 느리면 아침에 시리얼을 먹는다.

| 03 | 수열추리

※ 일정한 규칙으로 수를 나열할 때, 다음 중 빈칸에 들어갈 가장 알맞은 수를 고르시오. [1~30]

01

| 7 | 20 | 59 | 176 | 527 | ( ) |

① 1,482

② 1,580

③ 1,582

④ 1,680

④ 1,682

02

| −28 | −21 | ( ) | −14 | 0 | −7 | 14 |

① −21

② −14

③ −7

④ 0

⑤ 7

03

| 2 | 3 | 1 | −0.7 | ( ) | −4.9 | $\frac{1}{4}$ | −9.6 |

① $\frac{1}{2}$

② −1

③ −2.5

④ −3

⑤ $\frac{1}{5}$

04

7	4	3	3	8	−5	(　)	12	−2

① 10　　　　　　　　　　② 17
③ 23　　　　　　　　　　④ 25
⑤ 27

05

18	13	10.5	9.25	(　)

① 6.5　　　　　　　　　② 8.5
③ 8.625　　　　　　　　④ 9.625
⑤ 10.5

06

2	4	(　)	7	1	−3	8	6	4	−11	17	10

① −5　　　　　　　　　② −1
③ 1　　　　　　　　　④ 6
⑤ 8

07

156	(　)	210	240	272	306	342

① 168　　　　　　　　　② 172
③ 178　　　　　　　　　④ 182
⑤ 194

08

| 6 9 15 ( ) 51 99 195 |

① 27   ② 26
③ 25   ④ 24
⑤ 23

09

| 51 58 42 49 ( ) 40 24 |

① 39   ② 36
③ 35   ④ 33
⑤ 31

10

| 84 80 42 20 21 ( ) 10.5 1.25 |

① 7   ② 6
③ 5   ④ 4
⑤ 3

11

| 2 3 ( ) 8 27 17 10 9 13 |

① 1   ② 2
③ 3   ④ 4
⑤ 5

12

| | $\frac{14}{3}$ | 12 | 34 | ( ) | 298 | 892 | 2,674 |

① 90   ② 100
③ 110   ④ 120
⑤ 130

13

| | 1 | 2 | -9 | 11 | 81 | 20 | -729 | ( ) |

① 37   ② 35
③ 33   ④ 31
⑤ 29

14

| | 1 | 10 | 3 | 4 | 8 | 12 | 7 | 6 | ( ) | 10 | 4 | 192 |

① 44   ② 48
③ 16   ④ 18
⑤ 8

15

| | 3 | 8 | 25 | 4 | 5 | 21 | 5 | 6 | ( ) |

① 27   ② 28
③ 29   ④ 30
⑤ 31

16

| 6 4 4 21 5 32 19 ( ) 10 |

① 18   ② 16
③ 14   ④ 12
⑤ 10

17

| 99 25 12 91 32 36 83 39 108 ( ) 46 324 |

① 105   ② 100
③ 95   ④ 85
⑤ 75

18

| 40 45 60 50 79 56 97 63 114 ( ) |

① 64   ② 67
③ 69   ④ 71
⑤ 76

19

| 2 12 4 24 8 48 16 ( ) |

① 84   ② 96
③ 100   ④ 102
⑤ 106

20

3	( )	4	12.5	6	125	9	1,875	13	

① 1.1　　　　　　　　　　　② 1.3
③ 2.5　　　　　　　　　　　④ 3.9
⑤ 4.4

21

27	35	58	89	143	( )	367

① 220　　　　　　　　　　　② 222
③ 226　　　　　　　　　　　④ 228
⑤ 230

22

1,024	( )	850	763	676	589	502

① 910　　　　　　　　　　　② 937
③ 948　　　　　　　　　　　④ 985
⑤ 1,001

23

6	9	12	15	( )	21	24	27	30

① 14　　　　　　　　　　　② 15
③ 16　　　　　　　　　　　④ 17
⑤ 18

24

1	1	2	3	5	8	13	(	)	34	

① 15   ② 18
③ 21   ④ 26
⑤ 28

25

2 1 3 6 4 5 2 11 5 6 2 ( )

① 10   ② 11
③ 12   ④ 13
⑤ 14

26

65,536   16,384   4,096   ( )   256   64

① 1,024   ② 1,465
③ 2,577   ④ 3,122
⑤ 3,800

27

17   −51   153   −459   ( )   −4,131

① 1,377   ② 1,576
③ 1,722   ④ −2,456
⑤ −3,911

28

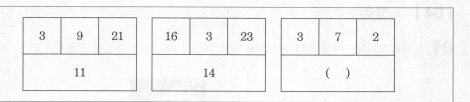

① 2   ② 4
③ 6   ④ 8
⑤ 10

29

① 32   ② 34
③ 36   ④ 40
⑤ 42

30

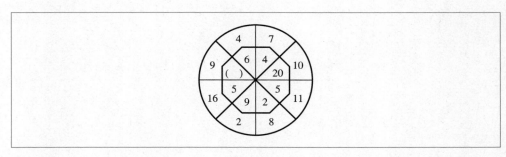

① 10   ② 16
③ 20   ④ 26
⑤ 30

01 다음 그림을 시계 반대 방향으로 90° 회전한 후, 상하 반전한 모양은?

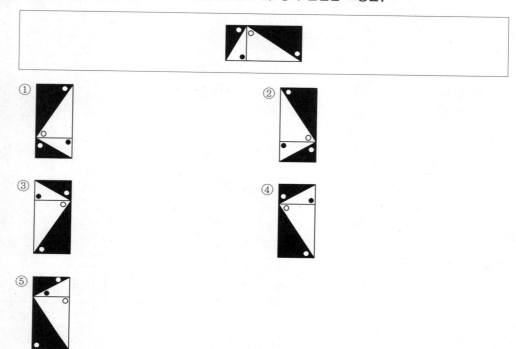

02 다음 도형을 시계 반대 방향으로 90° 회전한 후, 상하 반전한 모양은?

①

②

③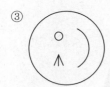

④

⑤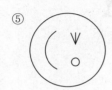

다음 도형을 시계 방향으로 90° 회전한 후, 좌우 반전했을 때의 모양은?

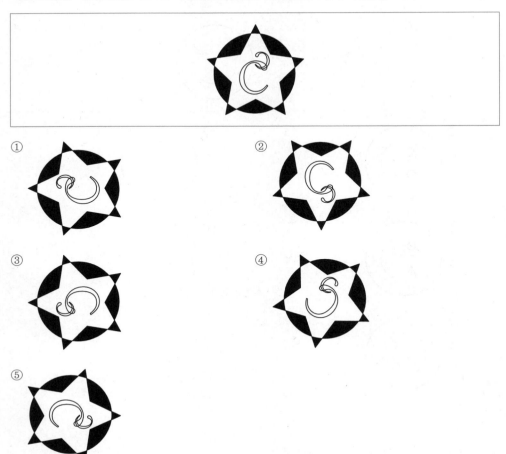

① ② ③ ④ ⑤

다음 도형을 시계 방향으로 45° 회전한 후, 180° 회전했을 때의 모양은?

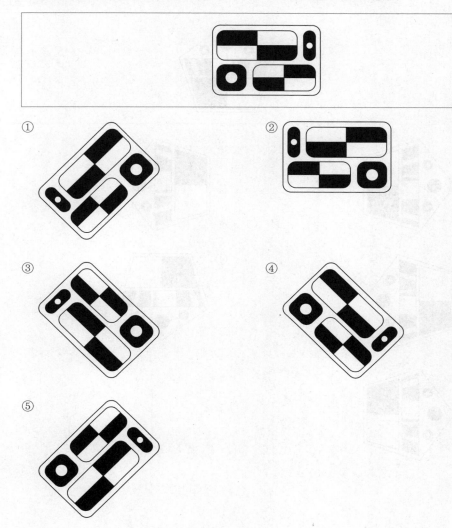

05 다음 도형을 시계 방향으로 270° 회전한 후, 좌우 반전했을 때의 모양은?

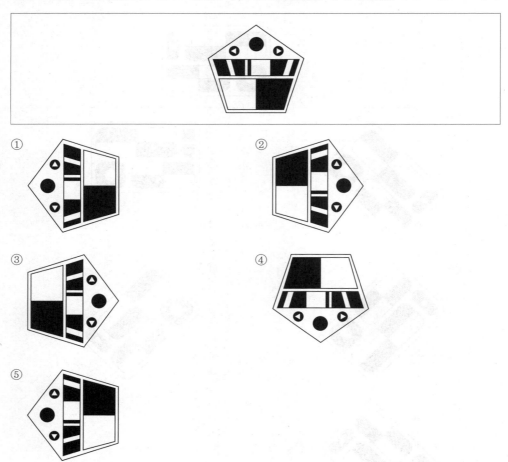

① ② ③ ④ ⑤

06 다음 도형을 시계 반대 방향으로 90° 회전한 후, 시계 방향으로 270° 회전했을 때의 모양은?

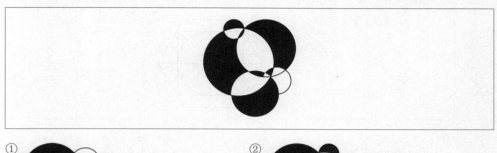

①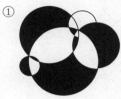

②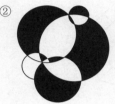

③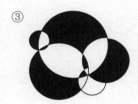

④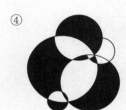

⑤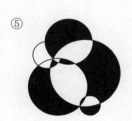

07 다음 도형을 시계 반대 방향으로 45° 회전한 후, 좌우 반전했을 때의 모양은?

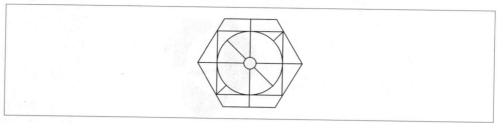

①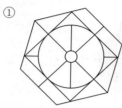

②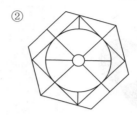

③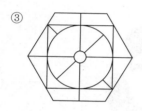

④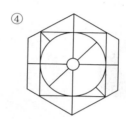

⑤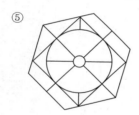

08 다음 도형을 180° 회전한 후, 상하 반전했을 때의 모양은?

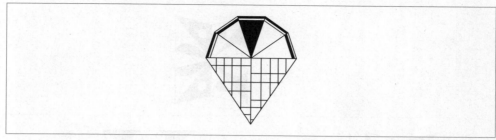

①

②

③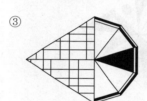

④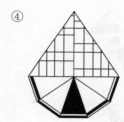

⑤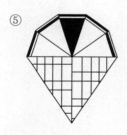

09 다음 도형을 시계 방향으로 270° 회전한 후, 180° 회전했을 때의 모양은?

①

②

③

④

⑤

10 다음 도형을 좌우 반전한 후, 시계 반대 방향으로 270° 회전했을 때의 모양은?

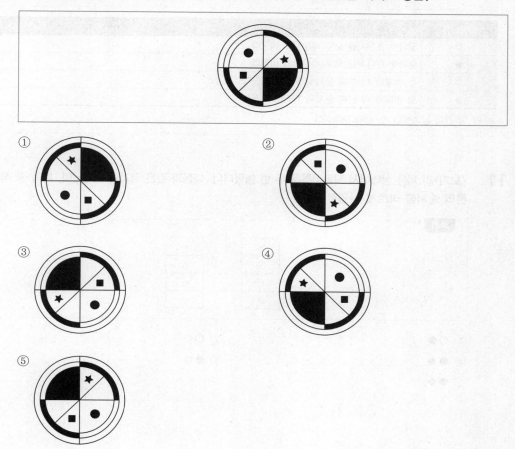

※ 다음 규칙을 읽고, 질문에 답하시오. [11~13]

작동버튼	기능
○	알파벳 소문자를 모두 대문자로 바꾼다.
●	알파벳 대문자를 모두 소문자로 바꾼다.
◇	두 번째와 세 번째 문자의 자리를 바꾼다.
◆	첫 번째와 네 번째 문자의 자리를 바꾼다.

※ 맨 위 칸의 알파벳이 첫 번째 문자이다.

11 〈보기〉의 처음 상태에서 작동버튼을 두 번 눌렀더니, 다음과 같은 결과가 나타났다. 다음 중 작동버튼의 순서를 바르게 나열한 것은?

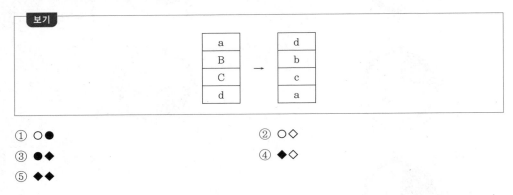

① ○●
② ○◇
③ ●◆
④ ◆◇
⑤ ◆◆

12 〈보기〉의 처음 상태에서 작동버튼을 두 번 눌렀더니, 다음과 같은 결과가 나타났다. 다음 중 작동버튼의 순서를 바르게 나열한 것은?

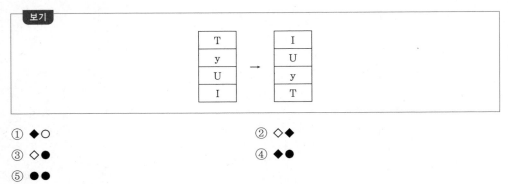

① ◆○
② ◇◆
③ ◇●
④ ◆●
⑤ ●●

13 〈보기〉의 처음 상태에서 작동버튼을 세 번 눌렀더니, 다음과 같은 결과가 나타났다. 다음 중 작동버튼의 순서를 바르게 나열한 것은?

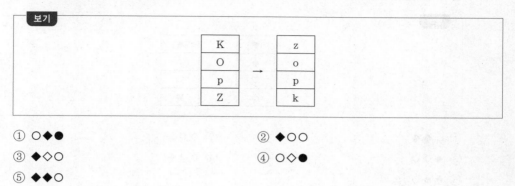

① ○◆●

② ◆○○

③ ◆◇○

④ ○◇●

⑤ ◆◆○

※ 다음 규칙을 읽고, 질문에 답하시오. [14~15]

작동버튼	기능
♧	♧, ♠, ♡, ♥모양은 각각 ♡, ♥, ♧, ♠모양으로 바꾼다(색은 변화가 없다).
♣	♠모양과 ♥모양의 위치를 서로 바꾼다(모양의 색은 검은색이다).
◇	맨 아래 도형이 제일 위로 오고 나머지는 한 칸씩 내려간다.
◆	모든 도형의 색이 반대로 바뀐다(흰색 → 검은색, 검은색 → 흰색).

14 〈보기〉의 처음 상태에서 작동버튼을 두 번 눌렀더니, 다음과 같은 결과가 나타났다. 다음 중 작동버튼의 순서를 바르게 나열한 것은?

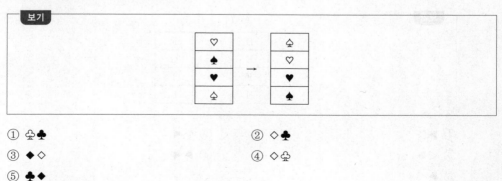

① ♧♣

② ◇♣

③ ◆◇

④ ◇♧

⑤ ♣◆

15 〈보기〉의 처음 상태에서 작동버튼을 세 번 눌렀더니, 다음과 같은 결과가 나타났다. 다음 중 작동버튼의 순서를 바르게 나열한 것은?

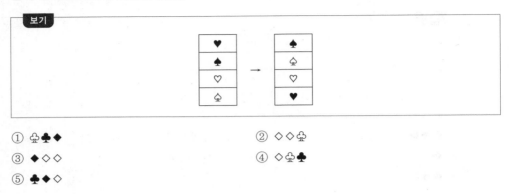

① ♧♣◆　　　　　　　　② ◇◇♧

③ ◆◇◇　　　　　　　　④ ◇♧♣

⑤ ♣◆◇

※ 다음 규칙을 읽고, 질문에 답하시오. [16~17]

작동버튼	기능
▶	맨 위 칸의 알파벳이 제일 밑 칸으로 오고 나머지는 한 칸씩 올라간다.
▷	맨 위 칸 알파벳과 맨 밑 칸의 알파벳 위치를 서로 바꾼다.
◀	모든 알파벳을 알파벳 순서상의 바로 다음 알파벳으로 바꾼다(예 B → C, E → F).
◁	모든 알파벳을 알파벳 순서상의 바로 전 알파벳으로 바꾼다(예 D → C, E → D).

16 〈보기〉의 처음 상태에서 작동버튼을 두 번 눌렀더니, 다음과 같은 결과가 나타났다. 다음 중 작동버튼의 순서를 바르게 나열한 것은?

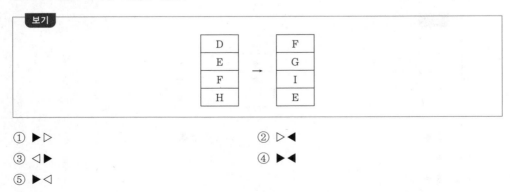

① ▶▷　　　　　　　　　② ▷◀

③ ◁▶　　　　　　　　　④ ▶◀

⑤ ▶◁

17 〈보기〉의 처음 상태에서 작동버튼을 두 번 눌렀더니, 다음과 같은 결과가 나타났다. 다음 중 작동버튼의 순서를 바르게 나열한 것은?

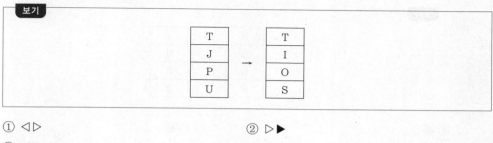

① ◁▷

② ▷▶

③ ◁▶

④ ◁◀

⑤ ▶◀

※ 다음 규칙을 읽고, 질문에 답하시오. [18~19]

작동버튼	기능
◉	맨 위 칸 숫자에 +1, 맨 아래 칸 숫자에 −2
◎	맨 위 칸 숫자에 −1, 맨 아래 칸 숫자에 +1
▣	맨 위 칸 숫자가 제일 밑으로 오고 나머지는 한 칸씩 올라간다.
◈	모든 숫자에 +1

18 〈보기〉의 처음 상태에서 작동버튼을 두 번 눌렀더니, 다음과 같은 결과가 나타났다. 다음 중 작동버튼의 순서를 바르게 나열한 것은?

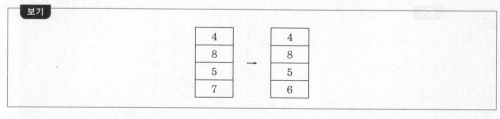

① ◈◎

② ▣◈

③ ◉◎

④ ◎▣

⑤ ◈◉

19 〈보기〉의 처음 상태에서 작동버튼을 두 번 눌렀더니, 다음과 같은 결과가 나타났다. 다음 중 작동버튼의 순서를 바르게 나열한 것은?

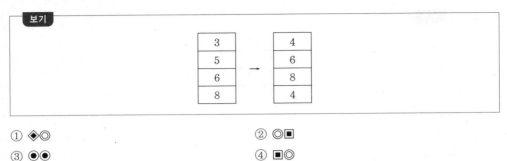

① ◆◎ 　　　　　　② ◎■

③ ●● 　　　　　　④ ■◎

⑤ ◆■

※ 다음 규칙을 읽고, 질문에 답하시오(단, 첫 번째 칸은 맨 위 칸이다). [20~21]

작동버튼	기능
☆	첫 번째 칸과 네 번째 칸의 숫자를 바꾼다.
★	첫 번째 칸과 세 번째 칸의 숫자를 바꾼다.
□	세 번째 칸과 네 번째 칸의 숫자를 바꾼다.
■	두 번째 칸과 세 번째 칸의 숫자를 바꾼다.

20 〈보기〉의 처음 상태에서 작동버튼을 두 번 눌렀더니, 다음과 같은 결과가 나타났다. 다음 중 작동버튼의 순서를 바르게 나열한 것은?

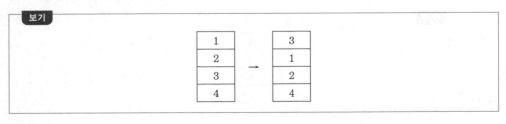

① ☆★ 　　　　　　② ★□

③ ★■ 　　　　　　④ □■

⑤ ■☆

21 〈보기〉의 처음 상태에서 작동버튼을 두 번 눌렀더니, 다음과 같은 결과가 나타났다. 다음 중 작동버튼의 순서를 바르게 나열한 것은?

보기

4		2
3	→	3
2		1
1		4

① ☆★ ② □☆

③ □★ ④ ☆■

⑤ ■★

※ 다음 규칙을 읽고, 질문에 답하시오. [22~24]

작동버튼	기능
♡	모든 도형의 색을 바꾼다(흰색 → 검은색, 검은색 → 흰색).
♥	모든 도형을 180° 회전시킨다.
○	△, ▲도형을 시계 반대 방향으로 90° 회전시킨다.
●	▽, ▼도형을 시계 반대 방향으로 90° 회전시킨다.

22 〈보기〉의 처음 상태에서 작동버튼을 두 번 눌렀더니, 다음과 같은 결과가 나타났다. 다음 중 작동버튼의 순서를 바르게 나열한 것은?

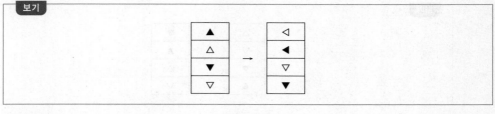

① ●♥ ② ♡♥

③ ♡● ④ ♡○

⑤ ○●

23 〈보기〉의 처음 상태에서 작동버튼을 두 번 눌렀더니, 다음과 같은 결과가 나타났다. 다음 중 작동버튼의 순서를 바르게 나열한 것은?

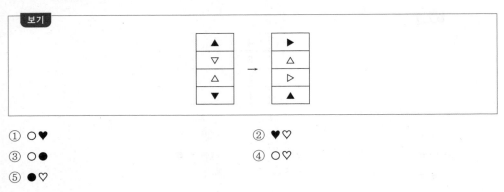

① ○♥
② ♥♡
③ ○●
④ ○♡
⑤ ●♡

24 〈보기〉의 처음 상태에서 작동버튼을 두 번 눌렀더니, 다음과 같은 결과가 나타났다. 다음 중 작동버튼의 순서를 바르게 나열한 것은?

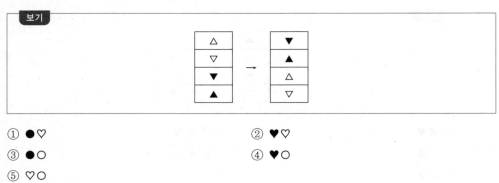

① ●♡
② ♥♡
③ ●○
④ ♥○
⑤ ♡○

※ 다음 규칙을 읽고, 질문에 답하시오. [25~26]

작동버튼	기능
가	↑와 →의 위치를 서로 바꾼다.
나	→와 ←의 위치를 서로 바꾼다.
다	↑와 ←의 위치를 서로 바꾼다.
라	↑와 ↓의 위치를 서로 바꾼다.

25 〈보기〉의 처음 상태에서 작동버튼을 두 번 눌렀더니, 다음과 같은 결과가 나타났다. 다음 중 작동버튼의 순서를 바르게 나열한 것은?

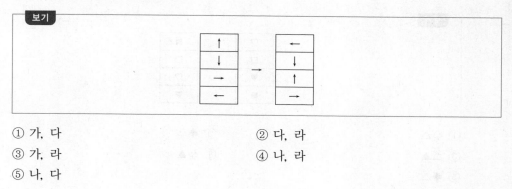

① 가, 다 ② 다, 라
③ 가, 라 ④ 나, 라
⑤ 나, 다

26 〈보기〉의 처음 상태에서 작동버튼을 두 번 눌렀더니, 다음과 같은 결과가 나타났다. 다음 중 작동버튼의 순서를 바르게 나열한 것은?

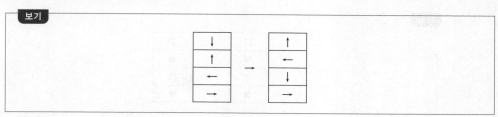

① 가, 나 ② 가, 라
③ 가, 다 ④ 다, 라
⑤ 나, 다

※ 다음 규칙을 읽고, 질문에 답하시오. [27~28]

작동버튼	기능
♧	♡와 ♥의 위치를 서로 바꾼다.
♣	□와 ■의 위치를 서로 바꾼다.
△	♥와 ■의 위치를 서로 바꾼다.
▲	♡와 □의 위치를 서로 바꾼다.

27 〈보기〉의 처음 상태에서 작동버튼을 두 번 눌렀더니, 다음과 같은 결과가 나타났다. 다음 중 작동버튼의 순서를 바르게 나열한 것은?

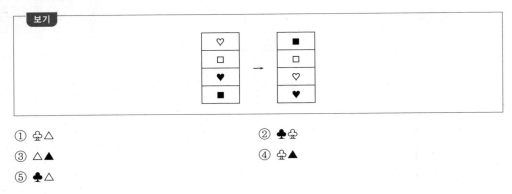

① ♧△
② ♣♣
③ △▲
④ ♧▲
⑤ ♣△

28 〈보기〉의 처음 상태에서 작동버튼을 두 번 눌렀더니, 다음과 같은 결과가 나타났다. 다음 중 작동버튼의 순서를 바르게 나열한 것은?

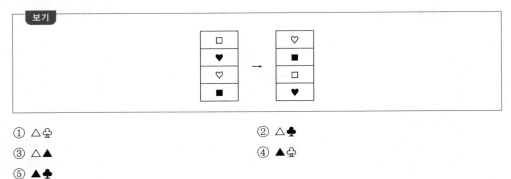

① △♧
② △♣
③ △▲
④ ▲♧
⑤ ▲♣

※ 다음 규칙을 읽고, 질문에 답하시오. [29~30]

작동버튼	기능
a	Ⅰ과 Ⅱ의 위치를 서로 바꾼다.
b	Ⅰ과 Ⅲ의 위치를 서로 바꾼다.
c	Ⅲ과 Ⅱ의 위치를 서로 바꾼다.
d	Ⅳ와 Ⅰ의 위치를 서로 바꾼다.

29 〈보기〉의 처음 상태에서 작동버튼을 두 번 눌렀더니, 다음과 같은 결과가 나타났다. 다음 중 작동버튼의 순서를 바르게 나열한 것은?

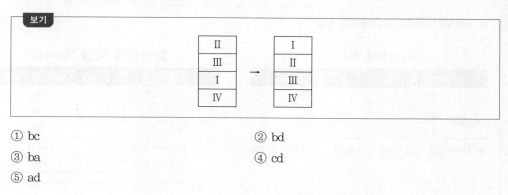

① bc
② bd
③ ba
④ cd
⑤ ad

30 〈보기〉의 처음 상태에서 작동버튼을 두 번 눌렀더니, 다음과 같은 결과가 나타났다. 다음 중 작동버튼의 순서를 바르게 나열한 것은?

보기

Ⅲ
Ⅱ
Ⅰ
Ⅳ

→

Ⅱ
Ⅲ
Ⅳ
Ⅰ

① ab
② cd
③ ac
④ bc
⑤ bd

| 05 | 문제해결

※ 다음 자료를 읽고 이어지는 질문에 답하시오. [1~2]

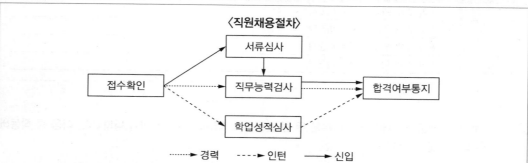

〈직원채용절차〉

※ 직원채용절차에서 중도탈락자는 없음

〈지원유형별 접수건수〉

지원유형	접수(건)
신입	20
경력	18
인턴	16

※ 지원유형은 신입, 경력, 인턴의 세 가지 유형이 전부임

〈업무단계별 1건당 처리비용〉

업무단계	처리비용(원)
접수확인	500
서류심사	2,000
직무능력검사	1,000
학업성적심사	1,500
합격여부통지	400

※ 업무단계별 1건당 처리비용은 지원유형에 관계없이 동일함

01 직원채용에 관한 다음의 내용 중 적절하지 않은 것은?

① 경력직의 직원채용절차에는 직무능력검사가 포함되어 있다.
② 직원채용절차에서 신입유형만이 유일하게 서류심사가 있다.
③ 접수건수가 제일 많은 지원유형의 직원채용절차에는 학업성적심사가 포함되어 있다.
④ 1건당 가장 많은 처리비용이 드는 업무단계는 서류심사이다.
⑤ 접수건수가 제일 적은 지원유형의 직원채용절차에는 서류심사가 포함되어있지 않다.

02 A는 신입직원채용에, B는 경력직원채용에 접수하였다. 다음 중 자료에 따른 내용으로 적절하지 않은 것은?

① A가 접수한 유형의 직원채용절차를 처리하기 위해서는 3,900원의 비용이 필요하다.
② B가 접수한 유형의 직원채용절차를 처리하기 위해서는 2,900원의 비용이 필요하다.
③ A가 접수한 유형의 직원채용절차에는 B가 접수한 유형의 직원채용절차에 없는 절차가 있다.
④ 만약 유형별 모집인원이 같다면 A가 접수한 유형의 경쟁률이 더 높다.
⑤ A와 B가 접수한 직원채용절차에는 학업성적심사가 포함되어있지 않다.

※ 다음은 H공단 직원들의 핵심성과지표(KPI)를 토대로 인사점수를 산정한 자료이다. 자료를 보고 이어지는 질문에 답하시오. [3~4]

〈개별 인사점수〉

내용	리더십	조직기여도	성과	교육이수여부	부서
L과장	88점	86점	83점	×	영업부
M차장	92점	90점	88점	○	고객만족부
N주임	90점	82점	85점	×	IT부
O사원	90점	90점	85점	×	총무부
P대리	83점	90점	88점	○	영업부

※ 교육을 이수하였으면 20점을 가산한다.
※ 사원~주임은 50점, 대리는 80점, 과장~차장의 직급은 100점을 가산한다.

〈부서 평가〉

구분	영업부	총무부	IT부	고객만족부	기획부
등급	A	C	B	A	B

※ 부서평가 등급이 A등급인 부서는 조직기여도 점수에 1.5배, B등급은 1배, C등급은 0.8배로 계산한다.

03 총 점수가 400점 이상~410점 이하인 직원은 모두 몇 명인가?

① 1명
② 2명
③ 3명
④ 4명
⑤ 5명

04 다음 중 가장 높은 점수를 받은 직원은 누구인가?

① L과장
② M차장
③ N사원
④ O사원
⑤ P대리

※ H사에서 인사담당자 김대리는 신입사원을 선발하고 부서별로 배치하려고 한다. 각 팀이 원하는 역량을 가진 신입사원을 1명 이상 배치하려고 할 때, 다음 자료를 참고하여 이어지는 질문에 답하시오. [5~6]

〈신입사원 정보〉

신입사원	전공	직무능력평가	자격증	면접	비고
A	경제학과	수리능력, 자원관리능력 우수	–	꾸준히 운동, 체력관리 우수	–
B	무역학과	수리능력, 문제해결능력, 자원관리능력 우수	무역영어 1급	–	총무업무 경력 보유
C	심리학과	의사소통능력, 조직이해능력 우수	–	의사소통능력 최상	–
D	경영학과	의사소통능력, 문제해결능력 우수	유통관리사 자격증	창의력 우수	–
E	의류학과	의사소통능력, 문제해결능력, 조직이해능력 우수	–	창의적인 문제해결능력	신용업무 경력 보유

〈팀별 선호사항〉

- 신용팀 : 관련업무 경력자 선호, 고객과 원활한 소통능력 중시
- 경제팀 : 경제학과 출신 선호, 체력 중시
- 유통팀 : 유통관리사 자격증 소지자 선호, 창의력 중시
- 상담팀 : 조직이해능력 우수자 선호, 의사소통능력 우수자 선호
- 총무팀 : 특별한 선호 없음

05 다음 중 각 팀과 배치될 신입사원을 연결한 것으로 가장 적절한 것은?

① 유통팀 – B
② 경제팀 – D
③ 신용팀 – E
④ 총무팀 – C
⑤ 상담팀 – A

06 추가 합격된 신입사원의 특이사항이 다음과 같다면 어떤 부서로 배치해야 가장 적절한가?

신입사원	전공	직무능력평가	자격증	면접	비고
F	법학과	자원관리능력 우수	사무자동화산업기사 자격증	문제해결능력 우수	고객 상담 업무 경력

① 신용팀
② 경제팀
③ 유통팀
④ 상담팀
⑤ 총무팀

※ 다음 표를 보고 이어지는 질문에 답하시오. [7~8]

계절	월	주제	세부내용
봄	3	시작	세계 꽃 박람회, 벚꽃 축제
	4	오감	세계 음식 축제, 딸기 디저트 시식회
	5	청춘	어린이날 행사
여름	6	음악	통기타 연주회, 추억의 7080 댄스메들리
	7	환희	국제불빛축제, 서머페스티벌, 반딧불축제
	8	열정	락 페스티벌, 독립민주축제
가을	9	풍요	한방 약초 축제, 쌀문화 전시회, 세계 커피 시음회
	10	협동	남사당 바우덕이, 지구촌축제
	11	낭만	클래식 연주회, 가면무도회, 갈대축제
겨울	12	결실	얼음꽃축제, 빙어축제
	1	시작	해맞이 신년 기획 행사
	2	온정	사랑나눔 행사, 행복 도시락 배달

07 다음 중 위 자료의 제목으로 가장 적절한 것은?

① 세부업무계획
② 계절별프로젝트분담표
③ 월별이벤트진행현황
④ 연중이벤트계획표
⑤ 연중이벤트보고서

08 다음 중 위 자료를 수정한 것으로 적절하지 않은 것은?

① 5월 이벤트 계획은 좀 부실한 것 같으니 다른 행사를 기획해 추가해야겠어.
② 6월 이벤트 중에 통기타 연주회는 주제와 어울리지 않으니 수정해야겠어.
③ 겹치는 주제가 두 개가 있으니 하나는 다른 주제로 변경해야겠어.
④ 12월은 주제와 세부내용이 맞지 않으니 알맞은 세부내용을 기획해야겠어.
⑤ 4월에 진행하는 행사는 먹을 것으로만 구성되어 있으니 다른 종류의 이벤트를 추가 계획해야겠어.

※ H사는 직원들의 자기계발과 업무능력 증진을 위해 아래와 같이 다양한 사내교육을 제공하고 있다. 이어지는 질문에 답하시오. [9~10]

〈2022년 사내교육 일정표〉

구분	일정	가격
신입사원 사규 교육	2, 3월 첫째 주 목요일	10만 원
비즈니스 리더십	짝수달 셋째 주 월요일	20만 원
Excel 쉽게 활용하기	홀수달 셋째, 넷째 주 목요일	20만 원
One page 보고서 작성법	매월 첫째 주 화요일	23만 원
프레젠테이션 코칭	3, 7, 9월 둘째 주 수요일	18만 원
생활 속 재테크	4, 8월 셋째 주 월요일	20만 원
마케팅 성공 전략	5, 11월 둘째 주 금요일	23만 원
성희롱 예방교육	짝수달 첫째 주 금요일	15만 원
MBA	짝수달 둘째 주 화요일	40만 원

※ 사내교육은 1년에 2번 이수해야 한다.
※ 회사 지원금(40만 원)을 초과하는 경우 추가금액은 개인이 부담한다.
※ 교육을 신청할 때는 팀장의 승인을 받는다.
※ 3월 1일은 월요일이다.
※ 교육은 모두 오후 7시에 시작하여 9시에 종료한다.

09 올해 3월 24일에 입사한 다영이가 지원금액 한도 안에서 가장 빠르게 교육을 받으려고 할 때, 다음 중 다영이가 신청할 수 있는 교육으로 가장 적절한 것은?

① 비즈니스 리더십, 생활 속 재테크
② 생활 속 재테크, 마케팅 성공 전략
③ 비즈니스 리더십, 프레젠테이션 코칭
④ Excel 쉽게 활용하기, 성희롱 예방교육
⑤ Excel 쉽게 활용하기, One page 보고서 작성법

10 동수는 다영이의 입사동기이다. 동수가 사내교육을 신청하기 위해 결재를 올렸으나 팀장이 다음과 같은 이유로 반려하였다. 동수가 신청하려고 했던 교육은?

보낸 사람	기획팀 – 팀장 – 김미나
받는 사람	기획팀 – 사원 – 이동수

동수씨, 자기계발을 위해 적극적으로 노력하는 모습이 아주 보기 좋습니다.
하지만 같은 주에 두 개를 한꺼번에 듣는 것은 무리인 듯 보입니다.
다음 차수에 들을 수 있도록 계획을 조정하십시오.

① 신입사원 사규 교육, One page 보고서 작성법
② One page 보고서 작성법, 성희롱 예방교육
③ MBA, 프레젠테이션 코칭
④ Excel 쉽게 활용하기, 마케팅 성공 전략
⑤ 생활 속 재테크, 비즈니스 리더십

※ 다음 자료를 읽고 이어지는 질문에 답하시오. [11~13]

〈블랙박스 시리얼 번호 체계〉

개발사		제품		메모리 용량		제조연월				일련번호	PCB버전
값	의미	값	의미	값	의미	값	의미	값	의미	값	값
A	아리스	BD	블랙박스	1	4GB	A	2018년	1~9	1~9월	00001	1
S	성진	BL	LCD 블랙박스	2	8GB	B	2019년	O	10월	00002	2
B	백경	BP	IPS 블랙박스	3	16GB	C	2020년	N	11월	...	3
C	천호	BE	LED 블랙박스	4	32GB	D	2021년	D	12월	09999	
M	미강테크					E	2022년				

※ 예시 : ABD2B6000101 → 아리스 블랙박스, 8GB, 2013년 6월 생산, 10번째 모델, PCB 1번째 버전

〈A/S 접수 현황〉

분류1	분류2	분류3	분류4
ABD1A2001092	MBE2E3001243	SBP3CD012083	ABD4B3007042
BBD1DD000132	MBP2CO120202	CBE3C4000643	SBE4D5101483
SBD1D9000082	ABE2D0001063	BBD3B6000761	MBP4C6000263
ABE1C6100121	CBL2C3010213	ABP3D8010063	BBE4DN020473
CBP1C6001202	SBD2B9001501	CBL3S8005402	BBL4C5020163
CBL1BN000192	SBP2C5000843	SBD3B1004803	CBP4D6100023
MBD1A2012081	BBL2BO010012	MBE3E4010803	SBE4E4001613
MBE1DB001403	CBD2B3000183	MBL3C1010203	ABE4DO010843

11 A/S가 접수되면 수리를 위해 각 제품을 해당 제조사로 전달한다. 그런데 제품 시리얼 번호를 확인하는 과정에서 조회되지 않는 번호가 있다는 것을 발견하였을 때, 총 몇 개의 시리얼 번호가 잘못 기록되었는가?

① 6개
② 7개
③ 8개
④ 9개
⑤ 10개

12 A/S가 접수된 제품 중 2018 ~ 2019년도에 생산된 것에 대해 무상으로 블루투스 기능을 추가해주는 이벤트를 진행하고 있다고 할 때, A/S접수가 된 블랙박스 중에서 이벤트에 해당하는 제품은 모두 몇 개인가?(단, A/S가 접수된 시리얼 번호 중 제조연도가 잘못 기록된 제품은 제외한다)

① 6개
② 7개
③ 8개
④ 9개
⑤ 10개

13 당사의 제품을 구매한 고객이 A/S를 접수하면, 상담원은 제품 시리얼 번호를 확인하여 기록해 두고 있다. 제품 시리얼 번호는 특정 기준에 의해 분류하여 기록하고 있는데, 다음 중 그 기준은 무엇인가?

① 개발사
② 제품
③ 메모리 용량
④ 제조연월
⑤ PCB버전

14 스캐너 구매를 담당하고 있는 B씨는 〈보기〉와 같이 사내 설문조사를 통해 부서별로 필요한 스캐너 기능을 확인하였다. 이를 참고하였을 때, 다음 중 구매할 스캐너의 순위는?

A회사는 2022년 초에 회사 내의 스캐너 15대를 교체하려고 계획하고 있다. 각 스캐너의 정보는 아래와 같다.

구분	Q스캐너	T스캐너	G스캐너
제조사	미국 B회사	한국 C회사	독일 D회사
가격	180,000원	220,000원	280,000원
스캔 속도	40장/분	60장/분	80장/분
주요 특징	• 양면 스캔 가능 • 50매 연속 스캔 • 소비전력 절약 모드 지원 • 백지 Skip 기능 • 기울기 자동 보정 • A/S 1년 보장	• 양면 스캔 가능 • 타 제품보다 전력소모 60% 절감 • 다양한 소프트웨어 지원 • PDF 문서 활용 가능 • 기울기 자동 보정 • A/S 1년 보장	• 양면 스캔 가능 • 빠른 스캔 속도 • 다양한 크기 스캔(카드, 계약서 등) • 100매 연속 스캔 • 이중급지 방지 장치 • 백지 Skip 기능 • 기울기 자동 보정 • A/S 3년 보장

보기

• 양면 스캔 가능
• 카드 크기부터 계약서 크기 스캔 지원
• 50매 이상 연속 스캔 가능
• A/S 1년 이상 보장
• 예산 4,200,000원까지 가능
• 기울기 자동 보정

① T스캐너 – Q스캐너 – G스캐너
② G스캐너 – Q스캐너 – T스캐너
③ G스캐너 – T스캐너 – G스캐너
④ Q스캐너 – G스캐너 – T스캐너
⑤ T스캐너 – G스캐너 – Q스캐너

※ H사는 2022년 하반기 승진후보자 중 승진자를 선발하고자 한다. 다음은 승진자 선발 방식 및 승진후보 자들에 대한 자료이다. 다음 자료를 읽고 이어지는 질문에 답하시오. **[15~16]**

〈2022년 하반기 승진자 선발〉

1. 승진자 선발 방식
   - 승진점수(100)는 실적평가점수(40), 동료평가점수(30), 혁신사례점수(30)에 교육 이수에 따른 가점을 합산하여 산정한다.
   - 교육 이수에 따른 가점은 다음과 같다.

교육	조직문화	전략적 관리	혁신역량	다자협력
가점	2	2	3	2

   - 승진후보자 중 승진점수가 가장 높은 2인을 선발하여 승진시킨다.

2. 승진후보자 평가정보

승진후보자	실적평가점수	동료평가점수	혁신사례점수	이수교육
A	34	26	22	다자협력
B	36	25	18	혁신역량
C	39	26	24	–
D	37	21	23	조직문화, 혁신역량
E	36	29	21	–

15 승진자 선발 방식에 따라 승진후보자 A, B, C, D, E 중 2명을 승진시키고자 한다. 동점자가 있는 경우 실적평가 점수가 더 높은 후보자를 선발한다고 할 때, 다음 중 승진할 2명은?

① A, B
② A, C
③ C, D
④ C, E
⑤ D, E

16 하반기 인사에 혁신의 반영률을 높이라는 내부 인사위원회의 권고에 따라 승진자 선발 방식이 다음과 같이 변경되었다. 변경된 승진자 선발 방식에 따라 승진자를 선발할 때, 다음 중 승진할 2명은?

〈승진자 선발 방식 변경〉

〈변경 전〉

1. 승진점수(100) 총점 및 배점
   • 실적평가점수(40)
   • 동료평가점수(30)
   • 혁신사례점수(30)

2. 혁신역량 교육 가점

교육	혁신역량
가점	3

〈변경 후〉

1. 승진점수(115) 총점 및 배점
   • 실적평가점수(40)
   • 동료평가점수(30)
   • 혁신사례점수(45)
     – 혁신사례점수에 50%의 가중치를 부여

2. 혁신역량 교육 가점

교육	혁신역량
가점	4

① A, D
② B, C
③ B, E
④ C, D
⑤ C, E

※ 다음 그림과 〈조건〉을 보고 이어지는 질문에 답하시오. [17~18]

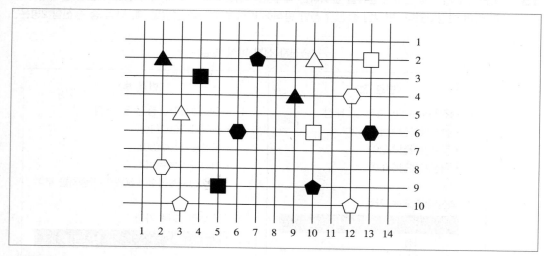

조건

1. W는 White, B는 Black이다.
2. 알파벳 뒤에 숫자는 도형의 각의 개수이다.
3. 좌표는 도형이 위치해 있는 열과 행을 가리킨다.

17 다음 중 그림에 대한 좌표로 가장 적절한 것은?

① W3(3, 6)

② B3(8, 4)

③ W5(13, 6)

④ B6(2, 8)

⑤ W6(12, 4)

18 다음 중 그림의 좌표로 적절하지 않은 것은?

① B4(5, 9), B5(7, 2), B6(13, 6)

② W3(3, 5), W4(10, 6), W5(12, 10)

③ W4(13, 2), W5(3, 10), W6(13, 6)

④ B3(2, 2), B3(9, 4), B6(6, 6)

⑤ W4(10, 6), B5(7, 2), B6(6, 6)

※ 다음 〈조건〉을 보고 ?에 들어갈 도형을 고르시오. [19~20]

조건

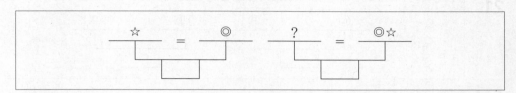

19

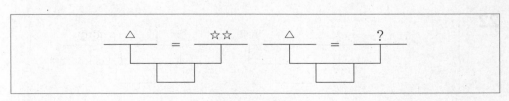

① ◐◐◐◐
② ◐◐☆☆
③ ◎◎◐◐
④ ◐◐◐◐◐
⑤ ◐◐◐◐◐

20

① ◐◐☆☆
② ☆☆☆☆
③ ☆☆◐◐
④ ◐◐◐◐
⑤ ◐◐◐

※ 다음 〈조건〉을 보고 ?에 들어갈 도형을 고르시오. [21~22]

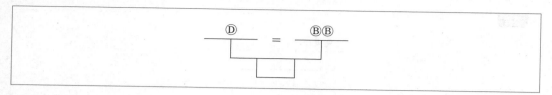

21

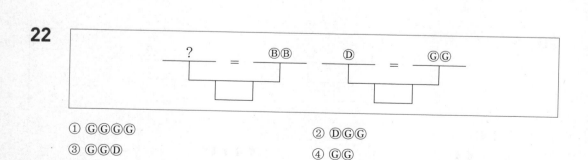

① ⒷⒷⒹⒸ
② ⒹⒸⒸ
③ ⒹⒸ
④ ⒸⒸⒸⒹ
⑤ Ⓑ

22

① ⒼⒼⒼⒼ
② ⒹⒼⒼ
③ ⒼⒼⒹ
④ ⒼⒼ
⑤ ⒹⒹ

※ 다음 〈조건〉을 보고 ?에 들어갈 도형을 고르시오. [23~24]

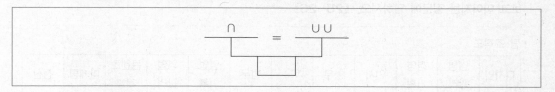

23

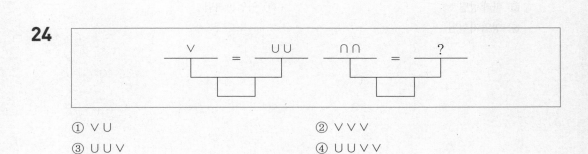

① ∪∪∧∧

② ∪∧∧

③ ∧∧

④ ∧∧∧∧

⑤ ∧

24

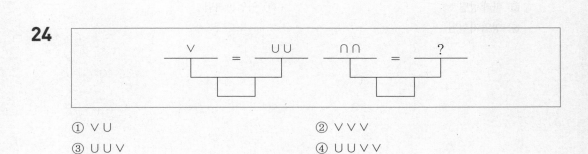

① ∨∪

② ∨∨∨

③ ∪∪∨

④ ∪∪∨∨

⑤ ∪

※ H회사는 업무의 효율적인 관리를 위해 새롭게 부서를 통합하고 사무실을 옮기려고 한다. 〈조건〉을 보고 이어지는 질문에 답하시오. **[25~26]**

• 팀 조직도

디자인	경영 관리	경영 기획	인사	총무	VM	법무	영업 기획	영업 관리	콘텐츠 개발	마케팅	전산

※ VM(Visual Marketing)팀

• 사무실 배치도

1	2
3	4

4F

1	2
3	4

5F

1	2
3	4

6F

조건

• 4층은 디자인과 마케팅뿐만 아니라 영업까지 전부 담당하기 위해 영업홍보부서로 개편한다.
• 경영기획관리부서는 새로운 콘텐츠 발굴부터 매장의 비주얼까지 전부 관리할 것이다.
• 6층에서는 회사의 인사, 급여, 전산관리와 같은 전반적인 일들을 관리할 것이다.
• 팀명에 따라 가나다순으로 1 ~ 4팀으로 배치되며 영어이름일 경우 한글로 변환하여 가나다순으로 배치한다.

25 부서마다 4개의 팀이 배정된다. 다음 중 영업홍보부서에 포함될 팀으로 적절하지 않은 것은?

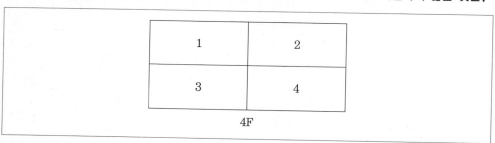

1	2
3	4

4F

① VM팀
② 디자인팀
③ 마케팅팀
④ 영업관리팀
⑤ 영업기획팀

26 H회사는 팀 배정을 끝마치고 각자 내선번호를 부여하기로 했다. 〈조건〉을 바탕으로 할 때, 변경된 내선번호가 바르게 짝지어진 것은?

> **조건**
>
> 내선번호는 3자리 숫자이다.
> – 첫 번째 자리는 층 번호이다.
> – 두 번째 자리는 각 층의 팀 이름 순번으로 1 ~ 4까지 부여한다.
> – 세 번째 자리는 직급으로 부장, 과장, 대리, 사원 순서로 1 ~ 4까지 부여한다.

[받는 이] B대리(VM팀)

[내용] 안녕하십니까? 부서 개편으로 인해 내선번호가 새롭게 부여되었음을 안내드립니다. B대리님의 번호는 00 – _(가)_ (이)며 이에 대한 궁금한 점이 있으시다면 00 – _(나)_ (으)로 연락주시기 바랍니다.

[보낸 이] A사원(총무팀)

	(가)	(나)
①	321	622
②	422	544
③	533	644
④	513	632
⑤	412	631

※ 다음은 H사의 상반기 공개채용을 통해 채용된 신입사원 정보와 부서별 팀원 선호사항에 대한 자료이다.
다음 자료를 보고, 이어지는 질문에 답하시오. **[27~28]**

〈신입사원 정보〉

성명	성별	경력	어학 능력	전공	운전면허	필기점수	면접점수
장경인	남	3년	–	회계학과	○	80점	77점
이유지	여	–	영어, 일본어	영문학과	○	76점	88점
이현지	여	5년	일본어	국어국문학과	○	90점	83점
김리안	남	1년	중국어	컴퓨터학과	×	84점	68점
강주환	남	7년	영어, 중국어, 프랑스어	영문학과	○	88점	72점

〈부서별 팀원 선호사항〉

• 회계팀 : 경영학, 경제학, 회계학 전공자와 운전면허 소지자를 선호함
• 영업팀 : 일본어 능통자와 운전면허 소지자를 선호하며, 면접점수를 중요시함
• 고객팀 : 경력 사항을 중요시하되, 남성보다 여성을 선호함
• 제조팀 : 다양한 언어 사용자를 선호함
• 인사팀 : 컴퓨터 활용 능력이 뛰어난 사람을 선호함

27 부서별 팀원 선호사항을 고려하여 신입사원을 배치한다고 할 때, 해당 부서에 따른 신입사원의
배치가 가장 적절한 것은?

① 회계팀 – 김리안
② 영업팀 – 강주환
③ 인사팀 – 장경인
④ 제조팀 – 이유지
⑤ 고객팀 – 이현지

28 신입사원을 부서별로 배치할 때 다음과 같은 부서 배치 기준이 정해진다면, 어느 부서에도 배치될
수 없는 신입사원은?

〈부서 배치 기준〉

• 회계팀 : 경영학, 경제학, 회계학, 통계학 중 하나를 반드시 전공해야 한다.
• 영업팀 : 면접점수가 85점 이상이어야 한다.
• 고객팀 : 5년 이상의 경력을 지녀야 한다.
• 제조팀 : 영어를 사용할 수 있어야 한다.
• 인사팀 : 필기점수가 85점 이상이어야 한다.

① 장경인
② 이유지
③ 이현지
④ 김리안
⑤ 강주환

※ 다음은 H공장에서 안전을 위해 정기적으로 하는 검침에 대한 안내사항이다. 이어지는 물음에 답하시오. **[29~30]**

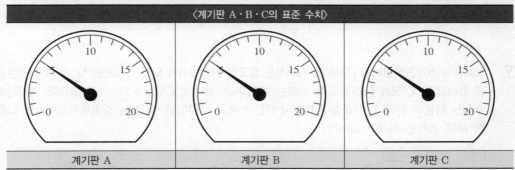

〈계기판 검침 안내사항〉

정기적으로 매일 오전 9시에 다음의 안내사항에 따라 검침을 하고 그에 따른 조치를 취하도록 한다.

〈계기판 A·B·C의 표준 수치〉

계기판 A   계기판 B   계기판 C

[기계조작실]

1. 계기판을 확인하여 PSD 수치를 구한다.
   ※ 검침하는 시각에 실외 온도계의 온도가 영상이면 B계기판은 고려하지 않는다.
   ※ 검침하는 시각에 실내 온도계의 온도가 20℃ 미만이면 Parallel Mode를, 20℃ 이상이면 Serial Mode를 적용한다.
   - Parallel Mode
     PSD=검침 시각 각 계기판 수치의 평균
   - Serial Mode
     PSD=검침 시각 각 계기판 수치의 합

2. PSD 수치에 따라서 알맞은 버튼을 누른다.

수치	버튼
PSD ≤ 기준치	정상
기준치 < PSD < 기준치+5	경계
기준치+5 ≤ PSD	비정상

※ 화요일과 금요일은 세 계기판의 표준 수치의 합의 $\frac{1}{2}$ 을 기준치로 삼고, 나머지 요일은 세 계기판의 표준 수치의 합을 기준치로 삼는다(단, 온도에 영향을 받지 않는다).

3. 기계조작실에서 버튼을 누르면 버튼에 따라 상황통제실의 경고등에 불이 들어온다.

버튼	경고등
정상	녹색
경계	노란색
비정상	빨간색

29 H공장의 기계조작실에서 근무하는 서희정은 월요일 아침 9시가 되자 계기판을 점검하여 검침일지를 쓰려고 한다. 오늘 실외 온도계 수치는 −2℃이고, 실내 온도계의 수치는 19℃였으며, 계기판의 수치는 다음과 같았다. 서희정이 눌러야 하는 버튼은 무엇이며, 이를 본 상황통제실에서는 다음 중 어떤 조치를 취해야 하는가?

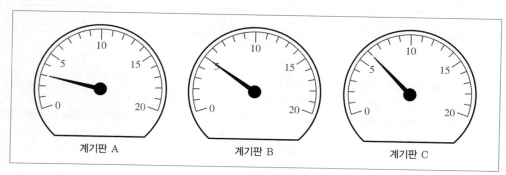

계기판 A   계기판 B   계기판 C

	버튼	조치
①	정상	정상 가동
②	정상	안전요원 배치
③	경계	안전요원 배치
④	비정상	접근제한 및 점검
⑤	비정상	정상 가동

30 오늘 H공장의 계기판 수치가 불안정하여 바쁜 하루를 보낸 서희정은 검침 일지를 제출하려고 검토하던 중 실내용 온도계 수치와 PSD 수치가 누락된 것을 발견하였다. 두 항목 중 실내용 온도계 수치를 예측할 때, 다음 중 가장 적절한 것은?

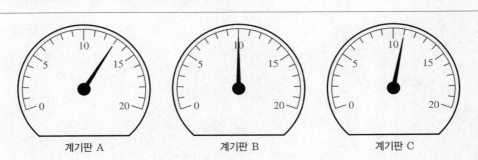

계기판 A   계기판 B   계기판 C

〈검침 일지〉

검침 일자 : 2022년 12월 15일 금요일   검침 시각 : am 09:00
점검자 : 기계조작실 M, 상황통제실 H   실외 온도계 수치 : 3℃
실내 온도계 수치 : ☐
계기판 수치

계기판 A	계기판 B	계기판 C
13	10	11

PSD 수치 : ☐
버튼 : 비정상
경고등 : 빨간색
조치
계기판 검침 안내사항에 따라 공장 안의 모든 직원들을 대피시키고 주민들이 가까이 오지 못하도록 접근제한을 하였습니다. 또한 전문가에게 공장 시설 점검을 요청하여 pm 15:00에 상황을 종료하였습니다.

비고
_____
관리자 서명 _____

① 영하
③ 영상 20℃ 이상
⑤ 온도와 상관없다.
② 영상 10℃ 이상 20℃ 미만
④ 영상 0℃ 이상 10℃ 미만

"오늘 당신의 노력은 아름다운 꽃의 물이 될 것입니다."

그러나, 이 꽃을 볼 때 사람들은 이 꽃의 아름다움과 향기만을 사랑하고 칭찬하였지, 이 꽃을 그렇게 아름답게 어여쁘게 만들어 주는 병속의 물은 조금도 생각지 않는 것이 보통입니다.

아무리 아름답고 어여쁜 꽃이기로서니 단 한 송이의 꽃을 피울 수 있으며, 단 한 번이라도 꽃 향기를 날릴 수 있겠는가? 우리는 여기서 아무리 본바탕이 좋고 아름다운 꽃이라도 보이지 않는 물의 숨은 힘이 없으면 도저히 그 빛과 향기를 자랑할 수 없는 것을 알았습니다.

- 방정환의 우리 뒤에 숨은 힘 중

성공한 사람은 대개 지난번 성취한 것 보다 다소 높게,
그러나 과하지 않게 다음 목표를 세운다.
이렇게 꾸준히 자신의 포부를 키워간다.

- 커트 르윈 -

※ 절취선을 따라 분리하여 실제 시험과 같이 사용하면 더욱 효과적입니다.

해양경찰 종합적성검사 답안지

고사장

성 명

수 험 번 호						
⓪	⓪	⓪	⓪	⓪	⓪	⓪
①	①	①	①	①	①	①
②	②	②	②	②	②	②
③	③	③	③	③	③	③
④	④	④	④	④	④	④
⑤	⑤	⑤	⑤	⑤	⑤	⑤
⑥	⑥	⑥	⑥	⑥	⑥	⑥
⑦	⑦	⑦	⑦	⑦	⑦	⑦
⑧	⑧	⑧	⑧	⑧	⑧	⑧
⑨	⑨	⑨	⑨	⑨	⑨	⑨

감독위원 확인
(인)

언어이해		언어비판		수열추리		도형추리		문제해결	
1	① ② ③ ④ ⑤	1	① ② ③ ④ ⑤	1	① ② ③ ④ ⑤	1	① ② ③ ④ ⑤	1	① ② ③ ④ ⑤
2	① ② ③ ④ ⑤	2	① ② ③ ④ ⑤	2	① ② ③ ④ ⑤	2	① ② ③ ④ ⑤	2	① ② ③ ④ ⑤
3	① ② ③ ④ ⑤	3	① ② ③ ④ ⑤	3	① ② ③ ④ ⑤	3	① ② ③ ④ ⑤	3	① ② ③ ④ ⑤
4	① ② ③ ④ ⑤	4	① ② ③ ④ ⑤	4	① ② ③ ④ ⑤	4	① ② ③ ④ ⑤	4	① ② ③ ④ ⑤
5	① ② ③ ④ ⑤	5	① ② ③ ④ ⑤	5	① ② ③ ④ ⑤	5	① ② ③ ④ ⑤	5	① ② ③ ④ ⑤
6	① ② ③ ④ ⑤	6	① ② ③ ④ ⑤	6	① ② ③ ④ ⑤	6	① ② ③ ④ ⑤	6	① ② ③ ④ ⑤
7	① ② ③ ④ ⑤	7	① ② ③ ④ ⑤	7	① ② ③ ④ ⑤	7	① ② ③ ④ ⑤	7	① ② ③ ④ ⑤
8	① ② ③ ④ ⑤	8	① ② ③ ④ ⑤	8	① ② ③ ④ ⑤	8	① ② ③ ④ ⑤	8	① ② ③ ④ ⑤
9	① ② ③ ④ ⑤	9	① ② ③ ④ ⑤	9	① ② ③ ④ ⑤	9	① ② ③ ④ ⑤	9	① ② ③ ④ ⑤
10	① ② ③ ④ ⑤	10	① ② ③ ④ ⑤	10	① ② ③ ④ ⑤	10	① ② ③ ④ ⑤	10	① ② ③ ④ ⑤
11	① ② ③ ④ ⑤	11	① ② ③ ④ ⑤	11	① ② ③ ④ ⑤	11	① ② ③ ④ ⑤	11	① ② ③ ④ ⑤
12	① ② ③ ④ ⑤	12	① ② ③ ④ ⑤	12	① ② ③ ④ ⑤	12	① ② ③ ④ ⑤	12	① ② ③ ④ ⑤
13	① ② ③ ④ ⑤	13	① ② ③ ④ ⑤	13	① ② ③ ④ ⑤	13	① ② ③ ④ ⑤	13	① ② ③ ④ ⑤
14	① ② ③ ④ ⑤	14	① ② ③ ④ ⑤	14	① ② ③ ④ ⑤	14	① ② ③ ④ ⑤	14	① ② ③ ④ ⑤
15	① ② ③ ④ ⑤	15	① ② ③ ④ ⑤	15	① ② ③ ④ ⑤	15	① ② ③ ④ ⑤	15	① ② ③ ④ ⑤
16	① ② ③ ④ ⑤	16	① ② ③ ④ ⑤	16	① ② ③ ④ ⑤	16	① ② ③ ④ ⑤	16	① ② ③ ④ ⑤
17	① ② ③ ④ ⑤	17	① ② ③ ④ ⑤	17	① ② ③ ④ ⑤	17	① ② ③ ④ ⑤	17	① ② ③ ④ ⑤
18	① ② ③ ④ ⑤	18	① ② ③ ④ ⑤	18	① ② ③ ④ ⑤	18	① ② ③ ④ ⑤	18	① ② ③ ④ ⑤
19	① ② ③ ④ ⑤	19	① ② ③ ④ ⑤	19	① ② ③ ④ ⑤	19	① ② ③ ④ ⑤	19	① ② ③ ④ ⑤
20	① ② ③ ④ ⑤	20	① ② ③ ④ ⑤	20	① ② ③ ④ ⑤	20	① ② ③ ④ ⑤	20	① ② ③ ④ ⑤
21	① ② ③ ④ ⑤	21	① ② ③ ④ ⑤	21	① ② ③ ④ ⑤	21	① ② ③ ④ ⑤	21	① ② ③ ④ ⑤
22	① ② ③ ④ ⑤	22	① ② ③ ④ ⑤	22	① ② ③ ④ ⑤	22	① ② ③ ④ ⑤	22	① ② ③ ④ ⑤
23	① ② ③ ④ ⑤	23	① ② ③ ④ ⑤	23	① ② ③ ④ ⑤	23	① ② ③ ④ ⑤	23	① ② ③ ④ ⑤
24	① ② ③ ④ ⑤	24	① ② ③ ④ ⑤	24	① ② ③ ④ ⑤	24	① ② ③ ④ ⑤	24	① ② ③ ④ ⑤
25	① ② ③ ④ ⑤	25	① ② ③ ④ ⑤	25	① ② ③ ④ ⑤	25	① ② ③ ④ ⑤	25	① ② ③ ④ ⑤
26	① ② ③ ④ ⑤	26	① ② ③ ④ ⑤	26	① ② ③ ④ ⑤	26	① ② ③ ④ ⑤	26	① ② ③ ④ ⑤
27	① ② ③ ④ ⑤	27	① ② ③ ④ ⑤	27	① ② ③ ④ ⑤	27	① ② ③ ④ ⑤	27	① ② ③ ④ ⑤
28	① ② ③ ④ ⑤	28	① ② ③ ④ ⑤	28	① ② ③ ④ ⑤	28	① ② ③ ④ ⑤	28	① ② ③ ④ ⑤
29	① ② ③ ④ ⑤	29	① ② ③ ④ ⑤	29	① ② ③ ④ ⑤	29	① ② ③ ④ ⑤	29	① ② ③ ④ ⑤
30	① ② ③ ④ ⑤	30	① ② ③ ④ ⑤	30	① ② ③ ④ ⑤	30	① ② ③ ④ ⑤	30	① ② ③ ④ ⑤

※ 결시자를 따라 문리하여 실제 시험과 같이 사용하면 다음 효과적입니다.

해양경찰 종합적성검사 답안지

교시장

성 명

수험번호

⑩	⑩	⑩	⑩	⑩	⑩	
①	①	①	①	①	①	①
②	②	②	②	②	②	②
③	③	③	③	③	③	③
④	④	④	④	④	④	④
⑤	⑤	⑤	⑤	⑤	⑤	⑤
⑥	⑥	⑥	⑥	⑥	⑥	⑥
⑦	⑦	⑦	⑦	⑦	⑦	⑦
⑧	⑧	⑧	⑧	⑧	⑧	⑧
⑨	⑨	⑨	⑨	⑨	⑨	⑨

감독위원 확인

(인)

언어이해

1	① ② ③ ④ ⑤
2	① ② ③ ④ ⑤
3	① ② ③ ④ ⑤
4	① ② ③ ④ ⑤
5	① ② ③ ④ ⑤
6	① ② ③ ④ ⑤
7	① ② ③ ④ ⑤
8	① ② ③ ④ ⑤
9	① ② ③ ④ ⑤
10	① ② ③ ④ ⑤
11	① ② ③ ④ ⑤
12	① ② ③ ④ ⑤
13	① ② ③ ④ ⑤
14	① ② ③ ④ ⑤
15	① ② ③ ④ ⑤
16	① ② ③ ④ ⑤
17	① ② ③ ④ ⑤
18	① ② ③ ④ ⑤
19	① ② ③ ④ ⑤
20	① ② ③ ④ ⑤
21	① ② ③ ④ ⑤
22	① ② ③ ④ ⑤
23	① ② ③ ④ ⑤
24	① ② ③ ④ ⑤
25	① ② ③ ④ ⑤
26	① ② ③ ④ ⑤
27	① ② ③ ④ ⑤
28	① ② ③ ④ ⑤
29	① ② ③ ④ ⑤
30	① ② ③ ④ ⑤

언어비판

1	① ② ③ ④ ⑤
2	① ② ③ ④ ⑤
3	① ② ③ ④ ⑤
4	① ② ③ ④ ⑤
5	① ② ③ ④ ⑤
6	① ② ③ ④ ⑤
7	① ② ③ ④ ⑤
8	① ② ③ ④ ⑤
9	① ② ③ ④ ⑤
10	① ② ③ ④ ⑤
11	① ② ③ ④ ⑤
12	① ② ③ ④ ⑤
13	① ② ③ ④ ⑤
14	① ② ③ ④ ⑤
15	① ② ③ ④ ⑤
16	① ② ③ ④ ⑤
17	① ② ③ ④ ⑤
18	① ② ③ ④ ⑤
19	① ② ③ ④ ⑤
20	① ② ③ ④ ⑤
21	① ② ③ ④ ⑤
22	① ② ③ ④ ⑤
23	① ② ③ ④ ⑤
24	① ② ③ ④ ⑤
25	① ② ③ ④ ⑤
26	① ② ③ ④ ⑤
27	① ② ③ ④ ⑤
28	① ② ③ ④ ⑤
29	① ② ③ ④ ⑤
30	① ② ③ ④ ⑤

수열추리

1	① ② ③ ④ ⑤
2	① ② ③ ④ ⑤
3	① ② ③ ④ ⑤
4	① ② ③ ④ ⑤
5	① ② ③ ④ ⑤
6	① ② ③ ④ ⑤
7	① ② ③ ④ ⑤
8	① ② ③ ④ ⑤
9	① ② ③ ④ ⑤
10	① ② ③ ④ ⑤
11	① ② ③ ④ ⑤
12	① ② ③ ④ ⑤
13	① ② ③ ④ ⑤
14	① ② ③ ④ ⑤
15	① ② ③ ④ ⑤
16	① ② ③ ④ ⑤
17	① ② ③ ④ ⑤
18	① ② ③ ④ ⑤
19	① ② ③ ④ ⑤
20	① ② ③ ④ ⑤
21	① ② ③ ④ ⑤
22	① ② ③ ④ ⑤
23	① ② ③ ④ ⑤
24	① ② ③ ④ ⑤
25	① ② ③ ④ ⑤
26	① ② ③ ④ ⑤
27	① ② ③ ④ ⑤
28	① ② ③ ④ ⑤
29	① ② ③ ④ ⑤
30	① ② ③ ④ ⑤

도형추리

1	① ② ③ ④ ⑤
2	① ② ③ ④ ⑤
3	① ② ③ ④ ⑤
4	① ② ③ ④ ⑤
5	① ② ③ ④ ⑤
6	① ② ③ ④ ⑤
7	① ② ③ ④ ⑤
8	① ② ③ ④ ⑤
9	① ② ③ ④ ⑤
10	① ② ③ ④ ⑤
11	① ② ③ ④ ⑤
12	① ② ③ ④ ⑤
13	① ② ③ ④ ⑤
14	① ② ③ ④ ⑤
15	① ② ③ ④ ⑤
16	① ② ③ ④ ⑤
17	① ② ③ ④ ⑤
18	① ② ③ ④ ⑤
19	① ② ③ ④ ⑤
20	① ② ③ ④ ⑤
21	① ② ③ ④ ⑤
22	① ② ③ ④ ⑤
23	① ② ③ ④ ⑤
24	① ② ③ ④ ⑤
25	① ② ③ ④ ⑤
26	① ② ③ ④ ⑤
27	① ② ③ ④ ⑤
28	① ② ③ ④ ⑤
29	① ② ③ ④ ⑤
30	① ② ③ ④ ⑤

문제해결

1	① ② ③ ④ ⑤
2	① ② ③ ④ ⑤
3	① ② ③ ④ ⑤
4	① ② ③ ④ ⑤
5	① ② ③ ④ ⑤
6	① ② ③ ④ ⑤
7	① ② ③ ④ ⑤
8	① ② ③ ④ ⑤
9	① ② ③ ④ ⑤
10	① ② ③ ④ ⑤
11	① ② ③ ④ ⑤
12	① ② ③ ④ ⑤
13	① ② ③ ④ ⑤
14	① ② ③ ④ ⑤
15	① ② ③ ④ ⑤
16	① ② ③ ④ ⑤
17	① ② ③ ④ ⑤
18	① ② ③ ④ ⑤
19	① ② ③ ④ ⑤
20	① ② ③ ④ ⑤
21	① ② ③ ④ ⑤
22	① ② ③ ④ ⑤
23	① ② ③ ④ ⑤
24	① ② ③ ④ ⑤
25	① ② ③ ④ ⑤
26	① ② ③ ④ ⑤
27	① ② ③ ④ ⑤
28	① ② ③ ④ ⑤
29	① ② ③ ④ ⑤
30	① ② ③ ④ ⑤

해양경찰 종합적성검사 답안지

	언어이해	언어비판	수열추리	도형추리	문제해결
1	① ② ③ ④ ⑤	① ② ③ ④ ⑤	① ② ③ ④ ⑤	① ② ③ ④ ⑤	① ② ③ ④ ⑤
2	① ② ③ ④ ⑤	① ② ③ ④ ⑤	① ② ③ ④ ⑤	① ② ③ ④ ⑤	① ② ③ ④ ⑤
3	① ② ③ ④ ⑤	① ② ③ ④ ⑤	① ② ③ ④ ⑤	① ② ③ ④ ⑤	① ② ③ ④ ⑤
4	① ② ③ ④ ⑤	① ② ③ ④ ⑤	① ② ③ ④ ⑤	① ② ③ ④ ⑤	① ② ③ ④ ⑤
5	① ② ③ ④ ⑤	① ② ③ ④ ⑤	① ② ③ ④ ⑤	① ② ③ ④ ⑤	① ② ③ ④ ⑤
6	① ② ③ ④ ⑤	① ② ③ ④ ⑤	① ② ③ ④ ⑤	① ② ③ ④ ⑤	① ② ③ ④ ⑤
7	① ② ③ ④ ⑤	① ② ③ ④ ⑤	① ② ③ ④ ⑤	① ② ③ ④ ⑤	① ② ③ ④ ⑤
8	① ② ③ ④ ⑤	① ② ③ ④ ⑤	① ② ③ ④ ⑤	① ② ③ ④ ⑤	① ② ③ ④ ⑤
9	① ② ③ ④ ⑤	① ② ③ ④ ⑤	① ② ③ ④ ⑤	① ② ③ ④ ⑤	① ② ③ ④ ⑤
10	① ② ③ ④ ⑤	① ② ③ ④ ⑤	① ② ③ ④ ⑤	① ② ③ ④ ⑤	① ② ③ ④ ⑤
11	① ② ③ ④ ⑤	① ② ③ ④ ⑤	① ② ③ ④ ⑤	① ② ③ ④ ⑤	① ② ③ ④ ⑤
12	① ② ③ ④ ⑤	① ② ③ ④ ⑤	① ② ③ ④ ⑤	① ② ③ ④ ⑤	① ② ③ ④ ⑤
13	① ② ③ ④ ⑤	① ② ③ ④ ⑤	① ② ③ ④ ⑤	① ② ③ ④ ⑤	① ② ③ ④ ⑤
14	① ② ③ ④ ⑤	① ② ③ ④ ⑤	① ② ③ ④ ⑤	① ② ③ ④ ⑤	① ② ③ ④ ⑤
15	① ② ③ ④ ⑤	① ② ③ ④ ⑤	① ② ③ ④ ⑤	① ② ③ ④ ⑤	① ② ③ ④ ⑤
16	① ② ③ ④ ⑤	① ② ③ ④ ⑤	① ② ③ ④ ⑤	① ② ③ ④ ⑤	① ② ③ ④ ⑤
17	① ② ③ ④ ⑤	① ② ③ ④ ⑤	① ② ③ ④ ⑤	① ② ③ ④ ⑤	① ② ③ ④ ⑤
18	① ② ③ ④ ⑤	① ② ③ ④ ⑤	① ② ③ ④ ⑤	① ② ③ ④ ⑤	① ② ③ ④ ⑤
19	① ② ③ ④ ⑤	① ② ③ ④ ⑤	① ② ③ ④ ⑤	① ② ③ ④ ⑤	① ② ③ ④ ⑤
20	① ② ③ ④ ⑤	① ② ③ ④ ⑤	① ② ③ ④ ⑤	① ② ③ ④ ⑤	① ② ③ ④ ⑤
21	① ② ③ ④ ⑤	① ② ③ ④ ⑤	① ② ③ ④ ⑤	① ② ③ ④ ⑤	① ② ③ ④ ⑤
22	① ② ③ ④ ⑤	① ② ③ ④ ⑤	① ② ③ ④ ⑤	① ② ③ ④ ⑤	① ② ③ ④ ⑤
23	① ② ③ ④ ⑤	① ② ③ ④ ⑤	① ② ③ ④ ⑤	① ② ③ ④ ⑤	① ② ③ ④ ⑤
24	① ② ③ ④ ⑤	① ② ③ ④ ⑤	① ② ③ ④ ⑤	① ② ③ ④ ⑤	① ② ③ ④ ⑤
25	① ② ③ ④ ⑤	① ② ③ ④ ⑤	① ② ③ ④ ⑤	① ② ③ ④ ⑤	① ② ③ ④ ⑤
26	① ② ③ ④ ⑤	① ② ③ ④ ⑤	① ② ③ ④ ⑤	① ② ③ ④ ⑤	① ② ③ ④ ⑤
27	① ② ③ ④ ⑤	① ② ③ ④ ⑤	① ② ③ ④ ⑤	① ② ③ ④ ⑤	① ② ③ ④ ⑤
28	① ② ③ ④ ⑤	① ② ③ ④ ⑤	① ② ③ ④ ⑤	① ② ③ ④ ⑤	① ② ③ ④ ⑤
29	① ② ③ ④ ⑤	① ② ③ ④ ⑤	① ② ③ ④ ⑤	① ② ③ ④ ⑤	① ② ③ ④ ⑤
30	① ② ③ ④ ⑤	① ② ③ ④ ⑤	① ② ③ ④ ⑤	① ② ③ ④ ⑤	① ② ③ ④ ⑤

고사장

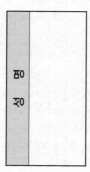

성 명

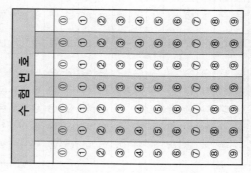

수 험 번 호

⓪ ① ② ③ ④ ⑤ ⑥ ⑦ ⑧ ⑨

감독위원 확인

(인)

해양경찰 종합적성검사 답안지

교시정

성 명

수 험 번 호							
⓪	⓪	⓪	⓪	⓪	⓪		⓪
①	①	①	①	①	①	①	①
②	②	②	②	②	②	②	②
③	③	③	③	③	③	③	③
④	④	④	④	④	④	④	④
⑤	⑤	⑤	⑤	⑤	⑤	⑤	⑤
⑥	⑥	⑥	⑥	⑥	⑥	⑥	⑥
⑦	⑦	⑦	⑦	⑦	⑦	⑦	⑦
⑧	⑧	⑧	⑧	⑧	⑧	⑧	⑧
⑨	⑨	⑨	⑨	⑨	⑨	⑨	⑨

감독위원 확인

(인)

언어이해		언어비판		수열추리		도형추리		문제해결	
1	① ② ③ ④ ⑤	1	① ② ③ ④ ⑤	1	① ② ③ ④ ⑤	1	① ② ③ ④ ⑤	1	① ② ③ ④ ⑤
2	① ② ③ ④ ⑤	2	① ② ③ ④ ⑤	2	① ② ③ ④ ⑤	2	① ② ③ ④ ⑤	2	① ② ③ ④ ⑤
3	① ② ③ ④ ⑤	3	① ② ③ ④ ⑤	3	① ② ③ ④ ⑤	3	① ② ③ ④ ⑤	3	① ② ③ ④ ⑤
4	① ② ③ ④ ⑤	4	① ② ③ ④ ⑤	4	① ② ③ ④ ⑤	4	① ② ③ ④ ⑤	4	① ② ③ ④ ⑤
5	① ② ③ ④ ⑤	5	① ② ③ ④ ⑤	5	① ② ③ ④ ⑤	5	① ② ③ ④ ⑤	5	① ② ③ ④ ⑤
6	① ② ③ ④ ⑤	6	① ② ③ ④ ⑤	6	① ② ③ ④ ⑤	6	① ② ③ ④ ⑤	6	① ② ③ ④ ⑤
7	① ② ③ ④ ⑤	7	① ② ③ ④ ⑤	7	① ② ③ ④ ⑤	7	① ② ③ ④ ⑤	7	① ② ③ ④ ⑤
8	① ② ③ ④ ⑤	8	① ② ③ ④ ⑤	8	① ② ③ ④ ⑤	8	① ② ③ ④ ⑤	8	① ② ③ ④ ⑤
9	① ② ③ ④ ⑤	9	① ② ③ ④ ⑤	9	① ② ③ ④ ⑤	9	① ② ③ ④ ⑤	9	① ② ③ ④ ⑤
10	① ② ③ ④ ⑤	10	① ② ③ ④ ⑤	10	① ② ③ ④ ⑤	10	① ② ③ ④ ⑤	10	① ② ③ ④ ⑤
11	① ② ③ ④ ⑤	11	① ② ③ ④ ⑤	11	① ② ③ ④ ⑤	11	① ② ③ ④ ⑤	11	① ② ③ ④ ⑤
12	① ② ③ ④ ⑤	12	① ② ③ ④ ⑤	12	① ② ③ ④ ⑤	12	① ② ③ ④ ⑤	12	① ② ③ ④ ⑤
13	① ② ③ ④ ⑤	13	① ② ③ ④ ⑤	13	① ② ③ ④ ⑤	13	① ② ③ ④ ⑤	13	① ② ③ ④ ⑤
14	① ② ③ ④ ⑤	14	① ② ③ ④ ⑤	14	① ② ③ ④ ⑤	14	① ② ③ ④ ⑤	14	① ② ③ ④ ⑤
15	① ② ③ ④ ⑤	15	① ② ③ ④ ⑤	15	① ② ③ ④ ⑤	15	① ② ③ ④ ⑤	15	① ② ③ ④ ⑤
16	① ② ③ ④ ⑤	16	① ② ③ ④ ⑤	16	① ② ③ ④ ⑤	16	① ② ③ ④ ⑤	16	① ② ③ ④ ⑤
17	① ② ③ ④ ⑤	17	① ② ③ ④ ⑤	17	① ② ③ ④ ⑤	17	① ② ③ ④ ⑤	17	① ② ③ ④ ⑤
18	① ② ③ ④ ⑤	18	① ② ③ ④ ⑤	18	① ② ③ ④ ⑤	18	① ② ③ ④ ⑤	18	① ② ③ ④ ⑤
19	① ② ③ ④ ⑤	19	① ② ③ ④ ⑤	19	① ② ③ ④ ⑤	19	① ② ③ ④ ⑤	19	① ② ③ ④ ⑤
20	① ② ③ ④ ⑤	20	① ② ③ ④ ⑤	20	① ② ③ ④ ⑤	20	① ② ③ ④ ⑤	20	① ② ③ ④ ⑤
21	① ② ③ ④ ⑤	21	① ② ③ ④ ⑤	21	① ② ③ ④ ⑤	21	① ② ③ ④ ⑤	21	① ② ③ ④ ⑤
22	① ② ③ ④ ⑤	22	① ② ③ ④ ⑤	22	① ② ③ ④ ⑤	22	① ② ③ ④ ⑤	22	① ② ③ ④ ⑤
23	① ② ③ ④ ⑤	23	① ② ③ ④ ⑤	23	① ② ③ ④ ⑤	23	① ② ③ ④ ⑤	23	① ② ③ ④ ⑤
24	① ② ③ ④ ⑤	24	① ② ③ ④ ⑤	24	① ② ③ ④ ⑤	24	① ② ③ ④ ⑤	24	① ② ③ ④ ⑤
25	① ② ③ ④ ⑤	25	① ② ③ ④ ⑤	25	① ② ③ ④ ⑤	25	① ② ③ ④ ⑤	25	① ② ③ ④ ⑤
26	① ② ③ ④ ⑤	26	① ② ③ ④ ⑤	26	① ② ③ ④ ⑤	26	① ② ③ ④ ⑤	26	① ② ③ ④ ⑤
27	① ② ③ ④ ⑤	27	① ② ③ ④ ⑤	27	① ② ③ ④ ⑤	27	① ② ③ ④ ⑤	27	① ② ③ ④ ⑤
28	① ② ③ ④ ⑤	28	① ② ③ ④ ⑤	28	① ② ③ ④ ⑤	28	① ② ③ ④ ⑤	28	① ② ③ ④ ⑤
29	① ② ③ ④ ⑤	29	① ② ③ ④ ⑤	29	① ② ③ ④ ⑤	29	① ② ③ ④ ⑤	29	① ② ③ ④ ⑤
30	① ② ③ ④ ⑤	30	① ② ③ ④ ⑤	30	① ② ③ ④ ⑤	30	① ② ③ ④ ⑤	30	① ② ③ ④ ⑤

현재 나의 실력을 객관적으로 파악해 보자!

모바일 OMR
답안채점 / 성적분석 서비스

도서에 수록된 모의고사에 대한 객관적인 결과(정답률, 순위)를
종합적으로 분석하여 제공합니다.

OMR 입력

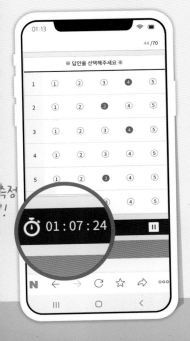

성적분석

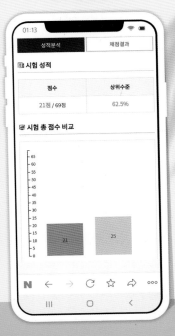

채점결과

※OMR 답안채점 / 성적분석 서비스는 등록 후 30일간 사용가능합니다.

참여방법

  → → → → → → 😊

도서 내 모의고사
우측 상단에 위치한
QR코드 찍기

로그인
하기

'시작하기'
클릭

'응시하기'
클릭

나의 답안을
모바일 OMR
카드에 입력

'성적분석&채점결과'
클릭

현재 내 실력
확인하기

SD에듀

대기업 인적성검사
시리즈

신뢰와 책임의 마음으로 수험생 여러분에게 다가갑니다.

대기업 인적성 "기본서" 시리즈

대기업 취업 기초부터 합격까지! 취업의 문을 여는
Master Key!

SD에듀

2024 최신판

해양경찰

종합적성검사

편저 | 최윤지 · SDC(Sidae Data Center)

정답 및 해설

적성검사

핵심이론 & 대표유형 완전 분석

모의고사 4회

합격의 별을 따자

SDC

SDC는 SD에듀 데이터 센터의 약자로
약 30만 개의 NCS · 적성 문제 데이터를
바탕으로 최신출제경향을 반영하여
문제를 출제합니다.

SD에듀
(주)시대고시기획

PART

1

적성검사

01	02	03	04	05	06	07	08	09	10
③	④	①	①	④	③	⑤	④	⑤	⑤
11	12	13	14	15	16	17	18	19	20
④	③	②	③	④	①	③	⑤	②	③
21	22	23	24	25	26	27	28	29	30
④	①	⑤	②	④	①	⑤	②	①	④
31	32	33	34	35	36	37	38	39	40
⑤	①	③	⑤	①	②	⑤	②	④	④

01   정답 ③

실재론은 세계가 정신과 독립적으로 존재함을, 반실재론은 세계가 감각적으로 인식될 때만 존재함을 주장하므로 두 이론 모두 세계는 존재한다는 전제를 깔고 있다.

오답분석
① 세 번째 문단에서 어떤 사람이 버클리의 주장을 반박하기 위해 돌을 발로 차서 날아간 돌이 존재한다는 사실을 증명하려고 하였으나, 반실재론을 제대로 반박한 것은 아니라고 하였다. 따라서 실재론자의 주장이 옳다는 사실을 증명하는 것은 아니다.
② 세계가 감각으로 인식될 때만 존재한다는 것은 반실재론자의 입장이다.
④ 버클리는 객관적 성질이라고 여겨지는 것들도 우리가 감각할 수 있을 때만 존재하는 주관적 속성이라고 하였다.
⑤ 새로운 형태의 반실재론이 제기되어 활발한 논의가 진행 중이라고 하였을 뿐, 반실재론이 정론으로 받아들여지고 있다는 언급은 없다.

02   정답 ④

제시문의 첫 번째 문단과 두 번째 문단을 통해 과거에는 치매의 확진이 환자의 사망 후 부검을 통해 가능했다는 사실을 알 수 있다.

03   정답 ①

제시문에 따르면 1900년 하와이 원주민의 수는 4만 명이었으며, 현재 하와이어 모국어를 구사할 수 있는 원주민의 수는 1,000명 정도이다. 그러나 하와이 원주민의 수가 1,000명인 것은 아니므로 ①은 적절하지 않다.

04   정답 ①

제시문에서는 언급되지 않은 내용이다.

오답분석
② 두 번째 문단에 나와 있다.
③ 첫 번째 문단에서 '위기(爲己)란 자아가 성숙하는 것을 추구하며'라고 하였다.
④ 첫 번째 문단에서 '공자는 공부하는 사람의 관심이 어디에 있느냐를 가지고 학자를 두 부류로 구분했다.'라고 하였다.
⑤ 마지막 문단에 나와 있다.

05   정답 ④

'서도(書道)라든가 다도(茶道)라든가 꽃꽂이라든가 하는 일을 과외로 즐길 줄 아는 사람을 우리는 생활의 멋을 아는 사람이라고 말한다.'의 문장을 통해 알 수 있다.

오답분석
① · ⑤ 언급되지 않은 내용이다.
② 값비싸고 화려한 복장을 한 사람이라고 해서 공리적 계산을 하는 사람은 아니다.
③ 소탈한 생활 태도는 경우에 따라 멋있게 생각될 수 있을 뿐, 가장 중요한 것은 아니다.

06   정답 ③

첫 번째 문단에서는 하천의 과도한 영양분이 플랑크톤을 증식시켜 물고기의 생존을 위협한다고 이야기하며, 두 번째 문단에서는 이러한 녹조 현상이 우리가 먹는 물의 안전까지도 위협한다고 이야기한다. 마지막 세 번째 문단에서는 생활 속 작은 실천을 통해 생태계와 인간의 안전을 위협하는 녹조를 예방해야 한다고 이야기하므로 글의 제목으로는 ③이 가장 적절하다.

07   정답 ⑤

제시문에서는 4단계로 나뉘는 감염병 위기경보 수준을 설명하며, 각 단계에 따라 달라지는 정부의 주요 대응 활동에 관해 이야기하고 있다. 따라서 제목으로 가장 적절한 것은 ⑤이다.

08

상상력은 정해진 개념이나 목적이 없는 상황에서 그 개념이나 목적을 찾는 역할을 하고, 이때 주어진 목적지(개념)가 없으며, 반드시 성취해야 할 그 어떤 것도 없기 때문에 자유로운 유희다. 따라서 글의 제목으로 ④가 가장 적절하다.

오답분석

① 제시문의 내용은 칸트 철학 내에서의 상상력이 어떤 조건에서 작동되며 또 어떤 역할을 하는지 기술하고 있으므로 상상력의 재발견이라는 제목은 적절하지 않다.
② 제시문에서는 상상력을 인식능력이라고 규정하는 부분을 찾을 수 없다.
③ 상상력은 주어진 개념이 없을 경우 새로운 개념들을 가능하게 산출하는 것이므로 목적 없는 활동이라고는 볼 수 없다.
⑤ 제시문에 기술된 만유인력의 법칙과 상대성 이론 등은 상상력의 자유로운 유희를 설명하기 위한 사례일 뿐이다.

09

제시문은 촉매 개발의 필요성과 촉매 설계 방법의 구체적 과정을 설명하고 있다. 회귀 경로는 잘못을 발견했을 경우에 원래의 위치로 복귀해 다른 방법을 시도함으로써 새로운 길을 찾는 것이다. ⑤에서 설문지의 질문이 잘못됨을 발견하고 다시 설문지 작성 과정으로 돌아가 질문을 수정하였으므로, 제시문과 가장 가까운 사례로 볼 수 있다.

10

오답분석

① 처거제는 '장가가다'와 일맥상통한다.
② 처거제−부계제는 조선 전기까지 대부분 유지되었다.
③ 조선 전기까지 유지된 처거제−부계제를 통해 가족관계에서 남녀 간의 힘이 균형을 이루었음을 알 수 있다.
④ 제시문을 통해서는 알 수 없다.

11

3자 물류는 화주업체와 1년 이상 장기간의 계약을 맺으므로 ④가 가장 적절하다.

12

오답분석

① 농가가 직접 수확하여 보내는 방식이므로 수의계약이다.
② 농가가 직접 마트와 거래하는 것은 수의계약이다.
④ 상품을 주기적으로 소비할 경우 밭떼기가 더 유리하다.
⑤ 청과물의 거래방식으로 가격변동이 가장 큰 것은 경매이다.

13

보기는 삼단논법의 추리라고 할 수 있다. 삼단논법은 대체로 대전제, 소전제, 결론의 순서로 배열된다.
• 대전제 : P+M
• 소전제 : M+S
• 결론 : P+S
M은 매개념으로 대전제와 소전제에 각각 나타난다. 보기를 적용시켜 보면, 대전제는 '인생의 목적은(P) 문화를 창조하는 데 있다(M)'이고, 결론은 '인생의 목적을(P) 달성하기 위해서는 지식을 습득해야 한다(S)'이다. 따라서 소전제는 문화 창조(M)와 지식 습득(S)이 들어가는 내용이 되어야 하므로 ②가 가장 적절하다.

14

'예술가가 무엇인가를 선택하는 정신적인 행위와 작업이 예술의 본질'이라는 내용과 마르셀 뒤샹, 잭슨 폴록 작품에 대한 설명을 통해 퐁피두 미술관이 전통적인 예술작품을 선호할 것이라고 추론하기는 어렵다.

오답분석

①·④·⑤ 마르셀 뒤샹과 잭슨 폴록의 작품 성격을 통해 추론할 수 있다.
② 마르셀 뒤샹과 잭슨 폴록이 서로 작품을 표현한 방식이 다르듯이 그 밖에 다른 작가들의 다양한 표현 방식의 작품이 있을 것으로 추론함으로써 퐁피두 미술관을 찾는 사람들의 목적이 다양할 것이라는 추론을 도출할 수 있다.

15

먼저 보험료와 보험금의 산정 기준을 언급하는 (나) 문단이 오는 것이 적절하며, 다음으로 자신이 속한 위험 공동체의 위험에 상응하는 보험료를 납부해야 공정하다는 (다) 문단이 오는 것이 적절하다. 이후 '따라서' 공정한 보험은 납부하는 보험료와 보험금에 대한 기댓값이 일치해야 한다는 (라) 문단과 이러한 보험금에 대한 기댓값을 설명하는 (가) 문단이 차례로 오는 것이 적절하다.

16

제시문은 신채호의 소아와 대아 구별에 대한 설명으로, 먼저 소아와 대아의 차이점으로 자성, 상속성, 보편성을 제시하는 (가) 문단이 오는 것이 적절하며, 다음으로 상속성과 보편성의 의미를 설명하는 (라) 문단이 오는 것이 적절하다. 이후 항성과 변성의 조화를 통한 상속성·보편성 실현방법을 설명하는 (나) 문단과 항성과 변성이 조화를 이루지 못할 경우 나타나는 결과인 (다) 문단이 차례로 오는 것이 적절하다.

17

샌드위치를 소개하는 (다) 문단이 가장 먼저 오는 것이 적절하며, 그 다음으로 샌드위치 이름의 유래를 소개하는 (나) 문단이 적절하다. 그 뒤를 이어 샌드위치 백작에 대한 평가가 엇갈림을 설명하는 (가) 문단이, 마지막으로는 이러한 엇갈린 평가를 구체적으로 설명하는 (라) 문단이 적절하다.

18

정답 ⑤

음식 이름의 주인공인 샌드위치 백작은 일부에서는 유능한 정치인·군인이었던 인물로 평가되는 반면, 다른 한편에서는 무능한 도박꾼으로 평가되고 있는 것을 볼 때 빈칸에 들어갈 내용으로 ⑤가 가장 적절하다.

19

정답 ②

내성적인 사람의 경우 불안감을 느낄 확률이 높아 맥박이 빨라지고 체온이 상승함에 따라 대사작용이 빨라져 외향적인 사람보다 에너지 소모량이 많아 저체중일 가능성이 높다.

20

정답 ③

(가)의 문맥상 강한 힘으로 음식을 씹게 되면 치아가 '마모'된다는 의미가 자연스러우며, (나)의 문맥에서는 치열이 불규칙하게 '변형'된다는 의미가 자연스럽다. 치열은 치아가 나열된 형태이므로 닳아 없어진다는 마모와는 어울리지 않는다. (다)의 문맥에서는 입을 통한 호흡으로 세균이 입안에 번식할 가능성이 커지므로 입에서 나는 안 좋은 냄새를 뜻하는 '구취'가 자연스럽다. 참고로 구치는 어금니를 뜻하는 낱말이다.

21

정답 ④

제시문의 핵심 내용은 '기본 모델'에서는 증권시장에서 주식의 가격이 '기업의 내재적인 가치'라는 객관적인 기준에 근거하여 결정된다고 보지만 '자기참조 모델'에서는 주식의 가격이 증권시장에 참여한 사람들의 여론에 의해, 즉 인간의 주관성에 의해 결정된다고 본다는 것이다. 따라서 제시문은 주가 변화의 원리에 초점을 맞추어 다른 관점들을 대비하고 있는 것이다.

22

정답 ①

글쓴이는 객관적인 기준을 중시하는 기본 모델은 주가 변화를 제대로 설명하지 못하지만, 인간의 주관성을 중시하는 자기참조 모델은 주가 변화를 제대로 설명하고 있다고 보고 있다. 따라서 증권시장의 객관적인 기준이 인간의 주관성보다 합리적임을 보여준다는 진술은 제시문의 내용과 다르다.

23

정답 ⑤

'자기참조 모델'에서는 투자자들이 객관적인 기준에 따르기보다는 여론을 모방하여 주식을 산다고 본다. 그 모방은 합리적이라고 인정되는 다수의 비전인 '묵계'에 의해 인정된다. 증권시장은 이러한 묵계를 조성하고 유지해 가면서 경제를 자율적으로 평가할 수 있는 힘을 가진다. 따라서 증권시장은 '투자자들이 묵계를 통해 자본의 가격을 산출해 내는 제도적 장치'인 것이다.

24

정답 ②

제시문에서는 환경오염은 급격한 기후변화의 촉매제 역할을 하고 있으며, 이는 농어촌과 식량 자원에 악영향을 미치고 있다고 이야기하고 있다. 따라서 ②가 이 글의 주제로 가장 적절하다.

25

정답 ④

우리나라는 식량의 75% 이상을 해외에서 조달해오고 있다. 이러한 특성상 기후변화가 계속된다면 식량공급이 어려워져 식량난이 심각해질 수 있다.

[오답분석]
① 기후변화가 환경오염의 촉매제가 된 것이 아니라, 환경오염이 기후변화의 촉매제가 되었다.
② 알프스나 남극 공기를 포장해 파는 시대가 올지도 모른다는 말은 그만큼 공기 질 저하가 심각하다는 것을 나타낸 것이지, 실제로 판매를 하고 있는 것은 아니다.
③ 한정된 식량 자원에 의한 굶주림이 일부 저개발 국가에서 일반화되었지만, 저개발 국가에서 인구의 폭발적인 증가가 일어났다고는 볼 수 없다.
⑤ 친환경적인 안전 먹거리에 대한 수요가 증가하고 있지만 일손 부족 등으로 친환경 먹거리 생산량의 대량화는 어렵다. 따라서 해결방법이 될 수 없다.

26

정답 ①

보기의 문두에 나와 있는 '이렇게'라는 어휘가 (가)에 제시되어 있는 상황을 가리키므로 (가)의 뒤에 와야 한다.

27

정답 ⑤

제시문의 주제는 (마) 부분에 잘 나타나 있다.

28

정답 ②

3D업종의 인식 변화를 소개하는 (나), 그 사례인 환경미화원 모집 공고에 대한 내용인 (가), 이에 대한 인터뷰 내용인 (라), 환경미화원 공채에 지원자가 몰리는 이유를 설명하는 (마), 마지막으로 기피 직종에 대한 인식 변화의 또 다른 사례를 소개하는 (다) 순서가 적절하다.

29

정답 ①

기사 내용은 3D업종에 대한 인식이 과거에 비해 많이 변했다는 점을 설명하는 내용으로 볼 수 있다. 따라서 세상에 변하지 않는 것이 없이 모두 변하게 된다는 속담을 활용한 ①이 가장 적절하다.

오답분석

② '꿩 대신 닭'은 적당한 것이 없을 때 그와 비슷한 것으로 대신하는 경우를 뜻하는 속담으로, 기피 직종에 대한 인식 변화 설명에 활용되기에는 적절하지 않다.
③ '병 주고 약 준다'는 해를 입힌 후에 어루만지거나 도와준 다는 뜻의 속담으로 환경미화원의 근무환경에 대한 설명에 활용되기에는 적절하지 않다.
④ '비 온 뒤에 땅이 굳어진다'는 어떤 풍파를 겪은 후에 일이 더 든든해진다는 뜻의 속담으로 기사 내용에 적절하지 않은 속담이다.
⑤ '땅 짚고 헤엄친다'는 일이 아주 쉽다는 뜻의 속담이다.

30

정답 ④

4차 산업혁명이란 제조업과 IT기술 등 기존의 산업을 융합하여 새로운 산업을 탄생시키는 변화를 의미하므로 ④가 가장 적절하다.

오답분석

① · ③ 1차 산업혁명
② 2차 산업혁명
⑤ 3차 산업혁명

31

정답 ⑤

제시된 문장에서 클라우스 슈밥은 4차 산업혁명을 '전 세계의 사회, 산업, 문화적 르네상스를 불러올 과학 기술의 대전환기'로 표현하였다. 이는 (마)의 앞 문단에서 이야기하는 4차 산업혁명이 빠른 속도로, 전 산업 분야에 걸쳐, 전체 경제 · 사회 체제에 변화를 가져올 것으로 전망되기 때문이다. 즉, 제시된 문장의 '이 같은 이유'는 (마) 앞 문단의 전체 내용을 의미하므로 문장이 들어갈 위치로 (마)가 가장 적절하다.

32

정답 ①

'휴리스틱'의 개념 설명을 시작으로 휴리스틱에 반대되는 '알고리즘'에 대한 내용이 이어지고, 다음으로는 휴리스틱을 이용하는 방법인 '이용가능성 휴리스틱'에 대한 설명과 휴리스틱의 문제점인 '바이어스(Bias)'의 개념을 연이어서 설명하며 '휴리스틱'에 대한 정보의 폭을 넓혀가며 설명하고 있다.

33

정답 ③

확률이나 빈도를 바탕으로 주관적인 판단에 따라(이유가 있음) 사건을 예측하였지만, 예측하지 못한 결과가 발생하는 것, 주관적인 판단과 객관적인 판단 사이에 오는 차이를 '바이어스'라고 한다. ③과 같이 확률이나 빈도를 바탕으로 주관적인 확률에 따라 사건(최근 한달 동안 가장 높은 타율)을 예측하였지만 결과가 예상할 수 없었던 모습(4타수 무안타)으로 나타나는 것을 말한다.

34

정답 ⑤

발표내용을 볼 때, 펀드 가입 절차에 대한 내용은 찾아볼 수 없다.

오답분석

① 펀드에 가입하면 돈을 벌 수도 손해를 볼 수도 있음을 세 번째 문단에서 확인할 수 있다.
② 첫 번째 문단에서 확인할 수 있다.
③ 마지막 문단에서 확인할 수 있다.
④ 주식 투자 펀드와 채권 투자 펀드에 대한 발표내용으로 확인할 수 있다.

35

정답 ①

주식 투자 펀드의 수익률 차이가 심하게 나는 것은 주식이 경기 변동의 영향을 많이 받기 때문이다.

오답분석

② 채권 투자 펀드에 대한 설명이다.
③ 채권을 사서 번 이익에서 투자 기관의 수수료를 뺀 금액이 수익이 된다.
④ 주식 투자 펀드에 대한 설명이다.
⑤ 주식 투자 펀드와 채권 투자 펀드 모두 투자 기관의 수수료가 존재한다.

36

제시문에 따르면 인터넷 뉴스를 유료화하면 인터넷 뉴스를 보는 사람의 수는 줄어들 것이므로 ②는 적절하지 않다.

37

뉴스의 품질이 떨어지는 원인이 근본적으로 독자에게 있다거나, 그 해결 방안이 종이 신문 구독이라는 반응은 제시문의 내용을 바르게 이해했다고 보기 어렵다.

38

제시문은 스타 시스템에 대한 문제점을 지적한 다음, 글쓴이 나름대로의 대안을 모색하고 있다. 따라서 ②가 가장 적절하다.

39

욕망의 주체인 ⓑ만 ⓒ를 이상적 존재로 두고 닮고자 한다.

40

제시문에서 스타는 스타 시스템에 의해서 소비자들의 욕망을 부추기고 상품처럼 취급되어 소비되는 존재로서, 자신의 의지에 의해서 행위하는 것이 아니라 단지 스타 시스템에 의해 조종되고 있을 뿐이라 보고 있다.

01	02	03	04	05	06	07	08	09	10
①	④	②	①	①	⑤	③	③	①	③
11	12	13	14	15	16	17	18	19	20
④	④	①	⑤	①	①	③	③	①	⑤
21	22	23	24	25	26	27	28	29	30
③	④	②	④	④	③	④	④	③	④

01
정답 ①

'늦잠을 잠 : p', '부지런함 : q', '건강함 : r', '비타민을 챙겨먹음 : s'라 하면, 각각 '$\sim p \to q$', '$p \to \sim r$', '$s \to r$'이다. 어떤 명제가 참이면 그 대우도 참이므로, 첫 번째·세 번째 명제와 두 번째 명제의 대우를 연결하면 '$s \to r \to \sim p \to q$'가 된다. 따라서 '$s \to q$'는 참이다.

오답분석

② $s \to q$의 역이며, 참인 명제의 역은 참일 수도, 거짓일 수도 있다.
③ $p \to s$이므로 참인지 거짓인지 알 수 없다.
④ $\sim p \to q$의 역이며, 참인 명제의 역은 참일 수도, 거짓일 수도 있다.
⑤ $r \to q$의 역이며, 참인 명제의 역은 참일 수도, 거짓일 수도 있다.

02
정답 ④

만약 A가 진실이라면 동일하게 A가 사원이라고 말한 C도 진실이 되어 진실을 말한 사람이 2명이 되므로, A와 C는 모두 거짓이다.
또한, E가 진실이라면 B가 사원이므로 A의 'D는 사원보다 직급이 높아.'도 진실이 되어 역시 진실을 말한 사람이 2명이 되기 때문에 E도 거짓이다. 따라서 B와 D 중 한 명이 진실이다.
만약 B가 진실이라면 E는 차장이고, B는 차장보다 낮은 3개 직급 중 하나인데, C가 거짓이므로 A가 과장이고, E가 거짓이기 때문에 B는 사원이 아니므로 B는 대리가 되고, A가 거짓이므로 D는 사원이다. 그러면 남은 부장 자리가 C여야 하는데, E가 거짓이므로 C는 부장이 될 수 없어 모순이 된다. 따라서 B는 거짓이고, D가 진실이 된다.
D가 진실인 경우 E는 부장이고, A는 과장이며, A는 거짓이므로 D는 사원이다. B가 거짓이므로 B는 차장보다 낮은 직급이 아니므로 차장, C는 대리가 된다.
따라서 진실을 말한 사람은 D이다.

03
정답 ②

첫 번째와 두 번째 문장을 통해, '어떤 안경은 유리로 되어 있다.'는 결론을 도출할 수 있다. 따라서 유리로 되어 있는 것 중 안경이 있다고 할 수 있다.

04
정답 ①

착한 사람 → 거짓말을 하지 않음 → 모두가 좋아함, 성실한 사람 → 모두가 좋아함

05
정답 ①

어떤 학생 → 음악을 즐김 → 나무 → 악기

06
정답 ⑤

참인 명제는 그 대우 명제도 참이므로 두 번째 가정의 대우 명제인 '배를 좋아하지 않으면 귤을 좋아하지 않는다.' 역시 참이다. 이를 첫 번째, 세 번째 명제를 통해 '사과를 좋아함 → 배를 좋아하지 않음 → 귤을 좋아하지 않음 → 오이를 좋아함'이 성립한다. 따라서 '사과를 좋아하면 오이를 좋아한다.'가 성립한다.

07
정답 ③

진수는 르세라핌을 좋아하고, 르세라핌을 좋아하는 사람은 뉴진스를 좋아한다. 따라서 진수는 뉴진스를 좋아한다.

08
정답 ③

제시문에 따르면 정래, 혜미>윤호>경철 순이며, 정래와 혜미 중 누가 더 바둑을 잘 두는지는 알 수 없다.

09
정답 ①

연쇄 삼단논법이다. 어떤 ♣ → 산을 좋아함 → 여행 → 자유

10

조건에 따르면 부피가 큰 상자 순서대로 초록 상자>노란 상자=빨간 상자>파란 상자이다.

11

정답 ④

'어떤'은 관련되는 대상이 특별히 제한되지 아니할 때 쓰는 말이다. 즉, 선생님은 예외 없이 공부를 좋아하기 때문에, '모든'을 '어떤'으로 바꿔도 올바른 진술이 된다.

12

정답 ④

문제에서 주어진 명제를 정리하면 다음과 같다.
• p : 인디 음악을 좋아하는 사람
• q : 독립영화를 좋아하는 사람
• r : 클래식을 좋아하는 사람
• s : 재즈 밴드를 좋아하는 사람
$p \rightarrow q$, $r \rightarrow s$, $\sim q \rightarrow \sim s$ 이다. $\sim q \rightarrow \sim s$ 명제의 대우는 $s \rightarrow q$이므로, $r \rightarrow s \rightarrow q$이다. 즉, $r \rightarrow q$이다.
따라서 '클래식을 좋아하는 사람은 독립영화를 좋아한다.'를 유추할 수 있다.

13

정답 ①

문제에서 주어진 명제를 정리하면 다음과 같다.
은지>정주, 정주>경순, 민경>은지의 순서이므로 '민경>은지>정주>경순'이다. 따라서 경순이가 가장 느리다.

14

정답 ⑤

'어떤'과 '모든'이 나오는 명제는 벤다이어그램으로 정리하면 편리하다. 주어진 명제를 정리하면 다음과 같다.

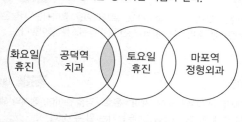

위의 벤다이어그램을 통해 '공덕역 부근의 어떤 치과는 토요일 화요일 모두 휴진이다.'를 추론할 수 있다.

오답분석
① 마포역 부근의 어떤 정형외과는 토요일이 휴진이다.
② 주어진 조건만으로는 알 수 없다.
③ 마포역 부근의 어떤 정형외과가 화요일도 휴진인지는 알 수 없다.
④ 공덕역 부근의 어떤 치과는 토요일이 휴진이기 때문에 거짓이다.

15

정답 ①

'커피를 마신다'를 A, '치즈케이크를 먹는다'를 B, '마카롱을 먹는다'를 C, '요거트를 먹는다'를 D, '초코케이크를 먹는다'를 E, '아이스크림을 먹는다'를 F라고 하면, 'C → ~D → A → B → ~E → F'가 성립한다.

16

정답 ①

오른쪽 끝자리에는 30대 남성이, 왼쪽에서 두 번째 자리에는 40대 남성이 앉으므로 네 번째 조건에 따라 30대 여성은 왼쪽에서 네 번째 자리에 앉아야 한다. 이때, 40대 여성은 왼쪽에서 첫 번째 자리에 앉아야 하므로 남은 자리에 20대 남녀가 앉을 수 있다.
ⅰ) 경우1

40대 여성	40대 남성	20대 여성	30대 여성	20대 남성	30대 남성

ⅱ) 경우2

40대 여성	40대 남성	20대 남성	30대 여성	20대 여성	30대 남성

따라서 항상 옳은 것은 ①이다.

17

정답 ③

세 번째 조건에 따라 D는 여섯 명 중 두 번째로 키가 크므로 1팀에 배치되는 것을 알 수 있다. 또한 두 번째 조건에 따라 B는 2팀에 배치되므로 한 팀에 배치되어야 하는 E와 F는 아무도 배치되지 않은 3팀에 배치되는 것을 알 수 있다. 마지막으로 네 번째 조건에 따라 B보다 키가 큰 A는 2팀에 배치되므로 결국 A, B, C, D, E, F는 다음과 같이 배치된다.

1팀	2팀	3팀
C>D	A>B	E, F

따라서 키가 가장 큰 사람은 C이다.

18

정답 ③

먼저 세 번째 ~ 여섯 번째 조건을 기호화하면 다음과 같다.
• A or B → D, A and B → D
• C → ~E and ~F
• D → G
• G → E
세 번째 조건의 대우 ~D → ~A and ~B에 따라 D사원이 출장을 가지 않으면 A사원과 B사원 모두 출장을 가지 않는 것을 알 수 있다. 결국 D사원이 출장을 가지 않으면 C사원과 대리인 E, F, G대리가 모두 출장을 가야 한다. 그러나 이는 대리 중 적어도 한 사람은 출장을 가지 않는다는 두 번째 조건과 모순되므로 성립하지 않는다. 따라서 D사원은 반드시 출장을 가야 한다. D사원이 출장을 가면 다섯 번째, 여섯 번째 조건을 통해 D → G → E가 성립하므로 G대리와 E대리도 출장을 가는 것을 알 수 있다. 이때, 네 번째 조건의 대우에 따라 E대리와 F대리 중 적어도 한 사람이 출장을 가면 C사원은 출장을 갈 수 없으며, 두 번째 조건에 따라 E, F, G대리는 모두 함께 출장을 갈 수 없다. 결국 D사원, G대리, E대리와 함께 출장을 갈 수 있는 사람은 A사원 또는 B사원이다.
따라서 항상 참이 되는 것은 'C사원은 출장을 가지 않는다.'의 ③이다.

19 　　　정답 ①

A고등학교 학생은 봉사활동을 해야 졸업한다. 즉, A고등학교 졸업생 중에는 봉사활동을 하지 않은 학생이 없다.

20 　　　정답 ⑤

첫 번째와 네 번째 조건에서 여학생 X와 남학생 B가 동점이 아니므로, 여학생 X와 남학생 C가 동점이다. 세 번째 조건에서 여학생 Z와 남학생 A가 동점임을 알 수 있고, 두 번째 조건에서 여학생 Y와 남학생 B가 동점임을 알 수 있다. 남은 남학생 D는 당연히 여학생 W와 동점임을 알 수 있다.

21 　　　정답 ③

가장 큰 B종 공룡보다 A종 공룡은 모두 크다. 일부의 C종 공룡은 가장 큰 B종 공룡보다 작다. 따라서 일부의 C종 공룡은 A종 공룡보다 작다.

22 　　　정답 ④

C사원과 E사원의 근무 연수를 정확히 알 수 없으므로 근무 연수가 높은 순서대로 나열하면 'B − A − C − E − D' 또는 'B − A − E − C − D'가 된다. 따라서 근무 연수가 가장 높은 B사원의 경우 주어진 조건에 따라 최대 근무 연수인 4년 차에 해당한다.

23 　　　정답 ②

주어진 조건에 따라 머리가 긴 순서대로 나열하면 '슬기 − 민경 − 경애 − 정서 − 수영'이 된다. 따라서 슬기의 머리가 가장 긴 것을 알 수 있으며, 경애가 단발머리인지는 주어진 조건만으로 알 수 없다.

24 　　　정답 ④

• 이번 주 − 워크숍 : 지훈
• 다음 주 − 체육대회 : 지훈, 영훈 / 창립기념일 행사 : 영훈
따라서 다음 주 체육대회에 지훈이와 영훈이가 참가하는 것을 알 수 있으며, 제시된 사실만으로는 다음 주 진행되는 체육대회와 창립기념일 행사의 순서를 알 수 없다.

25 　　　정답 ④

먼저 개화하는 순으로 나열하면 '나팔꽃 − 봉숭아꽃 − 장미꽃'으로 나팔꽃이 장미꽃보다 먼저 피는 것을 알 수 있다.

26 　　　정답 ③

현수>주현, 수현>주현으로 주현이 가장 늦게 일어남을 알 수 있으며, 제시된 사실만으로는 현수와 수현의 기상 순서를 서로 비교할 수 없다.

27 　　　정답 ④

지후의 키는 178cm, 시후의 키는 181cm, 재호의 키는 176cm로, 키가 큰 순서대로 나열하면 '시후 − 지후 − 재호'의 순이다.

28 　　　정답 ④

바나나>방울토마토, 바나나>사과> 딸기로 바나나의 열량이 가장 높은 것을 알 수 있으나, 제시된 사실만으로는 방울토마토와 딸기의 열량을 비교할 수 없으므로 가장 낮은 열량의 과일은 알 수 없다.

29 　　　정답 ③

깜둥이>바둑이>점박이, 얼룩이로 바둑이는 네 형제 중 둘째임을 알 수 있으며, 제시된 사실만으로는 점박이와 얼룩이의 출생 순서를 알 수 없다.

30 　　　정답 ④

주어진 사실에 따라 수진, 지은, 혜진, 정은의 수면 시간을 정리하면 다음과 같다.
• 수진 : 22:00 ~ 07:00 → 9시간
• 지은 : 22:30 ~ 06:50 → 8시간 20분
• 혜진 : 21:00 ~ 05:00 → 8시간
• 정은 : 22:10 ~ 05:30 → 7시간 20분
따라서 수진이의 수면 시간이 가장 긴 것을 알 수 있다.

01	02	03	04	05	06	07	08	09	10	11	12	13	14	15	16	17	18	19	20
①	①	②	②	③	④	④	⑤	⑤	⑤	①	②	⑤	④	③	⑤	③	④	③	①
21	22	23	24	25	26	27	28	29	30	31	32	33	34	35	36	37	38	39	40
③	④	②	①	⑤	④	④	①	③	③	①	②	③	②	②	③	②	①	①	④

01

정답 ①

홀수 항은 4씩 더하고, 짝수 항은 3씩 더하는 수열이다.
따라서 빈칸에 들어갈 알맞은 수는 6+3=9이다.

02

정답 ①

7의 배수가 첫 항부터 차례대로 더해지는 수열이다.
따라서 빈칸에 들어갈 알맞은 수는 24+(7×3)=45이다.

03

정답 ②

×(−5), ×2+1이 반복되고 있다.
따라서 빈칸에 들어갈 알맞은 수는 20×2+1=41이다.

04

정답 ②

홀수 항은 ÷2, 짝수 항은 ×2의 규칙을 가지고 있다.
따라서 빈칸에 들어갈 알맞은 수는 13.5÷2=6.75이다.

05

정답 ③

홀수 항은 +4, 짝수 항은 +3의 수열로 빈칸은 짝수 항에 해당한다.
따라서 빈칸에 들어갈 알맞은 수는 23+3=26이다.

06

정답 ④

÷5의 규칙을 가지고 있다.
따라서 빈칸에 들어갈 알맞은 수는 25÷5=50이다.

07

5의 제곱수(5^0, 5^1, 5^2, 5^3, 5^4, $5^5 \cdots$)를 계속 더한 값의 나열이다.
따라서 빈칸에 들어갈 알맞은 수는 $38+5^3=38+125=163$이다.

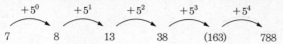

$$\begin{array}{cccccc} +5^0 & +5^1 & +5^2 & +5^3 & +5^4 \\ 7 & 8 & 13 & 38 & (163) & 788 \end{array}$$

08

'앞항$-$(앞항 각 자리 숫자를 더한 값)$=$뒤항'의 규칙이 적용된다.
따라서 빈칸에 들어갈 알맞은 수는 $36-(3+6)=27$이 된다.

09

각 항을 네 개씩 묶고 A, B, C, D라고 하면 다음과 같은 규칙이 성립한다.
$$A\ B\ C\ D \rightarrow \frac{A \times C}{B} = D$$
따라서 빈칸에 들어갈 알맞은 수는 $75 \times 5 \div 15 = 25$이다.

10

'앞항$+$(앞항 각 자리 숫자를 더한 값)$=$뒤항'의 규칙이 적용된다.
따라서 빈칸에 들어갈 알맞은 수는 $115+(1+1+5)=122$가 된다.

11

'앞항$-$(12의 배수)$=$뒤항'의 규칙이 적용된다. 따라서 빈칸은 $306-12 \times 5=246$가 들어간다.

$$\begin{array}{cccccc} -12 & -24 & -36 & -48 & -60 \\ 426 & 414 & 390 & 354 & 306 & (246) \end{array}$$

12

계차수열은 인접하는 항의 차로 이루어진 수열이다. 항 사이의 차이를 나열해 보면 6, 11, 21, 36이다. 이 수 사이의 규칙을 찾으면 앞항에 5의 배수를 더한 것이 뒤항이다. 따라서 빈칸은 87에 $36+(5 \times 4)=56$을 더한 값으로 $87+56=143$이 답이 된다.

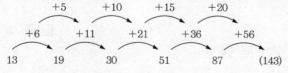

$$\begin{array}{cccccc} & +5 & +10 & +15 & +20 \\ +6 & +11 & +21 & +36 & +56 \\ 13 & 19 & 30 & 51 & 87 & (143) \end{array}$$

13

어떤 수열의 항과 그 다음 항의 차를 계차라고 하며, 이 계차들이 일정한 규칙으로 이루어진 수열을 계차수열이라고 한다. 이를 이용하여 수열에서 인접해 있는 두 수의 차이(계차)를 차례로 나열해 보면 4, 11, 18, 25로 계차들의 규칙은 $+7$임을 알 수 있다. 따라서 59와 빈칸의 계차는 $25+7=32$이며, 빈칸에 들어갈 알맞은 수는 $59+32=91$이 된다.

CHAPTER 03 수열추리 · **11**

14

앞의 항에 32, 16, 8, 4, 2, 1, …을 더하는 수열이다.
따라서 빈칸에 들어갈 알맞은 수는 72+1=73이다.

15

앞의 항에 $-(2\times3^0)$, $-(2\times3^1)$, $-(2\times3^2)$, $-(2\times3^3)$, $-(2\times3^4)$, …을 하는 수열이다.
따라서 빈칸에 들어갈 알맞은 수는 $-6-(2\times3^2)=-6-18=-24$이다.

16

앞의 항에 ×2, +7, −5가 반복되는 수열이다.
따라서 빈칸에 들어갈 알맞은 수는 14×2=28이다.

17

홀수 항은 −13, 짝수 항은 ÷3의 규칙을 가지고 있다.
따라서 빈칸에 들어갈 알맞은 수는 홀수 항이므로 80−13=67이다.

18

홀수 항은 +5, 짝수 항은 ×(−2)의 규칙을 가지고 있다.
따라서 빈칸에 들어갈 알맞은 수는 짝수 항이므로 12+(−2)=−24이다.

19

홀수 항은 1, 3, 5 …씩 더하는 규칙을, 짝수 항은 3, 5, 7 …씩 더하는 규칙을 가지고 있다.
따라서 빈칸에 들어갈 알맞은 수는 짝수 항이므로 4+5=9이다.

20

홀수 항은 −10, −9, −8, −7 …씩 더하는 규칙을, 짝수 항은 +2씩 더하는 규칙을 가지고 있다.
따라서 빈칸에 들어갈 알맞은 수는 홀수 항이므로 3−7=−4이다.

21

첫 번째, 두 번째, 세 번째 수를 기준으로 3칸씩 이동하며 이루어지는 수열이다.
ⅰ) 1 2 4 8 → 2씩 곱하는 규칙
ⅱ) 5 4 ( ) 2 → 1씩 빼는 규칙
ⅲ) 3 9 27 81 → 3씩 곱하는 규칙
따라서 빈칸에 들어갈 알맞은 수는 4−1=3이다.

22

×1+2, ×2+3, ×3+4, ×4+5, ×5+6, …씩 변화하고 있다.
따라서 빈칸에 들어갈 알맞은 수는 109×4+5=441이다.

23

정답 ②

×1−2, ×2−3, ×3−4, ×4−5, ×5−6, …씩 변화하고 있다.
따라서 빈칸에 들어갈 알맞은 수는 (−1)×3−4=−7이다.

24

정답 ①

홀수 항은 (앞의 항+5)×2, 짝수 항은 ×2+1의 규칙을 가지고 있다.
따라서 빈칸에 들어갈 알맞은 수는 짝수 항이므로 17×2+1=35이다.

25

정답 ⑤

홀수 항은 +6, 짝수 항은 −2씩 더한다.
따라서 빈칸에 들어갈 알맞은 수는 홀수 항이므로 13+6=19이다.

26

정답 ④

$+5\times2^0$, $+5\times2^1$, $+5\times2^2$, $+5\times2^3$, $+5\times2^4$, $+5\times2^5$, …씩 더해지고 있다.
따라서 빈칸에 들어갈 알맞은 수는 $-115+5\times2^3=-75$이다.

27

정답 ④

첫 번째, 두 번째, 세 번째 수를 기준으로 세 칸 간격으로 각각 ×3, ×5, ×4의 규칙을 가지고 있다.
ⅰ) 3   9   27 … ×3
ⅱ) 5   25   (   ) … ×5
ⅲ) 4   16   64 … ×4
따라서 빈칸에 들어갈 알맞은 수는 25×5=125이다.

28

정답 ①

홀수 항은 +10, 짝수 항은 ÷6의 규칙을 가지고 있다.
따라서 빈칸에 들어갈 알맞은 수는 짝수 항이므로 36÷6=6이다.

29

정답 ③

×6과 ÷3이 반복되고 있다.
따라서 빈칸에 들어갈 알맞은 수는 9×6=54이다.

30

정답 ③

−6과 ×4가 반복되고 있다.
따라서 빈칸에 들어갈 알맞은 수는 −18×4=−72이다.

31

정답 ①

제3항부터 다음과 같은 규칙을 가지고 있다.
$(n-2)$항$+(n-1)$항$-1=(n)$항, $n\geq3$
따라서 빈칸에 들어갈 알맞은 수는 30이다.

32

정답 ②

제3항부터 다음과 같은 규칙을 가지고 있다.
$(n-2)$항$+(n-1)$항$+2=(n)$항, $n \geq 3$
따라서 빈칸에 들어갈 알맞은 수는 -15이다.

33

정답 ③

제3항부터 다음과 같은 규칙을 가지고 있다.
$\{(n-2)$항$\}^2-(n-1)$항$=(n)$항, $n \geq 3$
따라서 빈칸에 들어갈 알맞은 수는 20이다.

34

정답 ②

제3항부터 다음과 같은 규칙을 가지고 있다.
$(n-2)$항$-(n-1)$항$-11=(n)$항, $n \geq 3$
따라서 빈칸에 들어갈 알맞은 수는 $37-(-85)-11=111$이다.

35

정답 ②

제3항부터 다음과 같은 규칙을 가지고 있다.
$(n-2)$항$+(n-1)$항$-2=(n)$항, $n \geq 3$
따라서 빈칸에 들어갈 알맞은 수는 $22+33-2=53$이다.

36

정답 ③

'앞의 항$+$뒤의 항$=$다음 항'이다.
따라서 빈칸에 들어갈 알맞은 수는 $-3+(-5)=-8$이다.

37

정답 ②

'앞의 항$\times$뒤의 항$=$다음 항'이다.
따라서 빈칸에 들어갈 알맞은 수는 $3\times5=15$이다.

38

정답 ①

홀수 항은 $+1$, 짝수 항은 $+2$이다.
따라서 빈칸에 들어갈 알맞은 수는 짝수 항이므로 $-6+2=-4$이다.

39

정답 ①

n을 자연수라고 하면, n항은 $\dfrac{n\times6}{n+7}$ 의 규칙을 갖는 수열이다.

따라서 빈칸에 들어갈 알맞은 수는 $n=4$, $\dfrac{4\times6}{4+7}=\dfrac{24}{11}$ 이다.

40

정답 ④

앞의 항에 $2^2/2$, $3^2/2$, $4^2/2$, $5^2/2$, …을 더하는 수열이다.
따라서 빈칸에 들어갈 알맞은 수는 $44+7^2/2=68.5$이다.

01	02	03	04	05	06	07	08	09	10	11	12	13	14	15	16	17	18	19	20
③	③	③	①	③	④	③	①	②	②	④	①	②	②	③	⑤	④	⑤	⑤	②

21	22	23	24																
②	③	④	③																

01
정답 ③

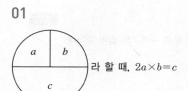 라 할 때, $2a \times b = c$

따라서 빈칸에 들어갈 알맞은 수는 $2 \times 5 \times 6 = 60$이다.

02
정답 ③

각 열마다 다음과 같은 규칙이 성립한다.
(첫 번째 행)×(두 번째 행)+1=(세 번째 행)
따라서 빈칸에 들어갈 알맞은 수는 $7 \times 3 + 1 = 22$이다.

03
정답 ③

각 열마다 다음과 같은 규칙이 성립한다.
{(1행)+(2행)}÷(3행)=(4행)
따라서 빈칸에 들어갈 알맞은 수는 $18 \div 6 = 3$이다.

04
정답 ①

위 칸의 연속된 세 수를 더한 것이 아래 칸 가운데 수가 된다.
따라서 빈칸에 들어갈 알맞은 수는 $2+8+5=15$이다.

05
정답 ③

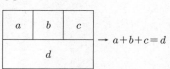 → $a+b+c=d$

따라서 빈칸에 들어갈 알맞은 수는 $8+11+(-6)=13$이다.

06

각 행은 인접한 두 수의 차이가 일정한 수열이다.

1행 : 1 → 3 → 5 → 7
　　　　+2　　+2　　+2

2행 : 11 → 15 → 19 → 23
　　　　+4　　+4　　+4

3행 : 30 → 35 → 40 → 45
　　　　+5　　+5　　+5

4행 : 62−74=−12이므로 앞의 항에 12씩 빼는 수열임을 알 수 있다.

　　98 → (86) → 74 → 62
　　　　−12　　−12　　−12

따라서 빈칸에 들어갈 알맞은 수는 98−12=86이다.

07

세 번째 행의 수는 첫 번째 행의 수에 2를 곱한 것이고, 네 번째 행의 수는 두 번째 행의 수에 2를 곱한 것이다.
따라서 빈칸에 들어갈 알맞은 수는 $3 \times 2 = 6$이다.

08

각 변에 있는 수의 합은 18로 일정하다.
$7 + 4 + (\ \ ) + 5 = 18$
따라서 빈칸에 들어갈 알맞은 수는 $18 − 16 = 2$이다.

09

아래 방향은 +7, 왼쪽 방향은 −4의 규칙을 가지고 있다.
따라서 빈칸에 들어갈 알맞은 수는 $11 − 4 = 7$이다.

10

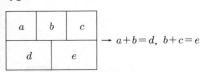 → $a + b = d$, $b + c = e$

따라서 빈칸에 들어갈 알맞은 수는 $25 + 21 = 46$이다.

11

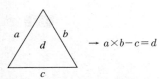 → $a \times b − c = d$

따라서 빈칸에 들어갈 알맞은 수는 $12 \times 4 − 28 = 20$이다.

12

정답 ①

각 열마다 다음과 같은 규칙이 적용된다.
(첫 번째 항)×(두 번째 항)=(세 번째 항)
따라서 빈칸에 들어갈 알맞은 수는 $14 \div 7 = 2$이다.

13

정답 ②

가로 또는 세로의 네 숫자를 더하면 20이 된다.
따라서 빈칸에 들어갈 알맞은 수는 $20 - (11 - 8 + 5) = 12$이다.

14

정답 ②

각 행마다 다음과 같은 규칙이 성립한다.
$$\frac{(첫 번째 항) + (세 번째 항)}{2} = (두 번째 항)$$
따라서 빈칸에 들어갈 알맞은 수는 $4 \times 2 - 10 = -2$이다.

15

정답 ③

첫 번째 행의 각 수는 (양 대각선 아래로 있는 두 수의 합)−1이다.
따라서 빈칸에 들어갈 알맞은 수는 $-2 + 1 + 3 = 2$이다.

16

정답 ⑤

각 굵은 테두리 안 숫자의 평균은 모두 10으로 같다.
따라서 빈칸에 들어갈 알맞은 수는 $60 - (25 + 20 + 12 - 4 + 13) = -6$이다.

17

정답 ④

각 열마다 다음과 같은 규칙이 성립한다.
$(첫 번째 항)^2 + (두 번째 항)^2 = (세 번째 항)$
따라서 빈칸에 들어갈 알맞은 수는 $6^2 + 3^2 = 45$이다.

18

정답 ⑤

각 열(세로)에 대해 +24의 규칙을 가지고 있다.
따라서 빈칸에 들어갈 알맞은 수는 $27 + 24 = 51$이다.

19

정답 ⑤

2열에 대해서 다음과 같은 규칙이 성립한다.
(바로 위의 수)+(왼쪽의 수)=(해당 칸의 수)
따라서 빈칸에 들어갈 알맞은 수는 $16 + 10 = 26$이다.

20

정답 ②

굵은 선으로 이루어진 도형 안의 숫자의 합이 22로 같다.
따라서 빈칸에 들어갈 알맞은 수는 $22-22+9+8=17$이다.

21

정답 ②

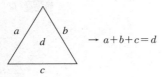 $\rightarrow a+b+c=d$

$2+(\quad)+5=13$
따라서 빈칸에 들어갈 알맞은 수는 $13-5-2=6$이다.

22

정답 ③

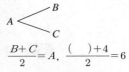

$\dfrac{B+C}{2}=A$, $\dfrac{(\quad)+4}{2}=6$

따라서 빈칸에 들어갈 알맞은 수는 $12-4=8$이다.

23

정답 ④

각 열의 숫자는 피보나치 수열을 따른다. 이때, 빈칸의 수를 A라 하면
• 1열 : 1, 4, 1+4=5, 4+5=9
• 2열 : 2, 3, 2+3=5, 3+5=8
• 3열 : 3, 3, 3+3=A , 3+A=9
• 4열 : 2, 2, 2+2=4, 2+4=6
따라서 빈칸에 들어갈 알맞은 수는 3+3=6이다.

24

정답 ③

아래로 연결된 두 작은 원을 A, B 위에 있는 큰 원을 C라 하면, $A^B-A=C$이다.
$1^5-1=0$, $2^3-2=6$, $3^4-3=78$
따라서 빈칸에 들어갈 알맞은 수는 $4^4-4=252$이다.

01	02	03	04	05	06	07	08	09	10	11	12	13	14	15	16	17	18	19	20
②	⑤	⑤	③	①	④	②	⑤	①	①	④	⑤	③	③	⑤	⑤	②	②	②	④

01

정답 ②

도형을 좌우 반전하면 ▨, 이를 180° 회전하면 ▨이 된다.

02

정답 ⑤

도형을 시계 방향으로 90° 회전하면 ▨, 이를 거울에 비추면 ▨이 된다.

03

정답 ⑤

도형을 상하 반전하면 ▨, 이를 시계 반대 방향으로 270° 회전하면 ▨이 된다.

04

정답 ③

도형을 좌우 반전하면 ❀, 이를 시계 방향으로 90° 회전하면 ❀이 된다.

05

정답 ①

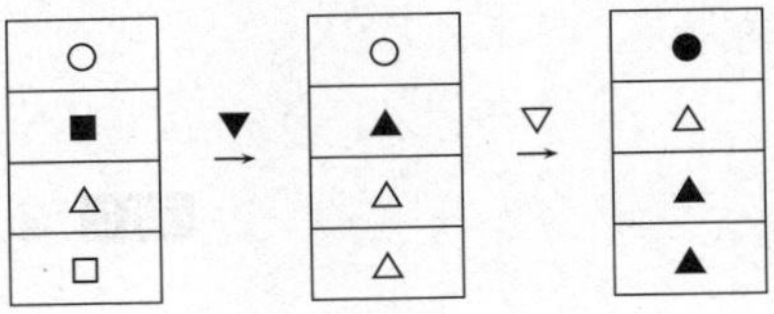

○
■
△
□

▼ →

○
▲
△
△

▽ →

●
△
▲
▲

06

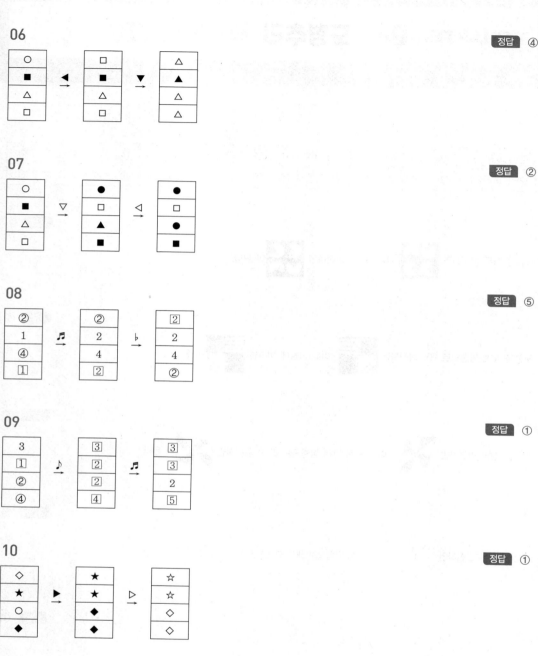

07

08

09

10

11

12

정답 ⑤

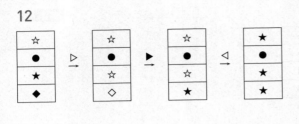

13

정답 ③

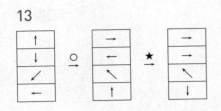

14

정답 ③

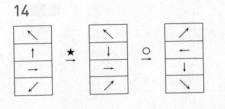

15

정답 ⑤

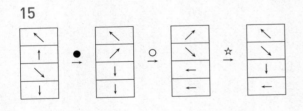

16

정답 ⑤

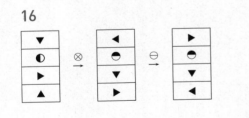

17

정답 ②

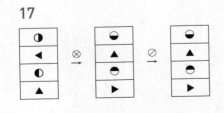

18

정답 ②

 ⊕ ⊗ ⊖

19

정답 ②

 가→ 다→

301
428
819
723

301
628
918
723

310
628
918
723

20

정답 ④

 라→ 가→

129
986
854
665

129
966
854
865

129
869
854
865

01	02	03	04	05	06	07	08	09	10	11	12	13	14	15	16	17	18		
①	③	②	②	④	①	①	④	②	③	①	②	⑤	④	②	②	④	①		

01

정답 ①

네 번째 결과에 따라 K팀장은 토마토 파스타, S대리는 크림 리소토를 주문한다. 이때, A과장은 다섯 번째 결과에 따라 토마토 리소토나 크림 리소토를 주문할 수 있는데, 만약 A과장이 토마토 리소토를 주문한다면, 두 번째 결과에 따라 M대리는 토마토 파스타를 주문해야 하고, 사원들은 둘 다 크림소스가 들어간 메뉴를 주문할 수밖에 없으므로 결과와 모순이 된다. 따라서 A과장은 크림 리소토를 주문했다. 다음으로 사원 2명 중 1명은 크림 파스타, 다른 한 명은 토마토 파스타나 토마토 리소토를 주문해야 하는데, H사원이 파스타면을 싫어하므로 J사원이 크림 파스타, H사원이 토마토 리소토, M대리가 토마토 파스타를 주문했다. 다음으로 일곱 번째 결과에 따라 J사원이 사이다를 주문하였고, H사원은 J사원과 다른 음료를 주문해야하지만 여덟 번째 결과에 따라 주스를 함께 주문하지 않으므로 콜라를 주문했다. 또한 여덟 번째 결과에 따라 주스를 주문한 사람은 모두 크림소스가 들어간 메뉴를 주문한 사람이어야 하므로 S대리와 A과장이 주스를 주문했다. 마지막으로 여섯 번째 결과에 따라 M대리는 사이다를 주문하고, K팀장은 콜라를 주문했다. 이를 표로 정리하면 다음과 같다.

구분	K팀장	A과장	S대리	M대리	H사원	J사원
토마토 파스타	○			○		
토마토 리소토					○	
크림 파스타						○
크림 리소토		○	○			
콜라	○				○	
사이다				○		○
주스		○	○			

따라서 사원들 중 주스를 주문한 사람은 없다.

02

정답 ③

01번의 결과로부터 S대리와 A과장은 모두 주스와 크림 리소토를 주문했다는 것을 알 수 있다.

03

정답 ②

두 번째, 다섯 번째 조건과 여덟 번째 조건에 따라 회계직인 D는 미국 서부의 해외사업본부로 배치된다.

04

정답 ②

주어진 자료에 따르면 가능한 경우는 총 2가지로 다음과 같다.

구분	인도네시아	미국 서부	미국 남부	칠레	노르웨이
경우 1	B	D	A	C	E
경우 2	C	D	B	A	E

㉠ 경우 2로 B는 미국 남부에 배치된다.
㉢ 경우 1, 2 모두 노르웨이에는 항상 회계직인 E가 배치된다.

ⓛ 경우 1로 C는 칠레에 배치된다.
ⓒ 경우 2일 때, A는 미국 남부에 배치된다.

05

제시된 조건에 따르면 ⅡⅡ = ⅢⅢⅢ = ⅤⅤⅤⅤ = ⅡⅤⅤ이므로 ?에 들어갈 도형은 ④이다.

06

제시된 조건에 따르면 Ⅱ = ⅢⅢ = ⅠⅠⅠⅠ = ⅢⅠⅠ이므로 ?에 들어갈 도형은 ①이다.

07

제시된 조건에 따르면 ▣◖ = ▣▣ = ◖◖ = ◖◖◖◖이므로 ?에 들어갈 도형은 ①이다.

08

제시된 조건에 따르면 ∀ = ◖◖ = ◖◖◖◖이므로 ?에 들어갈 도형은 ④이다.

09

제시된 조건에 따르면 ● = ◓◓ = ▢▢이므로 ?에 들어갈 도형은 ②이다.

10

제시된 조건에 따르면 ● = ◓◓ = ◇이므로 ?에 들어갈 도형은 ③이다.

[11~13]

W□/Q○는 가로축이 □까지, 세로축이 ○까지 있음을 나타낸다. B, H, S는 도형의 모양을 의미한다. 즉, B는 사각형, H는 원, S는 육각형이다. (　　　) 안의 숫자는 도형의 위치를 나타낸다. 즉, (3, 6)은 가로축 3과 세로축 6이 만나는 위치이다. 또한, 쌍점(:) 뒤에 위치한 문자와 숫자는 도형의 색상과 크기를 알려준다. 즉 C는 도형의 안쪽이 흰색, A는 도형의 안쪽이 회색이다. 그리고 1은 도형이 가장 작은 형태, 2는 중간 형태, 3은 가장 큰 형태이다.

11

W4/Q4는 가로축이 4까지, 세로축이 4까지 있음을 나타낸다. 그러나 산출된 그래프에서는 세로축이 5까지 나타나 있다.

12

• 가로축이 3까지, 세로축이 3까지 있다. → W3/Q3
• 육각형은 가로축 2와 세로축 1이 만나는 위치에 있고, 도형의 색상은 흰색이다. 크기는 중간 형태이다. → S(2, 1):C2
• 원은 가로축 1과 세로축 3이 만나는 위치에 있고, 도형의 색상은 회색이다. 크기는 가장 큰 형태이다. → H(1, 3):A3
• 사각형은 가로축 3과 세로축 2가 만나는 위치에 있고, 도형의 색상은 흰색이다. 크기는 가장 작은 형태이다. → B(3, 2):C1

13

정답 ⑤

- 가로축이 4까지, 세로축이 4까지 있다. → W4/Q4
- 육각형은 가로축 4와 세로축 3이 만나는 위치에 있고, 도형의 색상은 흰색이다. 크기는 가장 큰 형태이다. → S(4, 3):C3
- 원은 가로축 1과 세로축 2가 만나는 위치에 있고, 도형의 색상은 회색이다. 크기는 가장 작은 형태이다. → H(1, 2):A1
- 사각형은 가로축 1과 세로축 1이 만나는 위치에 있고, 도형의 색상은 회색이다. 크기는 가장 작은 형태이다. → B(1, 1):A1

[14~15]

X□/Y○는 가로축이 □까지, 세로축이 ○까지 있음을 나타낸다. 괄호 앞의 각 문자는 도형의 모양을 의미한다. 즉, B는 사각형, H는 삼각형, S는 별표이다. 괄호 안의 숫자는 도형의 위치를 나타낸다. 즉, (5, 1)은 가로축 5와 세로축 1이 만나는 위치이다. 쌍점(:) 뒤에 위치한 문자와 숫자는 도형의 명암과 크기를 알려준다. 즉, A는 도형의 안쪽이 회색, C는 도형의 안쪽이 흰색이다. 그리고 1은 도형이 가장 작은 형태, 2는 중간 형태, 3은 가장 큰 형태이다.

14

정답 ④

- 가로축이 5, 세로축이 4까지 있다. → X5/Y4
- 사각형은 가로축 5와 세로축 1이 만나는 위치이고 도형의 안쪽이 회색이다. 또한 크기가 가장 큰 형태이다. → B(5, 1):A3
- 삼각형은 가로축 1과 세로축 4가 만나는 위치이고 도형의 안쪽이 회색이다. 또한 크기가 가장 작은 형태이다. → H(1, 4):A1
- 별표는 가로축 2와 세로축 1이 만나는 위치이고, 도형의 안쪽이 흰색이다. 또한 크기가 중간 형태이다. → S(2, 1):C2
∴ X5/Y4 ⇒ B(5, 1):A3 / H(1, 4):A1 / S(2, 1):C2

15

정답 ②

사각형은 가로축 4와 세로축 3이 만나는 위치에 있어 B(4, 3)으로 표현해야 한다. 또한 도형의 안쪽이 흰색이고, 크기가 중간 형태이므로 C2로 표현해야 한다.
따라서 오류가 없으려면 B(4, 3):C2로 입력하여야 한다.

16

정답 ②

전날 대비 불량률의 변화량을 비교하기 위해서는 전날 불량률을 직접 구하여 차이를 알아내야 하는데, 자료에서 매일 생산 개수가 같으므로 개수 변화량을 비교해서 구할 수 있다. 전날 대비 불량품 개수 변화량을 나타내면 다음과 같다.

일(15)	월(16)	화(17)	수(18)	목(19)	금(20)	토(21)
	11−6= 5개 증가	15−11= 4개 증가	40−15= 25개 증가	11−40= (−)29개 감소	15−11= 4개 증가	

가장 변화량이 큰 요일은 목요일로 전날 불량률은 $\frac{40}{10,000} \times 100 = 0.4\%$이며, PSD 수치는 Parallel Mode가 적용된다. 또한 기준치는 Extra 계기판의 수치가 20 이상이므로 세 계기판의 표준수치 합의 $\frac{1}{2}$로 삼는다.

- PSD 수치 : $\frac{10+5+6}{3} = 7$

- 기준치 : $\frac{12+4+2}{2} = 9$

따라서 PSD 수치는 '주의' 버튼 범위인 9−5 < PSD < 9+1 → 4 < 7 < 10에 속하므로 경고등은 노란색임을 알 수 있다.

17

불량품 개수가 가장 높은 날은 300개인 30일 월요일이며, 두 번째로 높은 날은 50개인 2일 월요일이다. 각 날에 해당되는 불량률과 PSD 수치를 계산하면 다음과 같다.

날짜	3월 2일 월요일	3월 30일 월요일
불량률	$\dfrac{50}{10,000} \times 100 = 0.5\%$	$\dfrac{300}{10,000} \times 100 = 3\%$
PSD 수치	$3 + 7 = 10$	$\dfrac{3+7+2}{3} - 3 = 1$

또한 2일 월요일의 불량률은 0.5% 이상이므로 PSD 수치는 가장 낮은 계기판 한 개를 고려하지 않고 Serial Mode가 적용되고, 30일에는 2% 이상이 되어 Parallel Mode 적용한 수치에 3만큼 뺀 값이 된다.
따라서 두 날짜에 해당되는 PSD 수치 차이는 $10 - 1 = 9$이다.

18

제시된 문제에서 실외 온도는 영하이므로 세 계기판의 수치를 모두 고려해야 하며, 실내 온도는 20℃ 이상이므로 Serial Mode를 적용한다. 따라서 PSD는 계기판 숫자의 합인 14이다. 이때 검침일이 월요일이므로 기준치는 세 계기판 표준 수치의 합인 15가 된다. 따라서 PSD가 기준치에 미치지 못하므로 B사원이 눌러야 할 버튼은 정상 버튼이고, 상황통제실의 경고등에는 녹색불이 들어오므로 정상 가동을 하면 된다.

최종점검
모의고사

|01| 언어이해

01	02	03	04	05	06	07	08	09	10
③	①	③	⑤	④	④	③	②	①	②
11	12	13	14	15	16	17	18	19	20
⑤	①	③	⑤	②	①	③	②	④	③
21	22	23	24	25	26	27	28	29	30
④	③	④	④	④	③	③	②	④	③

01
정답 ③

두 번째 문단에서 지구의 내부가 지각, 상부 맨틀, 하부 맨틀, 외핵, 내핵으로 이루어진 층상 구조라고 밝힌 후 이를 설명하는 것으로 미루어 보아 지구 내부의 구조가 핵심 내용임을 확인할 수 있다.

02
정답 ①

제시문에서는 냉전의 기원을 서로 다른 관점에서 바라보고 있는 전통주의, 수정주의, 탈수정주의에 대해 각각 설명하고 있다.

오답분석

② 여러 가지 의견을 제시할 뿐, 어느 의견에 대한 우월성을 논하고 있지는 않다.

03
정답 ②

마지막 문단에서 전통의 실체를 올바르게 인식하여야 신화 속에 묻혀버린 사람들을 문화와 역사의 주체로 복원하고 현대 사회에서 전통이 지니는 현재적 의미를 이해할 수 있다고 주장하고 있다.

04
정답 ⑤

첫 번째 문단에서 익숙하게 생각해 온 과거의 문화를 다르게 바라보아야 할 필요성에 대하여 주장한 후, 그 근거로 300여 년 전에 만들어진 킬트가 스코틀랜드의 대표적인 전통으로 자리매김한 사례를 들고 있다.

05
정답 ④

제시된 글은 셧다운제에 대한 찬성 의견과 반대 의견을 제시하여 셧다운제 논란의 쟁점을 소개하였다.

06
정답 ④

참여예산제는 인기 영합적 예산 편성으로 예산 수요가 증가하여 재정 상태를 악화시킬 가능성이 있지만, 참여예산제 자체가 재정 상태를 악화시키지는 않는다.

07
정답 ③

오답분석

①은 두 번째 문장에서, ②·⑤는 마지막 문장에서, ④는 세 번째와 네 번째 문장에서 각각 확인할 수 있다.

08
정답 ②

A는 경제 성장에 많은 전력이 필요하다는 것을 전제로, 경제 성장을 위해서 발전소를 증설해야 한다고 주장한다. 이러한 A의 주장을 반박하기 위해서는 근거로 제시하고 있는 전제를 부정하는 것이 효과적이므로 경제 성장에 많은 전력이 필요하지 않음을 입증하는 ②를 통해 반박하는 것이 효과적이다.

09
정답 ①

태초의 자연은 인간과 균형적인 관계로, 서로 소통하고 공생할 수 있었다. 그러나 기술의 발달로 인간은 자연을 정복하고 폭력을 행사했다. 그런데 이는 인간과 자연 양쪽에게 해가 되는 일이므로 힘의 균형을 통해 대칭적인 관계를 회복해야 한다는 것이 이 글의 중심내용이다. 따라서 뒤에 올 내용으로는 그 대칭적인 관계를 회복하기 위한 방법이 적절하다.

10
정답 ②

첫 번째 문단에서 영업 비밀의 범위와 영업 비밀이 법적 보호 대상으로 인정받기 위해 일정 조건을 갖추어야 한다는 것은 언급하고 있으나 영업 비밀이 법적 보호 대상으로 인정받기 위한 절차는 언급되어 있지 않다.

③ 첫 번째 문단에서 법으로 보호되는 특허권과 영업 비밀은 모두 지식 재산이라고 언급하고 있다.
⑤ 네 번째 문단에서 지식 재산 보호의 최적 수준은 유인 비용과 접근 비용의 합이 최소가 될 때라고 언급하고 있다.

11
정답 ⑤

세 번째 문단에 따르면 ICT 다국적 기업이 여러 국가에 자회사를 설립하는 방식은 디지털세 때문이 아니고 법인세를 피하기 위해서이다.

① 세 번째 문단에서 ICT 다국적 기업의 본사를 많이 보유한 국가 중 어떤 국가들은 디지털세 도입에는 방어적이라고 언급하고 있다.
② 두 번째 문단에서 디지털세가 이를 도입한 국가에서 ICT 다국적 기업이 거둔 수입에 대해 부과되는 세금이라고 언급하고 있다.
③ 첫 번째 문단과 두 번째 문단에 따르면 일부 국가에서 디지털세 도입을 진행하는 것은 지식 재산 보호를 위해서가 아니라 ICT 다국적 기업이 지식 재산으로 거두는 수입에 대한 과세 문제를 해결하기 위해서이다.
④ 두 번째 문단에 '디지털세의 배경에는 법인세 감소에 대한 각국의 우려가 있다.'는 내용이 나와 있다.

12
정답 ①

북몽골, 남몽골로 부른다면 귀속 의식을 벗어난 객관적인 표현이겠지만 중국과의 불화는 불가피한 상황이다. 따라서 예민한 지명 문제는 정부가 나서는 것보다 학계 목소리로 남겨두는 것이 좋다.

13
정답 ②

㉠과 ㉡의 앞뒤 문장을 확인해 본다.
㉠의 앞에는 동북아시아 지역에서 삼원법에 따른 다각도에서 그리는 화법이 통용되었다는 내용이, 뒤에는 우리나라의 민화는 그보다 더 자유로운 시각이라는 내용이 온다. 따라서 ㉠에는 전환 기능의 접속어 '그런데'가 들어가야 한다.
㉡의 앞에서는 기층민들이 생각을 자유분방하게 표현할 수 있는 사회적 여건의 성숙을 다루고, 뒤에서는 자기를 표현할 수 있는 경제적·신분적 근거가 확고하게 되었다는 내용을 서술하고 있으므로, ㉡에는 환언(앞말을 바꾸어 다시 설명함) 기능의 접속어 '즉'이 들어가야 한다.

14
정답 ⑤

두 번째 문단 마지막의 '민화의 화가들은 ~ 믿은 것이다.'를 통해 알 수 있다.

① 두 번째 문단 네 번째 줄에서 '민화에 나타난 화법에 전혀 원리가 없다고는 할 수 없다.'라고 하였으므로 일정한 화법이나 원리가 존재하지 않는다는 설명은 옳지 않다.
② 민화의 화법이 서양의 입체파들이 사용하는 화법과 종종 비교된다고 하였을 뿐, 입체파의 화법이 서민층의 성장을 배경으로 하고 있는지는 제시된 내용만으로는 알 수 없다.
③ 지문에서는 화법이나 내용면에서 보이는 것을 '억압에서 벗어나려는 해방의 염원'이라고 설명하고 있을 뿐 이를 신분상승의 욕구라고 보기는 어렵다.
④ 삼원법은 다각도에서 보고 그리는 화법이며, 민화는 이보다 더 자유롭다고 하였다.

15
정답 ②

제시문은 A병원 내과 교수팀의 난치성 결핵균에 대한 치료성적이 세계 최고 수준으로 인정받았으며, 이로 인해 많은 결핵 환자에게 큰 희망을 주었다는 내용의 글이다. 따라서 (다) 난치성 결핵균에 대한 치료성적이 우리나라가 세계 최고 수준임 → (나) A병원 내과 교수팀이 난치성 결핵의 치료성공률을 세계 최고 수준으로 높임 → (라) 현재 치료성공률이 80%에 이름 → (가) 이는 난치성 결핵환자들에게 큰 희망을 줌 순으로 연결되어야 한다.

16
정답 ①

부모와 긍정적인 관계를 형성하고 자란 성인이 개인의 삶에 긍정적인 영향을 주었음을 소개한 (나) 문단이 첫 번째 문단으로 적절하다. 그리고 (나) 문단에서 소개하는 연구팀의 실험을 설명하는 (라) 문단이 두 번째 문단으로 올 수 있다. (라) 문단의 실험 참가자들에 대한 실험 결과를 설명하는 (가) 문단이 세 번째 문단으로, 다음으로 (가) 문단과 상반된 내용을 설명하는 (다) 문단이 마지막 문단으로 적절하다.

17
정답 ③

기사의 내용을 볼 때, 청소년기에 부모와의 긍정적인 관계가 성인기의 원만한 인간관계로 이어져 개인의 삶에 영향을 미침을 설명하고 있다. 따라서 ③이 기사의 제목으로 가장 적절하다.

18

텔레비전은 자기 자신에 관해서도 이야기하는데(ⓒ) 그러지 못하는 나로서는 이런 텔레비전이 존경하고 싶은 지경(ⓒ)이지만, 시청자인 나의 질문은 수렴할 수 없다(ⓐ)는 한계로 마무리 짓는다.

19

정답 ④

현재 3D프린팅 건축은 지진이나 화재 등에 대한 안전성이 검증되지 않아 최대 5층까지만 가능하다는 빈칸 뒤의 문장을 통해 빈칸에 들어갈 내용으로는 '건물의 높이'가 적절함을 알 수 있다.

20

정답 ③

빈칸 앞의 내용을 보면 보편적으로 사용되는 관절 로봇은 손가락의 정확한 배치와 시각 센서 등을 필요로 한다. 그러나 빈칸 뒤에서는 H의 경우 손가락이 물건에 닿을 때까지 다가가 촉각 센서를 통해 물건의 위치를 파악한 뒤 손가락 위치를 조정한다고 하였다. 즉, H의 손가락은 관절 로봇의 손가락과 달리 정확한 위치 지정이 필요하지 않다. 따라서 빈칸에 들어갈 내용으로 ③이 가장 적절하다.

오답분석
① 물건을 쥐기 위한 고가의 센서 기기 및 시각 센서가 필요한 관절 로봇과 달리 H는 손가락의 촉각 센서로 손가락 힘을 조절하여 사물을 쥔다.
② H의 손가락은 공기압을 통해 손가락을 구부리지만, 기존 관절보다 쉽게 구부러지는지는 알 수 없다.
④ㆍ⑤ 물건과의 거리와 물건의 무게는 H의 손가락 촉각 센서와 관계가 없다.

21

정답 ④

노모포비아는 '휴대 전화가 없을 때 느끼는 불안과 공포증'이라는 의미의 신조어이다. 따라서 휴대 전화를 사용하지 않는 사람에게서는 노모포비아 증상이 나타나지 않을 것을 추론할 수 있다.

22

정답 ③

제시문에서는 멸균에 대해 언급하며, 멸균 방법을 물리적ㆍ화학적으로 구분하여 다양한 멸균 방법에 대해 설명하고 있다. 따라서 글의 주제로 ③이 가장 적절하다.

23

정답 ④

제시된 글에서는 자기 과시의 사회적 현상을 통해 등장한 신조어 '있어빌리티'와 '있어빌리티'를 활용한 마케팅 전략에 관해 설명하고 있다.

24

정답 ④

'멘붕', '안습'과 같은 인터넷 신조어는 갑자기 생겨난 말이며 금방 사라질 수도 있는 말이기에 국어사전에 넣기에는 적절하지 않다는 내용으로 의견에 대한 반대 논거를 펼치고 있다.

25

정답 ④

대중문화가 대중을 사회 문제로부터 도피하게 하거나 사회 질서에 순응하게 하는 역기능을 수행하여 혁명을 불가능하게 만든다는 내용이다. 따라서 이 주장에 대한 반박은 대중문화가 순기능을 한다는 태도여야 한다. 그런데 ④는 현대 대중문화의 질적 수준에 대한 평가에 관한 내용이므로 연관성이 없다.

26

정답 ③

무게 중심이 지지점과 연직 방향에서 벗어난다면, 중력에 의한 회전력을 받게 되어 지지점을 중심으로 회전하며 넘어지게 된다.

27

정답 ③

제시문은 실험결과를 통해 비둘기가 자기장을 가지고 있다는 것을 설명하는 글이다. 따라서 이 글의 다음 내용으로는 비둘기가 자기장을 느끼는 원인에 대해 설명하는 글이 나와야 한다.

오답분석
①ㆍ②ㆍ④ 제시문의 자기장에 대한 설명과 연관이 없는 주제이다.
⑤ 비둘기가 자기장을 느끼는 원인에 대한 설명이 제시되어 있지 않으므로 적절하지 않다.

28

정답 ②

자제력이 있는 사람은 합리적 선택에 따라 행위를 하고, 합리적 선택에 따르는 행위는 모두 자발적 행위라고 했다. 따라서 자제력이 있는 사람은 자발적으로 행위를 한다.

29

정답 ④

'통상 브랜드 핵심은 특수한 기법을 써서 측정할 수 있고,'라고 했으므로, ④는 적절하지 않다.

30

정답 ③

제시문에서는 조상형 동물의 몸집이 커지면서 호흡의 필요성에 따라 아가미가 생겨났고, 호흡계 일부가 변형된 허파는 식도 아래쪽으로 생성되었으며, 이후 폐어 단계에서 척추동물로 진화하면서 호흡계와 소화계가 겹친 부위가 분리되기 시작하여 결국 하나의 교차점을 남기면서 인간의 음식물로 인한 질식 현상과 같은 단점을 남겼다고 설명하고 있다. 또한 마지막 문장에서 이러한 과정이 '당시에는 최선의 선택'이었다고 하였으므로, 진화가 순간순간에 필요한 대응일 뿐 최상의 결과를 내는 과정이 아님을 알 수 있다.

| 02 | 언어비판

01	02	03	04	05	06	07	08	09	10
⑤	①	⑤	③	⑤	②	①	⑤	③	⑤
11	12	13	14	15	16	17	18	19	20
①	③	③	①	③	①	①	⑤	③	④
21	22	23	24	25	26	27	28	29	30
⑤	②	⑤	②	①	⑤	④	②	④	③

01

정답 ⑤

첫 번째 진술의 대우 명제는 '영희 또는 서희가 서울 사람이 아니면 철수 말이 거짓이다.'이다. 따라서 서희가 서울 사람이 아니라면, 철수 말은 거짓이다. 또한 두 번째 진술에 의해, 창수와 기수는 서울 사람이다.

02

정답 ①

두 사람은 나쁜 사람이므로 서로 충돌되는 두준과 동운을 먼저 살펴보아야 한다.
두준이를 착한 사람이라고 가정하면 '두준(T) – 요섭(F) – 준형(F) – 기광(F) – 동운(F)'으로 나쁜 사람이 4명이 되므로 모순이다.
즉, 두준이는 나쁜 사람이고, 요섭과 기광은 서로 대우이므로 두 사람은 착한 사람이다(두 사람이 나쁜 사람이라면 나쁜 사람은 '두준, 요섭, 기광' 3명이 된다). 따라서 '요섭, 기광, 동운'이 착한 사람이고, '두준, 준형'이 나쁜 사람이다.

03

정답 ⑤

측정 결과를 토대로 정리하면 A별의 밝기 등급은 3등급 이하이며, C별의 경우 A, B, E별보다 어둡고 D별보다는 밝으므로 C별의 밝기 등급은 4등급이다. 따라서 A별의 밝기 등급은 3등급이며, D별은 5등급, 나머지 E별과 B별은 각각 1등급, 2등급이 된다. 별의 밝기 등급에 따라 순서대로 나열하면 'E – B – A – C – D'의 순이 된다.

04

정답 ③

주어진 조건에 따라 A ~ E의 이번 시험 결과를 정리하면 다음과 같다.

구분	맞힌 문제의 수	틀린 문제의 수
A	19개	1개
B	10개	10개
C	20개	0개
D	9개 이하	11개 이상
E	16개 이상 19개 이하	1개 이상 4개 이하

따라서 B는 D보다 많은 문제의 답을 맞혔지만, E보다는 적게 답을 맞혔다.

05
정답 ⑤

월요일에 먹는 영양제에는 비타민 B와 칼슘, 마그네슘이 올 수 있으나, 마그네슘의 경우 비타민 D보다 늦게 먹고, 비타민 B보다는 먼저 먹어야 하므로 월요일에 먹는 영양제로 마그네슘과 비타민 B 둘 다 불가능하다. 따라서 K씨가 월요일에 먹는 영양제는 칼슘이 된다. 또한 비타민 B는 화요일 또는 금요일에 먹을 수 있으나, 화요일에 먹게 될 경우 마그네슘을 비타민 B보다 먼저 먹을 수 없게 되므로 비타민 B는 금요일에 먹는다. 나머지 조건에 따라 K씨가 요일별로 먹는 영양제를 정리하면 다음과 같다.

월	화	수	목	금
칼슘	비타민 C	비타민 D	마그네슘	비타민 B

따라서 회사원 K씨가 월요일에는 칼슘, 금요일에는 비타민 B를 먹는 것을 알 수 있다.

06
정답 ②

'축구를 좋아한다'를 A, '골프를 좋아한다'를 B, '야구를 좋아한다'를 C, '농구를 좋아한다'를 D라고 하면 'A → ~B → ~C → D'가 성립한다.

07
정답 ①

감자꽃은 유채꽃보다 늦게 피므로 유채꽃이 피기 전이라면 감자꽃도 피지 않았다.

08
정답 ⑤

영서, 수희>연수, 수희>주림이고 수희가 두 번째로 크므로 영서>수희인데, 주림이가 가장 작지 않으므로 영서>수희>주림>연수이다.

09
정답 ③

성준이는 볼펜을 좋아하고, 볼펜을 좋아하는 사람은 수정테이프를 좋아한다.
따라서 성준이는 수정테이프를 좋아한다.

10
정답 ⑤

모든 1과 사원은 가장 실적이 많은 2과 사원보다 실적이 많고, 3과 사원 중 일부는 가장 실적이 많은 2과 사원보다 실적이 적다.
따라서 3과 사원 중 일부는 모든 1과 사원보다 실적이 적다.

11
정답 ①

민희>나경>예진, 재은>이현>예진
따라서 예진이보다 손이 더 작은 사람은 없다.

12
정답 ③

이현이와 나경이는 모두 예진이보다 손이 크긴 하지만, 둘 다 공통적으로 어떤 사람보다 손이 작은지 나와 있지 않기 때문에 알 수 없다.

13
정답 ③

제시문을 요약하면 다음과 같다.
• 속도 : 자동차>마차, 비행기>자동차
• 무게 : 자동차>마차
이를 정리해 보면, 속도에서 '비행기>자동차>마차' 순이며, 무게에서 '자동차>마차' 순이다. 하지만 비행기에 대한 무게는 나와 있지 않아서 비행기가 가장 무거운지는 알 수 없다.

14
정답 ①

13번의 해설을 보면 알 수 있듯이, 속도는 '비행기>자동차>마차' 순으로 빠르다.

15
정답 ③

미영이는 수연이보다는 사탕이 많고 수정이보다는 적으므로, 4개, 5개, 6개 셋 중 하나이다. 그러나 주어진 제시문만으로는 미영이의 사탕이 몇 개인지 정확히 알 수 없다.

16
정답 ②

수연이와 수정이의 사탕의 평균은 5개이지만 미영이의 사탕은 4개이므로 미영이의 사탕이 더 적다.

17
정답 ①

홍대리가 건강검진을 받을 수 있는 요일은 월요일 또는 화요일이며, 이사원 역시 월요일 또는 화요일에 건강검진을 받을 수 있다. 이때 이사원이 홍대리보다 늦게 건강검진을 받는다고 하였으므로 홍대리가 월요일, 이사원이 화요일에 건강검진을 받는 것을 알 수 있다. 나머지 수·목·금요일의 일정은 박과장이 금요일을 제외한 수요일과 목요일 각각 건강검진을 받는 두 가지 경우에 따라 나눌 수 있다.

i) 박과장이 수요일에 건강검진을 받을 경우
   목요일은 최사원이, 금요일은 김대리가 건강검진을 받는다.
ii) 박과장이 목요일에 건강검진을 받을 경우
   수요일은 최사원이, 금요일은 김대리가 건강검진을 받는다.
따라서 반드시 참이 될 수 있는 것은 ①이다.

18
정답 ⑤

돼지 인형과 토끼 인형의 크기를 비교할 수 없으므로 크기가 큰 순서대로 나열하면 '돼지 – 토끼 – 곰 – 기린 – 공룡' 또는 '토끼 – 돼지 – 곰 – 기린 – 공룡'이 된다. 이때 가장 큰 크기의 인형을 정확히 알 수 없으므로 진영이가 좋아하는 인형 역시 알 수 없다.

19
정답 ③

은호의 신발 사이즈는 235mm이며, 은호 아빠의 신발 사이즈는 270mm이므로 은호 아빠와 은호의 신발 사이즈 차이는 $270-235=35$mm이다.

오답분석
① 은호의 엄마는 은호보다 5mm 큰 신발을 신으므로 은호 엄마의 신발 사이즈는 240mm이다. 따라서 은호 아빠와 엄마의 신발 사이즈 차이는 $270-240=30$mm이다.
② 동생의 신발 사이즈는 230mm 이하로 엄마의 신발 사이즈와 최소 10mm 이상 차이가 난다.
④ 235mm인 은호의 신발 사이즈와 230mm 이하인 동생의 신발 사이즈는 최소 5mm 이상 차이가 난다.
⑤ 동생의 정확한 신발 사이즈는 알 수 없다.

20
정답 ④

두 번째와 마지막 명제를 보면 귤을 사면 고구마를 사지 않고, 고구마를 사지 않으면 감자를 산다고 했으므로 '귤을 사면 감자를 산다.'는 옳은 내용이다.

오답분석
① 세 번째와 네 번째 명제에서 '사과를 사면 수박과 귤 모두 산다.'가 아닌 '사과를 사면 수박과 귤 중 하나를 산다.'를 추론할 수 있다.
② · ⑤ 알 수 없는 내용이다.
③ 네 번째 명제의 '이'는 '배를 사지 않으면 수박과 귤을 모두 사거나 사지 않는다.'이지만 명제가 참이라고 하여 '이'가 반드시 참이 될 수는 없다.

21
정답 ⑤

주어진 조건을 바탕으로 먹은 음식을 정리하면 다음과 같다.

구분	쫄면	라면	우동	김밥	어묵
민하	×	×	×	×	○
상식	×	○	×	×	×
은희	×	×	○	×	×
은주	×	×	×	○	×
지훈	○	×	×	×	×

따라서 바르게 연결된 것은 민하 – 어묵, 상식 – 라면의 ⑤이다.

22
정답 ②

B가 과장이므로 대리가 아닌 A는 부장의 직책을 가진다.

오답분석
제시된 명제에 따라 A, B, C, D의 사무실 위치를 정리하면 다음과 같다.

구분	2층	3층	4층	5층
경우1	부장	B과장	대리	A부장
경우2	B과장	대리	부장	A부장
경우3	B과장	부장	대리	A부장

① A부장 외의 또 다른 부장은 2층, 3층 또는 4층에 근무한다.
③ 대리는 3층 또는 4층에 근무한다.
④ B는 2층 또는 3층에 근무한다.
⑤ C의 직책은 알 수 없다.

23
정답 ⑤

요리를 ㉠, 설거지를 ㉡, 주문받기를 ㉢, 음식 서빙을 ㉣이라고 하면 ㉠ → ~㉡ → ~㉣ → ~㉢이 성립한다. 따라서 항상 참이 되는 진술은 ⑤이다.

24
정답 ③

대부분이 모두를 뜻하지 않으므로, 책 읽기를 좋아하는 사람 중에는 어린이가 아닌 사람이 있을 수 있다.

25
정답 ①

B는 피자 두 조각을 먹은 A보다 적게 먹었으므로 피자 한 조각을 먹었다. 또한 네 사람 중 B가 가장 적게 먹었으므로 D는 반드시 두 조각 이상 먹어야 한다. 따라서 A는 두 조각, B는 한 조각, C는 세 조각, D는 두 조각의 피자를 먹었고, 남은 피자는 없다.

26

C사원과 D사원의 항공 마일리지를 비교할 수 없으므로 순서대로 나열하면 'A − D − C − B'와 'A − C − D − B' 모두 가능하다.

27

'커피를 좋아한다'를 A, '홍차를 좋아한다'를 B, '탄산수를 좋아한다'를 C, '우유를 좋아한다'를 D, '녹차를 좋아한다'를 E라고 하면 'A → ~B → ~E → C'와 '~C → D'가 성립한다. 따라서 'C → B'인 ④가 옳지 않다.

28

두 번째 명제에서 '비방한 적이 없는 경우까지 호의적이다.'라는 진실 여부를 판별할 수 없다.

오답분석

① 두 번째 명제에서 '자신을 비방한 사람에게 호의적이지 않다.'라고 했으므로 참이다.
③ 두 번째 명제 '어느 누구도 자신을 비방한 사람에게 호의적 이지 않다.'와 네 번째 명제 '어느 누구도 자기 자신에게 호의적인 사람도 없고 자신을 비방하지도 않는다.'로부터 참이라는 것을 알 수 있다.
④ 세 번째와 네 번째 명제를 통해 참이라는 것을 알 수 있다.
⑤ 모든 사람이 자신을 비방하지 않는 사람에게 호의적이라고 했을 때, 세 번째 명제에 의해 '다른 사람을 결코 비방하지 않는 사람이 있다.'라고 했으므로 모든 사람에게는 각자가 호의적으로 대하는 사람이 적어도 하나는 있다.

29

오답분석

① 첫 번째 명제와 두 번째 명제로 알 수 있다.
② 세 번째 명제의 대우와 첫 번째 명제를 통해 추론할 수 있다.
③ 첫 번째 명제와 네 번째 명제로 추론할 수 있다.
⑤ 두 번째 명제의 대우와 첫 번째 명제의 대우, 세 번째 명제로 추론할 수 있다.

30

• 운동을 좋아하는 사람 → 담배를 좋아하지 않음 → 커피를 좋아하지 않음 → 주스를 좋아함
• 과일을 좋아하는 사람 → 커피를 좋아하지 않음 → 주스를 좋아함

오답분석

① 첫 번째 명제와 두 번째 명제의 대우로 추론할 수 있다.
② 세 번째 명제의 대우와 두 번째 명제로 추론할 수 있다.
④ 첫 번째 명제, 두 번째 명제의 대우, 세 번째 명제로 추론할 수 있다.
⑤ 네 번째 명제와 세 번째 명제로 추론할 수 있다.

01	02	03	04	05	06	07	08	09	10	11	12	13	14	15	16	17	18	19	20
①	④	①	③	①	⑤	①	②	④	④	②	④	③	①	④	②	①	②	②	④
21	22	23	24	25	26	27	28	29	30										
①	②	②	③	③	②	⑤	③	③	②										

01

정답 ①

분자는 36부터 1씩 더하고, 분모는 2의 거듭제곱 형태, 즉 2^1, 2^2, 2^3, 2^4, 2^5인 수열이다.

따라서 ( )$=\dfrac{39+1}{2^5}=\dfrac{40}{32}$이다.

02

정답 ④

n을 자연수라고 하면 n항$\div(-2)+4=(n+1)$항인 수열이다.

따라서 ( )$=-16\div(-2)+4=12$이다.

03

정답 ①

홀수 항은 $\times2+0.2$, $\times2+0.4$, $\times2+0.6$, …인 수열이고, 짝수 항은 $\times3-0.1$인 수열이다.

따라서 ( )$=12.2\times3-0.1=36.5$이다.

04

정답 ③

앞의 항에 1^2, 2^2, 3^2, 4^2, 5^2, …씩 더하는 규칙을 가지고 있다.

따라서 ( )$=54+36=90$이다.

05

정답 ①

분자는 17씩 더하고, 분모는 3씩 곱하는 수열이다.

따라서 ( )$=\dfrac{2+17}{3\times3}=\dfrac{19}{9}$이다.

06

정답 ⑤

홀수 항은 -4, 짝수 항은 -7의 규칙을 가지고 있다.

따라서 ( )$=23-4=19$이다.

07

정답 ①

제시된 수열은 $\times7-1$, $\times7$, $\times7+1$, $\times7+2$ … 의 규칙을 가지고 있다.

따라서 ( )$=0.2\times7-1=0.4$이다.

08

분자는 1부터 분모의 수에 이를 때까지 1씩 더해지고, 분모는 1부터 해당 분모의 수만큼 같은 수가 반복되는 수열, 즉 1, 2, 2, 3, 3, 3, …이다.

따라서 빈칸에 들어갈 알맞은 수는 $\frac{1}{4}$ 이다.

09

홀수 항은 3씩 곱하는 수열이고, 짝수 항은 $\frac{1}{2}$ 씩 더하는 수열이다.

따라서 빈칸에 들어갈 알맞은 수는 $9 \times 3 = 27$이다.

10

(앞의 항)−(뒤의 항)=(다음 항)
따라서 빈칸에 들어갈 알맞은 수는 $-65-(-25)=-40$이다.

11

홀수 항은 +2, 짝수 항은 −2로 나열된 수열이다.
따라서 빈칸에 들어갈 알맞은 수는 $19-2=17$이다.

12

나열된 수를 각각 A, B, C라 하면 다음과 같은 관계가 성립한다.
$\underline{A \quad B \quad C} \rightarrow A \times B$의 각 자리 숫자의 합$=C$
따라서 빈칸에 들어갈 알맞은 수는 $13 \times 3 = 39$, $3+9=12$이다.

13

앞의 항에 3, 5, 9, 15, 23, …을 더한다.
따라서 빈칸에 들어갈 알맞은 수는 $2+5=7$이다.

14

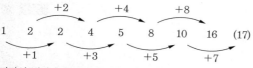

따라서 빈칸에 들어갈 알맞은 수는 17이다.

15

홀수 항은 ×2, 짝수 항은 +2를 한 수열이다.
따라서 빈칸에 들어갈 알맞은 수는 $8 \times 2 = 16$이다.

16

정답 ②

숫자 세 개씩 차례로 A, B, C로 가정하면 규칙은 다음과 같다.
$A+C\times2=B \rightarrow 3+7\times2=17$, $7+13\times2=33$
따라서 (   )$=5+10\times2=25$이다.

17

정답 ①

제시된 수열은 각 항에 3씩 더하고 있다.
따라서 (   )$=17+3=20$이다.

18

정답 ②

제시된 수열은 각 항에 0.1, 0.15, 0.2, 0.25 …씩 더해지고 있다.
따라서 (   )$=1.1+0.3=1.4$이다.

19

정답 ②

제시된 수열은 $\times2$, -3이 반복되는 수열이다.
따라서 (   )$=4\times2=80$이다.

20

정답 ④

앞의 항$+$뒤의 항$-1=$다음 항
따라서 (   )$=5+8-1=120$이다.

21

정답 ①

(앞의 항$-$뒤의 항)$\times2=$다음 항
따라서 (   )$=\{4-(-2)\}\times1=120$이다.

22

정답 ②

홀수 항은 $+1$, $+2$, $+3$, …이고, 짝수 항은 $+2$, $+3$, $+4$ …인 수열이다.
따라서 (   )$=913+1=914$이다.

23

정답 ②

각 항의 수를 순서대로 A, B, C라고 하면 다음과 같은 관계가 성립된다.
$\underline{A \quad B \quad C} \rightarrow 2A+B=C$
따라서 (   )$=2\times5+4=14$이다.

24

정답 ③

$\times(-2)$와 $+$(3의 배수)를 번갈아 가면서 적용하는 수열이다.
따라서 (   )$=(-2)+12=100$이다.

25

앞의 항에 -20, -19, -18, -17, -16, …인 수열이다.
따라서 빈칸에 들어갈 알맞은 수는 $43-17=26$이다.

26

각 군의 항을 순서대로 각각 A, B, C, D라고 하면 다음과 같은 관계가 성립한다.
$\underline{A\ B\ C\ D} \to A-B+C=D$
$23\ \ 8\ \ 1\ \ (\ \ ) \to 23-8+1=(\ \ )$
따라서 빈칸에 들어갈 알맞은 수는 16이다.

27

각 군의 항을 순서대로 각각 A, B, C라고 하면 다음과 같은 관계가 성립한다.
$\underline{A\ \ B\ \ C} \to A+B=C$
따라서 빈칸에 들어갈 수는 $7+13=20$이다.

28

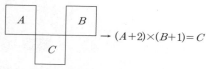 $\to (A+2)\times(B+1)=C$

$(10+2)\times(7+1)=96$
$(4+2)\times(3+1)=24$
따라서 빈칸에 들어갈 알맞은 수는 $(12+2)\times(5+1)=84$이다.

29

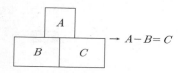 $\to A-B=C$

A	B	C
15	3	12 $[=15-3]$
9	2	7 $[=9-2]$
17	8	9 $[=17-8]$

30

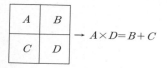 $\to A\times D=B+C$

$A\times D$	$B+C$
$9\times8=72$	$37+35=72$
$12\times7=84$	$46+38=84$
$13\times8=104$	$55+(49)=104$

01	02	03	04	05	06	07	08	09	10	11	12	13	14	15	16	17	18	19	20
④	①	③	②	④	⑤	③	②	⑤	⑤	②	④	③	④	②	①	①	④	②	④
21	22	23	24	25	26	27	28	29	30										
③	③	③	④	②	④	④	③	③	①										

01

정답 ④

도형을 좌우 반전하면 [도형], 이를 시계 반대 방향으로 45° 회전하면 [도형] 이 된다.

02

정답 ①

도형을 시계 반대 방향으로 45° 회전하면 [도형], 이를 180° 회전하면 [도형] 이 된다.

03

정답 ③

도형을 상하 반전하면 [도형], 이를 좌우 반전하면 [도형] 이 된다.

04

정답 ②

도형을 시계 방향으로 270° 회전하면 [도형], 이를 상하 반전하면 [도형] 이 된다.

05

정답 ④

도형을 시계 반대 방향으로 45° 회전하면 [도형], 이를 시계 방향으로 270° 회전하면 [도형] 이 된다.

06

정답 ⑤

도형을 좌우 반전하면 [도형], 이를 시계 방향으로 45° 회전하면 [도형] 이 된다.

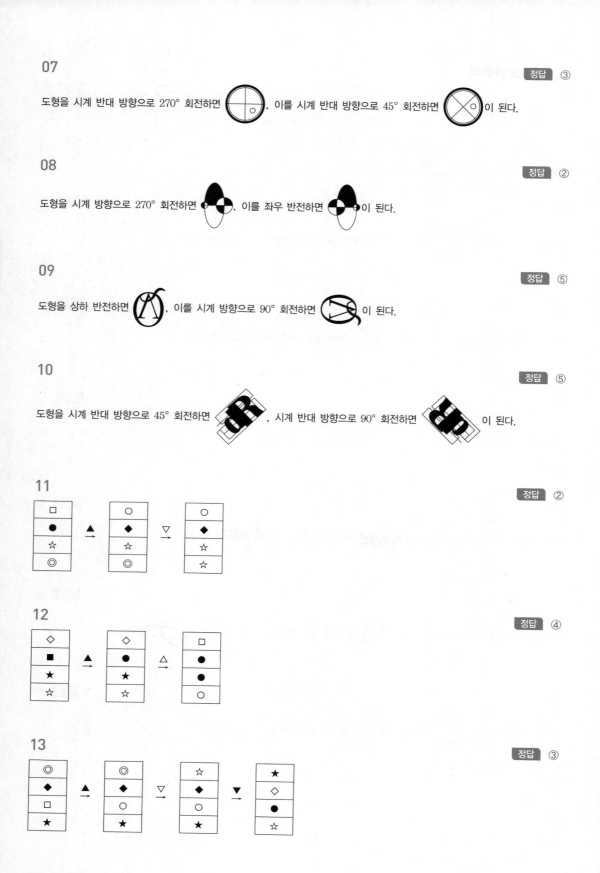

07

정답 ③

도형을 시계 반대 방향으로 270° 회전하면 ⊕, 이를 시계 반대 방향으로 45° 회전하면 ⊗ 이 된다.

08

정답 ②

도형을 시계 방향으로 270° 회전하면 ◖, 이를 좌우 반전하면 ◗ 이 된다.

09

정답 ⑤

도형을 상하 반전하면 ⋔, 이를 시계 방향으로 90° 회전하면 ⋈ 이 된다.

10

정답 ⑤

도형을 시계 반대 방향으로 45° 회전하면 ▨, 시계 반대 방향으로 90° 회전하면 ▨ 이 된다.

11

정답 ②

12

정답 ④

13

정답 ③

14
정답 ④

	♠→		♡→	
2		6		18
3		3		9
8		8		24
6		2		6

15
정답 ②

	♥→		♤→	
1		1		2
7		4		8
4		7		14
9		9		18

16
정답 ①

	♤→		♥→		♤→	
4		8		8		16
2		4		14		28
7		14		4		8
3		6		6		12

17
정답 ①

	㉠→		㉡→	
45		50		48
2		2		0
6		6		4
25		30		28

18
정답 ④

	㉣→		㉠→	
33		33		38
66		67		72
77		77		82
88		89		94

19
정답 ②

	㉢→		㉡→		㉠→	
1		1		1		6
51		50		48		48
8		8		6		6
4		4		2		2

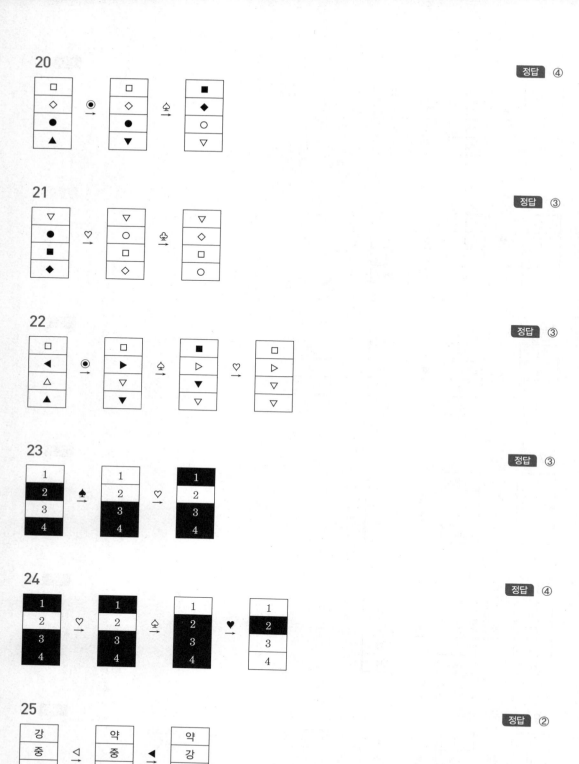

20　정답 ④

21　정답 ③

22　정답 ③

23　정답 ③

24　정답 ④

25　정답 ②

26

| 약 |
| 강 |
| 강 |
| 약 |

◀

| 약 |
| 중 |
| 중 |
| 약 |

▷

| 강 |
| 중 |
| 중 |
| 강 |

27

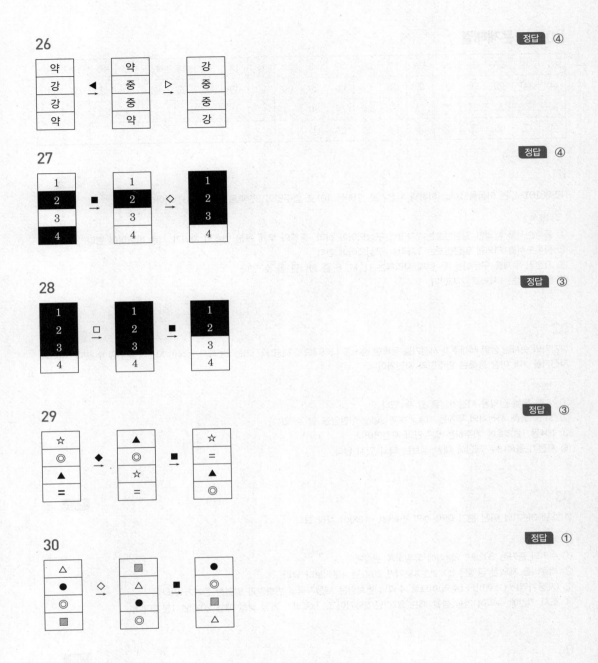

28

29

30

01	02	03	04	05	06	07	08	09	10	11	12	13	14	15	16	17	18	19	20
④	④	⑤	①	①	②	③	①	②	⑤	③	②	②	③	⑤	③	①	③	①	④

21	22	23	24	25	26	27	28	29	30										
④	②	②	③	②	④	①	⑤	③	①										

01

정답 ④

'KS90101-2'는 아동용 10kg 이하의 자전거로, 109동 101호 입주민이 2번째로 등록한 자전거이다.

오답분석
① 등록순서를 제외한 일련번호는 7자리로 구성되어야 하며, 종류와 무게 구분 번호의 자리가 서로 바뀌어야 한다.
② 등록순서를 제외한 일련번호는 7자리로 구성되어야 한다.
③ 자전거 무게를 구분하는 두 번째 자리에는 L, M, S 중 하나만 올 수 있다.
⑤ 등록순서는 1자리로 기재한다.

02

정답 ④

마지막의 숫자는 동일 세대주가 자전거를 등록한 순서를 나타내므로 해당 자전거는 2번째로 등록한 자전거임을 알 수 있다. 따라서 자전거를 2대 이상 등록한 입주민의 자전거이다.

오답분석
① 'T'를 통해 산악용 자전거임을 알 수 있다.
② 'M'을 통해 자전거의 무게는 10kg 초과 20kg 미만임을 알 수 있다.
③ 104동 1205호에 거주하는 입주민의 자전거이다.
⑤ 자전거 등록대수 제한에 대한 정보는 나와 있지 않다.

03

정답 ⑤

2022년 3분기의 이전 분기 대비 수익 변화량(−108)이 가장 크다.

오답분석
① 수익의 증가는 2022년 2분기에 유일하게 관찰된다.
② 재료비를 제외한 금액은 2022년 4분기가 2021년 4분기보다 낮다.
③ (제품가격)=(재료비)+(수익)이므로 수익의 변화량은 제품가격의 변화량과 밀접한 관계가 있다.
④ 조사 기간에 수익이 가장 높을 때는 2022년 2분기이고, 재료비가 가장 낮을 때는 2022년 1분기이다.

04

정답 ①

2023년 1분기의 재료비는 $(1.6 \times 70,000)+(0.5 \times 250,000)+(0.15 \times 200,000)=267,000$원이다.
2023년 1분기의 제품가격은 (2023년 1분기 수익)+(2023년 1분기 재료비)이며, 2023년 1분기의 수익이 2022년 4분기와 같게 유지된다고 하였으므로 291,000원이다.
따라서 2023년 1분기 제품가격은 267,000+291,000=558,000원이다.

05

정답 ①

A업체와 B업체의 가격과 보온성 평가점수가 별 8개로 동일하므로, 모든 부문 별 개수 총합을 비교해야 하는데 A업체는 별 17개, B업체는 별 14개이다.

06

정답 ②

100만 원 한도 내에서 15명의 근무복을 구매하려면 한 벌당 구매가격이 $100 \div 15 = 6.67$만 원보다 저렴해야 한다. 이 조건을 만족하는 A업체와 B업체만 비교할 때, 가격과 보온성 평가점수의 합이 A업체와 B업체 모두 별 8개이므로 가격이 더 저렴한 B업체의 근무복을 구매한다.

07

정답 ③

A는 9월 21일에 불가능하고, 남은 4팀 중 임의의 두 팀을 섭외할 경우 예산 내에 모두 가능하다. 인지도 순위는 E>(B, D)>C이므로 E를 섭외하고, 나머지 한 팀은 초대가수 후보 B, D 중 섭외가능 날짜가 많은 가수를 섭외한다. 후보 B는 예정일 모두 가능하므로, 조건에 부합하는 섭외가수는 두 팀은 B, E이다.

08

정답 ①

인지도 조건에서 C는 제외되고, 9월 20일에 섭외가 불가능한 D도 제외된다.
따라서 A, B, E 중 섭외 시 최소비용은 섭외비용이 제일 높은 E를 제외하고, A, B를 섭외한다.

09

정답 ②

입찰가격 기준(12억 원 미만)을 충족하지 못하는 C업체는 후보에서 제외되며, 입찰점수를 계산하여 중간 선정 결과를 나타내면 다음과 같다.

구분	경영점수(점)	안전점수(점)	디자인점수(점)	수상실적 가점(점)	입찰점수(점)	중간 선정 결과
A	9	7	4	0	20	선정
B	6	8	6	4	24	선정
C	7	7	5	0	19	제외
D	6	6	4	2	18	탈락
E	7	5	2	0	14	탈락
F	7	6	7	2	22	선정

중간 선정된 A, B, F업체의 안전점수와 디자인점수의 합을 계산하면 다음과 같다.
• A : 7+4=11점
• B : 8+6=14점
• F : 6+7=13점
따라서 안전점수와 디자인점수의 합이 가장 높은 B업체가 최종 선정된다.

10

정답 ⑤

09번의 입찰점수에 가격점수를 추가로 합산하여 최종 입찰점수를 계산하면 아래와 같다.

구분	입찰점수(점)	가격점수(점)	최종 입찰점수(점)
A	20	4	24
B	24	6	30
C	19	2	21
D	18	8	26
E	14	6	20
F	22	10	32

따라서 최종 입찰점수가 가장 높은 업체는 F이다.

11

정답 ③

다음의 논리 순서를 따라 주어진 조건을 정리하면 쉽게 접근할 수 있다.
- 첫 번째 조건 : 대우(B 또는 C가 위촉되지 않으면, A도 위촉되지 않는다)에 의해 A는 위촉되지 않는다.
- 두 번째 조건 : A가 위촉되지 않으므로 D가 위촉된다.
- 다섯 번째 조건 : D가 위촉되므로 F도 위촉된다.
- 세 번째, 네 번째 조건 : D가 위촉되었으므로 C와 E는 동시에 위촉될 수 없다.

따라서 위촉되는 사람은 C 또는 E 중 1명과 D, F로 모두 3명이다.

12

정답 ②

공사 시행업체 선정방식에 따라 가중치를 반영하여 업체들의 점수를 종합하면 다음과 같다.

평가항목 \ 업체	A	B	C	D	E
적합성 점수	22	24	23	20	26
실적점수	12	18	14	16	14
입찰점수	10	4	2	8	6
평가점수	44	46	39	44	46

평가점수가 가장 높은 업체는 B와 E이다.
이 중 실적점수가 더 높은 업체는 B이므로, 최종 선정될 업체는 B업체이다.

13

정답 ②

수정된 공사 시행업체 선정방식에 따라 가중치를 반영하여 업체들의 점수를 종합하면 다음과 같다.
수정된 선정방식에 따르면 A, C업체는 운영건전성에서, D업체는 환경친화설계에서, E업체는 미적만족도에서 만점을 받아 각자 가점 2점을 받는다.

평가항목 \ 업체	A	B	C	D	E
적합성 점수	24	24	25	22	28
실적점수	6	9	7	8	7
입찰점수	9	6	5	8	7
평가점수	39	39	37	38	42

평가점수가 가장 높은 업체는 A, B와 E이다.
A, B는 평가점수가 동일하므로 A, B, E 세 업체가 중간 선정된다.
이 중 근무효율성개선 점수가 가장 높은 업체는 B이므로, B업체가 최종 선정된다.

14

정답 ③

주어진 조건에 따라 점수를 표로 정리하면 다음과 같다.

대상자	총점(점)	해외 및 격오지 근무경력	선발여부
A	27	2년	−
B	25	−	−
C	25	−	−
D	27	5년	선발
E	24.5	−	−
F	25	−	−

	G	25	–	–
	H	27	3년	–
	I	27.5	–	선발

총점이 27.5로 가장 높은 I는 우선 선발된다. A, D, H는 총점이 27점으로 같으므로, 해외 및 격오지 근무경력이 가장 많은 D가 선발된다.

15

정답 ⑤

변경된 조건에 따라 점수를 표로 정리하면 다음과 같다.

대상자	해외 및 격오지 근무경력 점수(점)	외국어능력(점)	필기(점)	면접(점)	총점(점)	선발여부
C	4	9	9	7	29	–
D	5	10	8.5	8.5	32	–
E	5	7	9	8.5	29.5	–
F	4	8	7	10	29	–
G	7	9	7	9	32	선발
I	6	10	7.5	10	33.5	선발

총점이 33.5로 가장 높은 I는 우선 선발된다. D와 G는 총점이 32점으로 같으므로, 해외 및 격오지 근무경력이 가장 많은 G가 선발된다.

16

정답 ③

매월 각 프로젝트에 필요한 인원들을 구하면 다음과 같다.

구분	2월	3월	4월	5월	6월	7월	8월	9월
A	46	–	–	–	–	–	–	–
B	42	42	42	42	–	–	–	–
C	–	24	24	–	–	–	–	–
D	–	–	–	50	50	50	–	–
E	–	–	–	–	–	15	15	15
합계	88	66	66	92	50	65	15	15

따라서 5월에 가장 많은 92명이 필요하므로 모든 프로젝트를 완료하기 위해서는 최소 92명이 필요하다.

17

정답 ①

프로젝트별 총 인건비를 계산하면 다음과 같다.
• A프로젝트 : 46×130만=5,980만 원
• B프로젝트 : 42×550만=23,100만 원
• C프로젝트 : 24×290만=6,960만 원
• D프로젝트 : 50×430만=21,500만 원
• E프로젝트 : 15×400만=6,000만 원

따라서 A ~ E프로젝트를 인건비가 가장 적게 드는 것부터 나열한 순서는 'A - E - C - D - B'임을 알 수 있다.

18

17번에서 구한 총 인건비와 진행비를 합산하여 각 프로젝트에 들어가는 총 비용을 계산하면 다음과 같다.
- A프로젝트 : 5,980만+20,000만=25,980만 원
- B프로젝트 : 23,100만+3,000만=26,100만 원
- C프로젝트 : 6,960만+15,000만=21,960만 원
- D프로젝트 : 21,500만+2,800만=24,300만 원
- E프로젝트 : 6,000만+16,200만=22,200만 원

따라서 C프로젝트가 21,960만 원으로 총 비용이 가장 적게 든다.

19

정답 ①

입사순서는 해당 월의 누적 입사순서이므로 'W05220401'은 4월의 첫 번째 입사자임을 나타낼 뿐, 해당 사원이 생산부서 최초의 여직원인지는 알 수 없다.

20

정답 ④

M01220903	W03221005	M05220912	W05220913	W01221001	W04221009
W02220901	M04221101	W01220905	W03220909	M02221002	W03221007
M03220907	M01220904	W02220902	M04221008	M05221107	M01221103
M03220908	M05220910	M02221003	M01220906	M05221106	M02221004
M04221101	M05220911	W03221006	W05221105	W03221104	M05221108

따라서 여성(W) 입사자 중 기획부(03)에 입사한 사원은 모두 5명이다.

21

정답 ④

제시된 조건에 따르면 ♩=♫♫=♪이므로 ?에 들어갈 도형은 ♪♫♫이다.

22

정답 ②

제시된 조건에 따르면 ♭=♫♫=♪이므로 ?에 들어갈 도형은 ♫♫♫♫이다.

23

정답 ②

제시된 조건에 따르면 ◆=◆◆, ◇=�‎◘◘, ◉=◘이므로 ?에 들어갈 도형은 ②이다.

24

정답 ③

제시된 조건에 따르면 ◇=◆◆=▨이므로 ?에 들어갈 도형은 ③이다.

25

정답 ②

제시된 조건에 따르면 ⬆=◀▶=⬇이므로 ?에 들어갈 도형은 ②이다.

26

제시된 조건에 따르면 ▶=▼▼=◀◀◀이므로 ?에 들어갈 도형은 ④이다.

27

등수별 선호도가 가장 높은 상품은 1등은 무선 청소기, 2등은 에어프라이와 전기그릴, 3등은 백화점 상품권 2매이다. 2등은 선호도가 동일하므로 세 번째 조건에서 1등으로 선정된 상품의 총금액보다 저렴한 상품을 택해야 한다. 에어프라이와 전기 그릴을 구매할 경우 각각에 해당하는 비용을 계산하면 다음과 같다.

ⅰ) 에어프라이(특가 상품으로 15% 할인) 2개 구매할 경우

300,000×0.85×2=510,000원

ⅱ) 전기 그릴(온라인 구매로 8% 할인) 2개 구매할 경우

250,000×0.92×2=460,000원

2등 상품 두 가지 모두 1등 상품인 무선 청소기(80만 원)보다 더 저렴하므로 두 상품 중 가장 비싼 에어프라이를 구매한다. 따라서 모든 상품의 구매비용은 800,000+510,000+(50,000×2×3)=1,610,000원이다.

28

각 등수별 가장 낮은 선호도의 상품을 제외하고 상품의 구매비용을 구하면 다음과 같다.

등수	구매 개수	품목	할인 혜택 적용 후 구매금액
1등	1개	무선 청소기	800,000원
		호텔 숙박권	600,000×0.93=558,000원
2등	2개	에어프라이	300,000×0.85×2=510,000원
		전기 그릴	250,000×0.92×2=460,000원
3등	3개	백화점 상품권 2매	50,000×2×3=300,000원
		커피 쿠폰	50,000×3=150,000원

① (호텔 숙박권)+(에어프라이)+(커피 쿠폰)=558,000+510,000+150,000=1,218,000원

② (호텔 숙박권)+(전기 그릴)+(커피 쿠폰)=558,000+460,000+150,000=1,168,000원

③ (무선 청소기)+(전기 그릴)+(백화점 상품권)=800,000+460,000+300,000=1,560,000원

④ (무선 청소기)+(에어프라이)+(백화점 상품권)=800,000+510,000+300,000=1,610,000원

⑤ (무선 청소기)+(에어프라이)+(커피 쿠폰)=800,000+510,000+150,000=1,460,000원

따라서 최대한 예산에 가까운 상품 목록은 1등 무선 청소기, 2등 에어프라이, 3등 커피 쿠폰이다.

29

실외 온도가 영상이므로 계기판 B의 수치는 고려하지 않으며, 실내 온도는 20℃ 이상이므로 Serial Mode를 적용한다. 즉, PSD는 각 계기판 수치의 합이므로 8+11=19이다. 이때, 검침일이 목요일이므로 기준치는 세 계기판의 표준 수치 합인 5+5+5=15이다. PSD 수치 범위는 15<19<15+5이므로 눌러야 할 버튼은 경계 버튼이고, 상황통제실의 경고등에는 노란색 불이 들어오므로 필요한 조치는 안전요원 배치이다.

30

실외 온도가 영하이므로 세 계기판의 수치를 모두 고려해야 하며, 실내 온도는 20℃ 미만이므로 Parallel Mode를 적용한다. 즉, PSD는 계기판 숫자의 평균이므로 (10+3+2)÷3=5이다. 이때 검침일이 화요일이므로 기준치는 세 계기판의 표준 수치 합의 1/2인 7.5이다. PSD 수치 범위는 5<7.5이므로 눌러야 할 버튼은 정상 버튼이고, 상황통제실의 경고등에는 녹색불이 들어오므로 필요한 조치는 정상가동이다.

제2회 최종점검 모의고사

| 01 | 언어이해

01	02	03	04	05	06	07	08	09	10
⑤	⑤	④	③	④	②	②	⑤	⑤	③
11	12	13	14	15	16	17	18	19	20
④	②	④	⑤	④	①	④	③	④	④
21	22	23	24	25	26	27	28	29	30
⑤	②	⑤	④	⑤	①	⑤	③	④	④

01
정답 ⑤

기사는 미세먼지 특별법 제정과 시행 내용에 대해 설명하고 있다. 따라서 ⑤가 기사의 제목으로 가장 적절하다.

02
정답 ⑤

기사의 첫 문단에서 비만을 질병으로 분류하고 각종 암을 유발하는 주요 요인으로 제시하여 비만의 문제점을 드러내고 있으며, 이에 대한 해결방안으로 고열량·저열량·고카페인 함유 식품의 판매 제한 모니터링 강화, 과음과 폭식 등 비만을 조장·유발하는 문화와 환경 개선, 운동 권장과 같은 방안들을 제시하고 있음을 알 수 있다.

03
정답 ④

제시문은 서구화된 우리 문화의 현실 속에서 민족 문화의 전통을 계승하자는 논의가 결코 보수적인 것이 아님을 밝히고 구체적인 사례를 검토하면서 전통의 본질적 의미와 그것의 올바른 계승 방법을 모색한 논설문이다. 글쓴이는 전통이란 과거의 것 중에서 현재의 문화창조에 이바지하는 것이라고 보고 우리 스스로 전통을 찾고 창조해야 한다고 주장하였다.

04
정답 ③

비유의 참신성은 논설문이나 설명문 같은 비문학이 아닌, 시와 소설 같은 문학 작품에서 주로 나타난다.

05
정답 ④

제시문에서 전통은 과거에서 이어와 현재의 문화 창조에 이바지할 수 있다고 생각되는 것이라고 설명하였다.

06
정답 ②

제시문의 핵심 논점을 잡으면 첫째 문단의 끝에서 '제로섬(Zero-sum)적인 요소를 지니는 경제 문제'와 둘째 문단의 끝에서 '우리 자신의 수입을 보호하기 위해 경제적 변화가 일어나는 것을 막거나 혹은 사회가 우리에게 손해를 입히는 공공정책이 강제로 시행되는 것을 막기 위해 싸울 것'에 대한 것이 핵심 주장이므로 이 글은 사회경제적인 총합이 많아지는 정책, 즉 '사회의 총생산량이 많아지게 하는 정책이 좋은 정책'이라는 주장에 대한 비판이라고 할 수 있다.

07
정답 ②

제시문에 따르면 인터넷 뉴스를 유료화하면 인터넷 뉴스를 보는 사람의 수는 줄어들 것이므로 ②는 적절하지 않다.

08
정답 ⑤

뉴스의 품질이 떨어지는 원인이 근본적으로 독자에게 있다거나, 그 해결 방안이 종이 신문 구독이라는 반응은 제시문의 내용을 올바로 이해했다고 보기 어렵다.

09
정답 ⑤

'이란투석'은 중국의 고사성어를 차용해 온 경우이므로 제시문의 내용으로 적절하지 않고 외래어의 영향에 의해 생성된 관용구라고 볼 수 있다.

오답분석
① 예전에는 결혼한 여자가 처녀 때 풀었던 머리를 쪽을 쪄서 올렸기 때문에 이때에는 '머리를 얹다.'가 일반 구절로 쓰였는데, 그 후 문화적 관습이 변화하면서 여자가 시집을 간다는 의미를 지닌 관용 구절이 되었다. 따라서 첫 번째 문장의 내용으로 적절한 예이다.
② 어면 신화는 고기록이므로 세 번째 문장의 내용으로 적절한 예이다.
③ 사회·문화적 배경의 변화와 함께 의미 변화의 과정을 겪으면서 관용 구절이 생성되었다.
④ 세 번째 문장의 내용으로 적절한 예이다.

10

정답 ③

지문에 쓰인 '부과하다.'는 '일정한 책임이나 일을 부담하여 맡게 하다.'의 의미이다.

11

정답 ④

미국은 처음부터 협약참여를 거부하였으며 러시아, 일본, 캐나다가 잇따라 탈퇴하였고 온실가스 최대 배출국인 중국과 인도 등 개도국에는 애초에 감축의무가 부과되지 않았다.

12

정답 ②

제시문은 예술 작품에 대한 감상과 판단에 대해서 첫 번째 단락에서는 '어떤 사람의 감상이나 판단은 다른 사람들보다 더 좋거나 나쁠 수도 있지 않을까? 혹은 덜 발달되었을 수도, 더 세련되었을 수도 있지 않을까?'라는 의문을, 세 번째 단락에서는 '예술 비평가들의 판단이나 식별이 올바르다는 것은 어떻게 알 수 있는가?'라는 의문을, 마지막 단락에서는 '자격을 갖춘 비평가들, 심지어는 최고의 비평가들에게서조차 의견의 불일치가 생겨나는 것'에 대한 의문을 제기하면서 이에 대해 흄의 견해에 근거하여 순차적으로 답변하며 글을 전개하고 있다.

13

정답 ④

『돈키호테』에 나오는 일화에 등장하는 두 명의 전문가는 둘 다 포도주의 맛이 이상하다고 하였는데 한 사람은 쇠 맛이 살짝 난다고 했고, 또 다른 사람은 가죽 맛이 향을 망쳤다고 했다. 이렇게 포도주의 이상한 맛에 대한 원인을 다르게 판단한 것은 비평가들 사이에서 비평의 불일치가 생겨난 것에 해당한다고 볼 수 있다.

14

정답 ⑤

세 번째 문단에서 '사람들은 이익과 손실의 크기가 같더라도 손실 회피성으로 인해 이익보다 손실을 2배 이상 크게 생각하는 경향이 있다.'고 말하고 있다.

15

정답 ④

정가와 이보다 낮은 판매 가격을 함께 제시하면 정가가 기준점으로 작용하여 사람들은 제한된 판단을 하게 된다. 이로 인해 판매 가격을 상대적으로 싸다고 인식하므로, 기준점 휴리스틱을 활용한 사례로 볼 수 있다.

16

정답 ①

오늘날의 현실에서는 독서가 반갑지 않은 벗으로 여겨지며, 진정한 의미의 독서가 이루어지지 않고 있다는 이야기를 하고 있으므로 이에 대한 해결 방안으로 진정한 독서의 방법을 설명하는 내용이 이어지는 것이 가장 적절하다.

17

정답 ④

최근 대두되고 있는 '초연결사회'에 대해 언급하는 (나) 문단이 가장 먼저 오는 것이 적절하며, 그다음으로는 초연결사회에 대해 설명하는 (가) 문단이 적절하다. 그 뒤를 이어 초연결 네트워크를 통해 긴밀히 연결되는 초연결사회의 (라) 문단이, 마지막으로는 이러한 초연결사회가 가져올 변화에 대한 전망의 (다) 문단이 적절하다.

18

정답 ③

제시문은 빈곤 지역의 문제 해결을 위해 도입된 적정기술에 대한 설명이다. (나) 적정기술에 대한 정의 → (가) 현지에 보급된 적정기술의 성과에 대한 논란 → (라) 적정기술 성과 논란의 원인 → (다) 빈곤 지역의 문제 해결을 위한 방안의 순서로 나열하는 것이 적절하다.

19

정답 ④

빈칸 앞의 내용은 예술작품에 담겨있는 작가의 의도를 강조하며, 독자가 예술작품을 해석하고 이해하는 활동은 예술적 가치 즉, 작가의 의도가 담긴 작품에서 파생된 2차적인 활동일 뿐이라고 이야기하고 있다. 따라서 독자의 작품 해석에 있어, 작가의 의도와 작품을 왜곡하지 않아야 한다는 내용의 ④가 빈칸에 들어갈 내용으로 가장 적절하다.

오답분석

① · ② 두 번째 문단에 따르면 예술은 독자의 해석으로 완성되는 것이 아니며, 작품을 해석해 줄 독자가 없어도 예술은 그 자체로 가치가 있다.
③ 작품에 포함된 작가의 권위를 인정해야 한다는 것일 뿐, 작가의 권위와 작품 해석의 다양성은 서로 관련이 없다.
⑤ 작품 해석에 있어 작품 제작 당시의 시대적 · 문화적 배경을 고려해야 한다는 내용은 없다.

20

정답 ④

고급 수준의 어휘력을 습득하기 위해서는 광범위한 독서를 해야 하므로 평소에 수준 높은 좋은 책들을 읽어야 한다는 결론이 와야 한다.

21

정답 ⑤

콩코드는 비싼 항공권 가격에도 불구하고 비행시간이 적게 걸렸기 때문에 주로 시간 단축이 필요한 사람들이 이용했음을 추론할 수 있다. 또한 콩코드 폭발 사건으로 인해 수많은 고위층과 부자들이 피해를 입었다는 점을 통해서도 승객 유형을 추론해 볼 수 있다.

오답분석

① 영국과 프랑스 정부는 세계대전 이후 비행기 산업에서 급성장하는 미국을 견제하기 위해 초음속 여객기 콩코드를 함께 개발하였다.
② 파리 ~ 뉴욕 구간의 비행시간은 평균 8시간이지만, 콩코드는 파리 ~ 뉴욕 구간을 3시간대에 주파할 수 있다고 하였으므로 4번까지 왕복하기 어려웠을 것으로 추론할 수 있다.
③ 콩코드는 일반 비행기에 비해 많은 연료가 필요하지만, 필요한 연료가 탑승객 수와 관련되는지는 알 수 없다.
④ 2000년 7월 폭발한 콩코드 사건의 원인은 나타나 있지 않으므로 알 수 없다.

22

정답 ②

제시문에서는 파레토 법칙의 개념과 적용사례를 설명한 후, 파레토 법칙이 잘못 적용된 사례를 통해 함부로 다양한 사례에 적용하는 것이 잘못된 해석을 낳을 수 있음을 지적하고 있다.

23

정답 ⑤

쇼펜하우어는 표상의 세계 안에서의 이성의 역할, 즉 시간과 공간, 인과율을 통해서 세계를 파악하는 주인의 역할을 함에도 불구하고 이 이성이 다시 의지에 종속됨으로써 제한적이며 표면적일 수밖에 없다는 한계를 지적하고 있다.

오답분석

① 세계의 본질은 의지의 세계라는 내용은 쇼펜하우어 주장의 핵심 내용이라는 점에서는 적절하지만, 제시문의 주요 내용은 주관 또는 이성 인식으로 만들어내는 표상의 세계는 결국 한계를 가질 수밖에 없다는 것이다.
② 제시문에서는 표상 세계의 한계를 지적했을 뿐, 표상 세계의 극복과 그 해결 방안에 대한 내용은 없다.
③ 제시문에서 의지의 세계와 표상 세계는 의지가 표상을 지배하는 종속관계라는 차이를 파악할 수는 있으나, 중심 내용으로는 적절하지 않다.
④ 쇼펜하우어가 주관 또는 이성을 표상의 세계를 이끌어 가는 능력으로 주장하고 있다는 점에서 적절하나 글의 중심 내용은 아니다.

24

정답 ④

고전적 귀납주의에 따르면 여러 가설 사이에서 관련된 경험적 증거 전체를 고려하여 경험적 증거가 많은 가설을 선택할 수 있다. 즉, 가설에 부합하는 경험적 증거가 많을수록 가설의 신뢰도가 더 높아진다고 본 것이다. 따라서 이러한 주장에 대한 반박으로는 경험적 증거로 인해 높아지는 가설의 신뢰도를 정량적으로 판단할 수 없다는 ④가 가장 적절하다.

25

정답 ⑤

에피쿠로스의 주장에 따르면 신은 인간사에 개입하지 않으며, 육체와 영혼은 함께 소멸되므로 사후에 신의 심판도 받지 않는다. 그러므로 인간은 사후의 심판을 두려워할 필요가 없고, 이로 인해 죽음에 대한 모든 두려움에서 벗어날 수 있다고 주장한다. 따라서 이러한 주장에 대한 비판으로 ⑤가 가장 적절하다.

26

정답 ①

미를 도덕이나 목적론과 연관시킨 톨스토이나 마르크스와 달리 칸트는 미에 대한 자율적 견해를 지녔다. 즉, 미적 가치를 도덕 등 다른 가치들과 관계없는 독자적인 것으로 본 것이다. 따라서 문학작품을 감상할 때 다른 외부적 요소들은 고려하지 않고 작품 자체에만 주목하여 감상해야 한다는 절대주의적 관점이 이러한 칸트의 견해와 유사함을 추론할 수 있다.

27

정답 ⑤

제시문에서는 기자와 언론사를 통해 재구성되는 뉴스와 스마트폰과 소셜미디어를 통한 뉴스 이용으로 나타나는 가짜 뉴스의 사례를 제시하고 있다. 뉴스가 유용한 지식과 정보를 제공하는 반면, 거짓 정보를 흘려 잘못된 정보와 의도로 현혹하기도 한다는 필자의 주장을 통해 뉴스 이용자의 올바른 이해와 판단이 필요하다는 필자의 의도를 파악할 수 있다.

28

정답 ③

핵융합발전은 원자력발전에 비해 같은 양의 원료로 3 ~ 4배의 전기를 생산할 수 있다고 하였으나, 핵융합발전은 수소의 동위원소를 원료로 사용하는 반면 원자력발전은 우라늄을 원료로 사용한다. 즉, 전력 생산에 서로 다른 원료를 사용하므로 생산된 전력량으로 연료비를 서로 비교할 수 없다.

오답분석

① 핵융합 에너지는 화력발전을 통해 생산되는 전력 공급량을 대체하기 어려운 태양광에 대한 대안이 될 수 있으므로 핵융합발전이 태양열발전보다 더 많은 양의 전기를 생산할 수 있음을 추론할 수 있다.

② 원자력발전은 원자핵이 분열하면서 방출되는 에너지를 이
용하며, 핵융합발전은 수소 원자핵이 융합해 헬륨 원자핵
으로 바뀌는 과정에서 방출되는 에너지를 이용해 전기를
생산한다. 따라서 원자의 핵을 다르게 이용한다는 것을 알
수 있다.

④ 미세먼지와 대기오염을 일으키는 오염물질은 전혀 나오지
않고 헬륨만 배출된다는 내용을 통해 헬륨은 대기오염을
일으키는 오염물질에 해당하지 않음을 알 수 있다.

⑤ 발전장치가 꺼지지 않도록 정밀하게 제어하는 것이 중요
하다는 내용을 통해 알 수 있다.

29
정답 ④

제시문은 사람을 삶의 방식에 따라 거미와 같은 사람, 개미와
같은 사람, 꿀벌과 같은 사람의 세 종류로 나누어 설명하고
있다. 거미와 같은 사람은 노력하지 않으면서도 남의 실수를
바라는 사람이며, 개미와 같은 사람은 자신의 일은 열심히 하
지만 주변을 돌보지 못하는 사람이다. 이와 반대로 꿀벌과 같
은 사람은 자신의 일을 열심히 하면서, 남도 돕는 이타적 존재
이다. 이를 통해 글쓴이는 가장 이상적인 인간형으로 거미나
개미와 같은 사람이 아닌 꿀벌과 같은 이타적인 존재라고 이야
기한다. 따라서 글쓴이가 말하고자 하는 바로 가장 적절한 것
은 ④이다.

30
정답 ④

제시문에서 대상 그 자체의 성질은 감각될 수 없고, 대상의
현상을 감각하는 방식은 우리에게 달려 있다고 설명하고 있다.

| 02 | 언어비판

01	02	03	04	05	06	07	08	09	10
⑤	⑤	①	④	④	②	③	①	①	②
11	12	13	14	15	16	17	18	19	20
①	③	③	①	①	③	⑤	①	②	①
21	22	23	24	25	26	27	28	29	30
③	①	④	①	③	③	⑤	②	④	④

01
정답 ⑤

다섯 명 중 단 한 명만이 거짓말을 하고 있으므로 C와 D 중
한 명은 반드시 거짓을 말하고 있다.

ⅰ) C의 진술이 거짓일 경우
　B와 C의 말이 모두 거짓이 되므로 한 명만 거짓말을 하고
　있다는 조건이 성립하지 않는다.

ⅱ) D의 진술이 거짓일 경우

구분	A	B	C	D	E
출장지역	잠실		여의도	강남	

이때, B는 상암으로 출장을 가지 않는다는 A의 진술에 따라
상암으로 출장을 가는 사람은 E임을 알 수 있다. 따라서 ⑤는
항상 거짓이 된다.

02
정답 ⑤

세 가지 조건을 종합해 보면 A상자에는 테니스공과 축구공
이, B상자에는 럭비공이, C상자에는 야구공이 들어가게 됨을
알 수 있다. 따라서 B상자에는 럭비공과 배구공, 또는 럭비공
과 농구공이 들어갈 수 있으며, C상자에는 야구공과 배구공,
또는 야구공과 농구공이 들어갈 수 있다. 그러므로 럭비공은
배구공과 같은 상자에 들어갈 수도 있고 아닐 수도 있다.

오답분석
① 농구공을 C상자에 넣으면 배구공이 들어갈 수 있는 상자
는 B밖에 남지 않게 된다.
② 세 가지 조건을 종합해 보면 테니스공과 축구공이 들어갈
수 있는 상자는 A밖에 남지 않음을 알 수 있다.
③ A상자는 이미 꽉 찼고 남은 상자는 B와 C인데, 이 두 상자
에도 각각 공이 하나씩 들어가 있으므로 배구공과 농구공
은 각각 두 상자에 나누어져 들어가야 한다. 따라서 두 공
은 같은 상자에 들어갈 수 없다.
④ B상자에 배구공을 넣으면 농구공을 넣을 수 있는 상자는
C밖에 남지 않게 된다. 따라서 농구공과 야구공은 함께
C상자에 들어가게 된다.

03

정답 ①

현명한 사람은 거짓말을 하지 않고, 거짓말을 하지 않으면 다른 사람의 신뢰를 얻는다. 즉, 현명한 사람은 다른 사람의 신뢰를 얻는다.

04

정답 ④

영희는 90점, 수연이는 85점이므로 철수의 성적은 86점 이상 89점 이하이다.

05

정답 ④

비정규직 근로자의 임금이 평균 7.3% 감소했다는 것을 통해 추론할 수 있다.

[오답분석]

① 비정규직 근로자 수는 '지난해에 비해' 증가하였다.
②·③은 확인할 수 없다.

06

정답 ②

• 민지의 가방 무게 : 진희의 가방 무게+2kg
• 아름이의 가방 무게 : 진희의 가방 무게+3kg
따라서 가방이 무거운 순서대로 나열하면 '아름 – 민지 – 진희' 순임을 알 수 있다.

07

정답 ③

제시된 일정을 정리하면 다음과 같다.

○월 ○일	○월 ○+1일	○월 ○+2일	○월 ○+3일
운동회	–	개교기념일	학생회장 선거

따라서 운동회는 학생회장 선거일 3일 전에 열리는 것을 알 수 있으며, 제시된 사실만으로는 해당 요일을 알 수 없다.

08

정답 ①

영희가 전체 평균 1등을 했으므로 총점이 가장 높다.

[오답분석]

②·③·④·⑤ 등수는 알 수 있지만 각 점수는 알 수 없기 때문에 점수 간 비교는 불가능하다.

09

정답 ①

전자 기술이 발전하여 조그만 칩 하나에 수백 권 분량의 정보가 기록될 것이라고 서술하고 있다.

10

정답 ②

주어진 명제를 통해 '세경이는 전자공학과 패션디자인을 모두 전공하며, 원영이는 사회학만 전공한다.'를 유추할 수 있다. 따라서 바르게 유추한 것은 ②이다.

11

정답 ①

D가 4등일 경우에는 C – E – A – D – F – B 순서로 들어오게 된다.

12

정답 ③

11번 문제와 같이 D가 4등이라는 조건이 있다면 C가 1등이 되지만, 주어진 제시문으로는 C가 1등 또는 4등이기 때문에 알 수 없다.

13

정답 ③

졸업 요건을 충족하여 재수강을 할 필요는 없지만, 재수강의 기준이 나와 있지 않기 때문에 재수강 가능 여부에 대해 정확히 알 수 없다.

14

정답 ①

건축학개론 수업을 듣는 학생들은 대부분이 1학년이므로 다른 학년이 섞여 있다 해도 1학년들은 항상 같이 듣는다.

15

정답 ①

현아와 은정이는 10,000원 차이가 나고 은정이는 30,000원을 가지고 있다. 따라서 40,000원 또는 20,000원을 가지고 있으므로 어느 경우에도 효성이보다는 돈이 적다.

16

정답 ③

현아가 은정이보다 10,000원을 더 가졌을 경우에는 참이 되지만, 현아가 은정이보다 10,000원을 덜 가졌을 경우에는 선화와 같기 때문에 주어진 제시문으로는 정확히 알 수 없다.

17

• 깔끔한 사람 → 정리정돈을 잘함 → 집중력이 좋음 → 성과
  효율이 높음
• 주변이 조용함 → 집중력이 좋음 → 성과 효율이 높음

[오답분석]

① 세 번째 명제와 첫 번째 명제로 추론할 수 있다.
② 두 번째 명제와 네 번째 명제로 추론할 수 있다.
③ 세 번째 명제, 첫 번째 명제, 네 번째 명제로 추론할 수 있다.
④ 네 번째 명제의 대우와 두 번째 명제의 대우로 추론할 수 있다.

18

정답 ①

'p : 딸기를 좋아한다, q : 가지를 좋아한다, r : 바나나를 좋아한다, s : 감자를 좋아한다'라 하자.
제시된 명제를 정리하면
• 첫 번째 명제 : $p \rightarrow \sim q$
• 두 번째 명제 : $r \rightarrow q$
• 세 번째 명제 : $\sim q \rightarrow s$
즉, $p \rightarrow \sim q \rightarrow \sim r$ 또는 $p \rightarrow \sim q \rightarrow s$는 반드시 참이다.
r과 s의 관계를 알 수 없으므로 ①이 답이다.

19

정답 ②

여름은 겨울보다 비가 많이 내림 → 비가 많이 내리면 습도가
높음 → 습도가 높으면 먼지와 정전기가 잘 일어나지 않음
비가 많이 내리면 습도가 높고 습도가 높으면 먼지가 잘 나
지 않으므로 비가 많이 오지 않는 겨울이 여름보다 먼지가
잘 난다.

[오답분석]

④ 첫 번째 명제와 네 번째 명제로 추론할 수 있다.
⑤ 네 번째 명제의 대우와 첫 번째 명제의 대우로 추론할 수 있다.

20

정답 ①

'승우가 도서관에 간다'를 A, '민우가 도서관에 간다'를 B, '견
우가 도서관에 간다'를 C, '연우가 도서관에 간다'를 D, '정우
가 도서관에 간다'를 E라고 하면 '$\sim D \rightarrow E \rightarrow \sim A \rightarrow B \rightarrow C$'이므로 정우가 금요일에 도서관에 가면 민우와 견우도 도서
관에 간다.

21

정답 ③

B가 부정행위를 했을 경우 두 번째와 세 번째 조건에 따라
C와 A도 함께 부정행위를 하게 되므로 첫 번째 조건에 부합하
지 않는다. 따라서 B는 부정행위를 하지 않았으며, 두 번째
조건에 따라 C도 부정행위를 하지 않았다.
D가 부정행위를 했을 경우 다섯 번째 조건의 대우인 'D가 부
정행위를 했다면, E도 부정행위를 했다.'와 세 번째 조건에
따라 E와 A가 함께 부정행위를 하게 되므로 첫 번째 조건에
부합하지 않는다. 따라서 D 역시 부정행위를 하지 않았다.
결국 B, C, D를 제외한 A, E가 시험 도중 부정행위를 했음을
알 수 있다.

22

정답 ①

제시된 조건을 나열하면 '효주>지영', '효주>채원'임을 알 수
있다.
따라서 지영이와 채원이의 나이는 알 수 없지만 효주의 나이
가 가장 많다는 것을 알 수 있다.

23

정답 ④

주어진 명제를 정리하면 강아지를 좋아하는 사람은 자연을 좋
아하고, 자연을 좋아하는 사람은 편의점을 좋아하지 않는다.
따라서 이의 대우 명제인 ④는 참이다.

24

정답 ①

두 번째 조건의 '의사는 스포츠카와 오토바이를 가지고 있다.'
가 참이므로 그의 대우 명제인 '스포츠카 또는 오토바이를 가
지고 있지 않으면 의사가 아니다.' 역시 참이다. 따라서 철수
가 스포츠카를 가지고 있지 않다면 철수는 의사가 아니라는
명제가 성립하고, 철수는 의사 또는 변호사 둘 중 하나에 반드
시 해당되므로 철수는 변호사라는 추론이 가능하다.

[오답분석]

② 스포츠카와 오토바이 중 하나만 가지고 있다면 철수는 변
  호사이다.
③ 철수가 오토바이를 가지고 있고, 스포츠카는 가지고 있지
  않을 수 있다.
④ 철수는 의사나 변호사 하나만 해당될 수 있다.
⑤ 철수가 의사일 수도 있고 변호사일 수도 있으므로 알 수
  없다.

25

정답 ⑤

달리기를 잘함=p, 건강함=q, 홍삼을 먹음=r, 다리가 긺 =s라 하면, 첫 번째 명제부터 차례로 $\sim p \to \sim q$, $r \to q$, $p \to s$이다. 첫 번째 명제의 대우와 두 번째 명제, 세 번째 명제를 조합하면 $r \to q \to p \to s$가 되어 $r \to s$가 되며, 대우는 $\sim s \to \sim r$이므로 ⑤가 답이다.

26

정답 ③

주어진 조건을 정리하면 '진달래를 좋아함 → 감성적 → 보라색을 좋아함 → 백합을 좋아하지 않음'이므로 진달래를 좋아하는 사람은 보라색을 좋아한다.

27

정답 ⑤

'티라노사우르스'를 p, '공룡임'을 q, '곤충을 먹음'을 r, '직립보행을 함'을 s라 하면, 각 명제는 순서대로 $p \to q$, $r \to \sim q$, $\sim r \to s$이다. 두 번째 명제의 대우와 첫 번째 · 세 번째 명제를 정리하면 $p \to q \to \sim r \to s$이므로 $p \to s$가 성립한다. 따라서 ⑤가 답이다.

28

정답 ②

마라톤을 좋아하는 사람=p, 체력이 좋음=q, 인내심이 좋음 =r, 몸무게가 무거운 사람=s, 명랑한 사람=t라고 하면 $t \to p \to q$, $t \to p \to r$, $s \to q$이다. 따라서 $t \to p \to r$의 대우 명제인 $\sim r \to \sim t$도 참이다.

29

정답 ④

네 번째, 다섯 번째 결과를 통해서 '낮잠 자기를 좋아하는 사람은 스케이팅을 좋아하고, 스케이팅을 좋아하는 사람은 독서를 좋아한다.'는 사실을 얻을 수 있다. 이 사실을 한 문장으로 연결하면 '낮잠 자기를 좋아하는 사람은 독서를 좋아한다.'이다.

30

정답 ④

명제를 문자화하여 나타내면 다음과 같다.

명제	문자화
아침에 시리얼을 먹는 사람은 두뇌 회전이 빠르다.	A → B
아침에 토스트를 먹는 사람은 피곤하다.	C → D
에너지가 많은 사람은 아침에 밥을 먹는다.	E → F
피곤하면 회사에 지각한다.	D → G
두뇌 회전이 빠르면 일 처리가 빠르다.	B → H

명제들을 정리하면, A → B → H, C → D → G, E → F가 된다. 여기서 추론할 수 있는 것은 ④ C → G의 대우인 $\sim$G → $\sim$C로, '회사에 지각하지 않으면 아침에 토스트를 먹지 않는다.'이다.

오답분석

① '회사에 가장 일찍 오는 사람은 피곤하지 않다.'는 어느 명제에서든 추론할 수 없다.
② '두뇌 회전이 느리면 아침에 시리얼을 먹는다.' $\sim$B → A 는 첫 번째 명제 A → B에서 추론할 수 없다.
③ '아침에 밥을 먹는 사람은 에너지가 많다.'는 F → E로 세 번째 명제의 역이므로 반드시 참이라고 할 수 없다.
⑤ '일 처리가 느리면 아침에 시리얼을 먹는다.' $\sim$H → A는 A → H에서 참으로 추론될 수 없다.

| 03 | 수열추리

01	02	03	04	05	06	07	08	09	10	11	12	13	14	15	16	17	18	19	20
②	②	①	①	③	③	④	①	④	③	③	②	⑤	②	⑤	③	⑤	④	②	③

21	22	23	24	25	26	27	28	29	30										
④	②	⑤	③	④	①	①	②	③	②										

01

정답 ②

n을 자연수라고 하면 n항$\times 3-1$이 $(n+1)$항인 수열이다.
따라서 ( )$=527\times 3-1=1,580$이다.

02

정답 ②

홀수 항은 14씩 더하는 수열이고, 짝수 항은 7씩 더하는 수열이다.
따라서 빈칸은 세 번째, 홀수 항이므로 $-28+14=-14$가 된다.

03

정답 ①

홀수 항은 $\times\dfrac{1}{2}$, 짝수 항은 -3.7, -4.2, -4.7, $\cdots$이다.

$2\to 3\to 1\to -0.7\to\left(\dfrac{1}{2}\right)\to -4.9\to\dfrac{1}{4}\to -9.6$

따라서 빈칸은 다섯 번째, 홀수 항이므로 $1\times\dfrac{1}{2}=\dfrac{1}{2}$ 이 된다.

04

정답 ①

나열된 숫자를 각각 A, B, C라고 하면 다음과 같은 관계가 성립한다.
$\underline{A\quad B\quad C}\to A-B=C$
따라서 빈칸에 들어갈 수는 $A=-2+12=10$이다.

05

정답 ③

(앞의 항$+8$)$\div 2=$(다음 항)인 수열이다.
따라서 ( )$=(9.25+8)\div 2=8.625$이다.

06

정답 ③

나열된 수를 각각 A, B, C, D라고 하면 다음과 같은 관계가 성립된다.
$\underline{A\quad B\quad C\quad \text{D}}\to A+B+C=D$
따라서 빈칸에 들어갈 수는 10이다.

07

n을 자연수라고 할 때, n항의 값은 $(n+11)\times(n+12)$인 수열이다.
따라서 (   )$=(2+11)\times(2+12)=13\times14=182$이다.

08

정답 ①

앞의 항에 $+3\times2^0$, $+3\times2^1$, $+3\times2^2$, $+3\times2^3$, $+3\times2^4$ …인 수열이다.
따라서 (   )$=15+3\times2^2=15+12=27$이다.

09

정답 ④

앞의 항에 $+7$, -16를 번갈아 가며 적용하는 수열이다.
따라서 (   )$=49-16=33$이다.

10

정답 ③

홀수 항은 $\div2$, 짝수 항은 $\div4$를 해준다.
따라서 빈칸은 여섯 번째 짝수 항이므로 $20\div4=5$가 된다.

11

정답 ③

$\underline{A\quad B\quad C} \rightarrow A+B\div3=C$
$\underline{2\quad 3\quad (\ \ )} \rightarrow 2+3\div3=(\ \ )$
따라서 (   )$=2+3\div3=2+1=3$이다.

12

정답 ②

'앞항$\times3-2=$뒤항'의 규칙이 적용된다.
따라서 (   )$=34\times3-2=100$이다.

13

정답 ⑤

홀수 항은 $\times(-9)$이고, 짝수 항은 $+9$인 수열이다.
따라서 (   )$=20+9=29$이다.

14

정답 ②

첫 번째, 두 번째, 세 번째 항을 기준으로 3칸씩 이동하며 이루어지는 수열이다.
ⅰ) 1   4   7   10 → $+3$인 규칙
ⅱ) 10   8   6   4 → -2인 규칙
ⅲ) 3   12   (48)   192 → $\times4$인 규칙
따라서 (   )$=12\times4=48$이다.

15

정답 ⑤

$\underline{A\quad B\quad C} \rightarrow (A\times B)+1=C$
따라서 (   )$=5\times6+1=31$이다.

16

정답 ③

각 항을 3개씩 묶고 각각 A, B, C라고 하면 다음과 같다.

$\underline{A \quad B \quad C} \rightarrow C=(A-B)\times 2$

따라서 (   )$=-10\div 2+19=14$이다.

17

정답 ⑤

첫 번째, 두 번째, 세 번째 수를 기준으로 3칸씩 이동하며 이루어지는 수열이다.

ⅰ) 99   91   83   (75) → -8인 규칙

ⅱ) 25   32   39   46 → $+7$인 규칙

ⅲ) 12   36   108   324 → $\times 3$인 규칙

따라서 (   )$=83-8=75$이다.

18

정답 ④

홀수 항은 $+20$, $+19$, $+18$, …이고, 짝수 항은 $+5$, $+6$, $+7$ …인 수열이다.

따라서 (   )$=63+8=71$이다.

19

정답 ②

앞의 항에 $\times 6$, $\div 3$이 번갈아 가며 적용되는 수열이다.

따라서 (   )$=16\times 6=96$이다.

20

정답 ③

홀수 항은 $+1$, $+2$, $+3$, …이고, 짝수 항은 $\times 5$, $\times 10$, $\times 15$, …인 수열이다.

따라서 (   )$=12.5\div 5=2.5$이다.

21

정답 ④

n항을 자연수라 하면 n항과 $(n+1)$항을 더하고 -4를 한 값이 $(n+2)$항이 되는 수열이다.

따라서 (   )$=89+143-4=228$이다.

22

정답 ②

앞에 항에 -87을 더하면 나오는 수열이다.

따라서 (   )$=1,024-87=937$이다.

23

정답 ⑤

앞에 항에 3를 더하면 나오는 수열이다.

따라서 (   )$=15+3=18$이다.

24

정답 ③

$\underline{A \quad B \quad C} \rightarrow A+B=C$

따라서 (   )$=34-13=21$이다.

25

정답 ④

$\underline{A\ B\ C\ D} \rightarrow A + B + C = D$

따라서 ( )=5+6+2=13이다.

26

정답 ①

앞의 항에 ÷4가 적용되는 수열이다.

따라서 ( )=4,096÷4=1,024이다.

27

정답 ①

앞의 항에 ×(−3)이 적용되는 수열이다.

따라서 ( )=−459×3=1,377이다.

28

정답 ②

각 상자 위의 세 수의 평균이 아래에 나온다.

$\dfrac{3+9+21}{3}=\dfrac{33}{3}=11$, $\dfrac{16+3+23}{3}=\dfrac{42}{3}=14$,

따라서 ( )=$\dfrac{3+7+2}{3}=\dfrac{12}{3}=4$이다.

29

정답 ③

첫 번째 표의 첫째 칸과 둘째 칸 수를 곱하고 +3을 하면 세 번째 칸 수와 같고, 세 번째 표에서도 같은 규칙이 적용된다. 두 번째 표에서는 첫째 칸과 둘째 칸을 곱하고 +4를 하면 셋째 칸 수가 나오므로 마지막 표에서도 같은 방식이 적용됨을 추론해 보면, 빈칸에 들어갈 수는 8×4+4=36임을 알 수 있다.

30

정답 ②

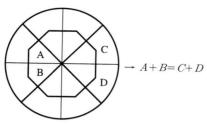

$\rightarrow A + B = C + D$

4+7=9+2

6+4=2+8

16+9=20+5

( )+5=10+11

따라서 ( )=21−5=16이다.

| 04 | 도형추리

01	02	03	04	05	06	07	08	09	10	11	12	13	14	15	16	17	18	19	20
④	③	③	③	②	⑤	⑤	②	②	⑤	③	②	①	②	⑤	④	①	③	④	③
21	22	23	24	25	26	27	28	29	30										
②	④	①	②	⑤	④	①	③	③	②										

01
정답 ④

그림을 시계 반대 방향으로 90° 회전하면 , 이를 상하 반전하면 이 된다.

02
정답 ③

도형을 시계 반대 방향으로 90° 회전하면 , 이를 상하 반전하면 이 된다.

03
정답 ③

도형을 시계 방향으로 90° 회전하면 , 이를 좌우 반전하면 이 된다.

04
정답 ③

도형을 시계 방향으로 45° 회전하면 , 이를 180° 회전하면 이 된다.

05
정답 ②

도형을 시계 방향으로 270° 회전하면 , 이를 좌우 반전하면  이 된다.

06
정답 ⑤

도형을 시계 반대 방향으로 90° 회전하면 , 이를 시계 방향으로 270° 회전하면 이 된다.

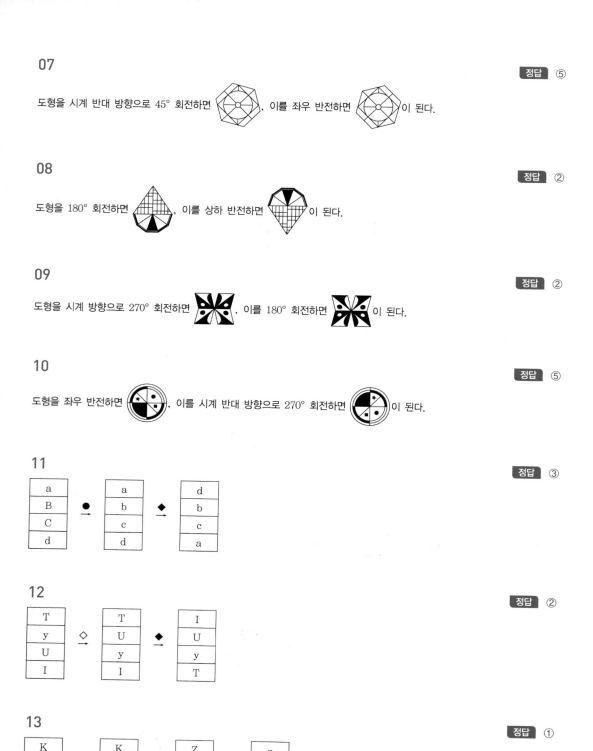

07

도형을 시계 반대 방향으로 45° 회전하면 , 이를 좌우 반전하면 이 된다.

08

도형을 180° 회전하면 , 이를 상하 반전하면 이 된다.

09

도형을 시계 방향으로 270° 회전하면 , 이를 180° 회전하면 이 된다.

10

도형을 좌우 반전하면 , 이를 시계 반대 방향으로 270° 회전하면 이 된다.

11

a
B
C
d

● →

a
b
c
d

◆ →

d
b
c
a

12

T
y
U
I

◇ →

T
U
y
I

◆ →

I
U
y
T

13

K
O
p
Z

O →

K
O
P
Z

◆ →

Z
O
P
K

● →

z
o
p
k

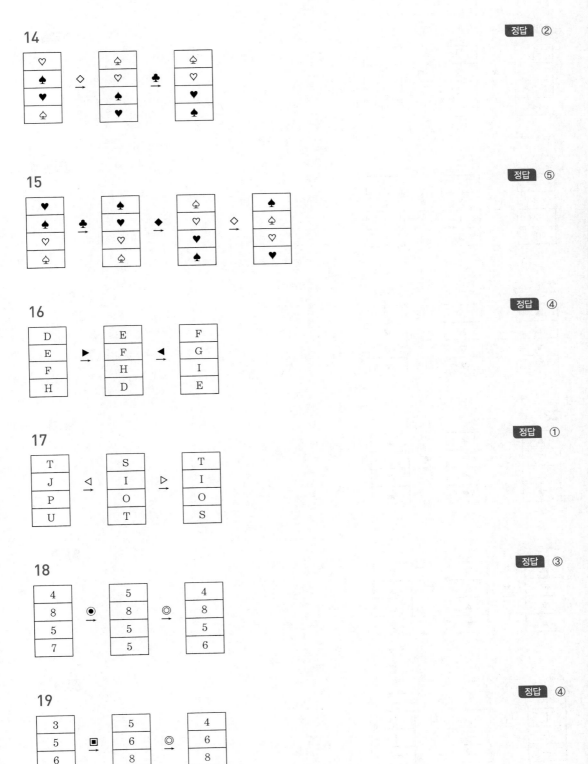

14

♡
♠
♥
♧

◇ →

♤
♡
♠
♥

♣ →

♤
♡
♥
♠

15

16

D
E
F
H

▶ →

E
F
H
D

◀ →

F
G
I
E

17

T
J
P
U

◁ →

S
I
O
T

▷ →

T
I
O
S

18

4
8
5
7

◉ →

5
8
5
5

◎ →

4
8
5
6

19

3
5
6
8

■ →

5
6
8
3

◎ →

4
6
8
4

20

③

1		3		3	
2	★→	2	■→	1	
3		1		2	
4		4		4	

21

정답 ②

4		4		2	
3	□→	3	☆→	3	
2		1		1	
1		2		4	

22

정답 ④

▲		△		◁	
△	♡→	▲	○→	◀	
▼		▽		▽	
▽		▼		▼	

23

정답 ①

▲		◀		▶	
▽	○→	▽	♥→	△	
△		◁		▷	
▼		▼		▲	

24

정답 ②

△		▽		▼	
▽	♥→	△	♡→	▲	
▼		▲		△	
▲		▼		▽	

25

정답 ⑤

↑		↑		←	
↓	나→	↓	다→	↓	
→		←		↑	
←		→		→	

26

정답 ④

	다		라	
↓	→	↓	→	↑
↑		←		←
←		↑		↓
→		→		→

27

정답 ①

	♣		△	
♡	→	♥	→	■
□		□		□
♥		♡		♡
■		■		♥

28

정답 ③

	△		▲	
□	→	□	→	♡
♥		■		■
♡		♡		□
■		♥		♥

29

정답 ③

	b		a	
Ⅱ	→	Ⅱ	→	Ⅰ
Ⅲ		Ⅰ		Ⅱ
Ⅰ		Ⅲ		Ⅲ
Ⅳ		Ⅳ		Ⅳ

30

정답 ②

	c		d	
Ⅲ	→	Ⅱ	→	Ⅱ
Ⅱ		Ⅲ		Ⅲ
Ⅰ		Ⅰ		Ⅳ
Ⅳ		Ⅳ		Ⅰ

| 05 | 문제해결

01	02	03	04	05	06	07	08	09	10	11	12	13	14	15	16	17	18	19	20
③	②	②	②	③	①	④	②	④	②	②	④	③	②	③	④	⑤	③	①	④
21	22	23	24	25	26	27	28	29	30										
②	④	③	③	①	③	⑤	④	①	③										

01

접수건수가 제일 많은 지원유형은 신입유형으로, 직원채용절차에 학업성적심사가 포함되어 있지 않다.

정답 ③

[오답분석]
① 경력직 직원채용절차는 접수확인 → 직무능력검사 → 합격여부통지이므로, 직무능력검사가 포함되어 있다.
② 신입유형만 서류심사를 거친다.
④ 1건당 가장 많은 처리비용이 드는 업무단계는 2,000원의 서류심사이다.
⑤ 접수 건수가 제일 적은 지원유형은 인턴유형인데, 인턴유형의 채용절차는 접수 확인→학업성적심사→합격여부통지로, 서류심사가 포함되어 있지 않다.

02

경력직원채용절차 처리내용 : 500원(∵ 접수확인)+1,000원(∵ 직무능력검사)+400원(∵ 합격여부통지)=1,900원

정답 ②

[오답분석]
① 신입유형의 직원채용절차는 접수확인(500원) → 서류심사(2,000원) → 직무능력검사(1,000원) → 합격여부통지(400원)로, 3,900원이 든다.
③ 신입유형의 직원채용절차에는 경력유형에는 없는 서류심사가 있다.
④ 모집인원이 같다면, 가장 많이 접수한 신입유형의 경쟁률이 경력유형보다 높다.
⑤ 학업적성검사는 인턴유형에만 해당하므로, 신입유형과 경력유형에는 포함되지 않는다.

03

정답 ②

각 직원이 속한 부서의 평가 등급에 따른 배율을 조직기여도 점수에 곱한 후 총 점수를 계산하면 다음과 같다.

구분	리더십 점수	조직기여도 점수	성과점수	교육점수	직급점수	합계
L과장	88점	86×1.5=129점	83점	0점	100점	400점
M차장	92점	90×1.5=135점	88점	20점	100점	435점
N주임	90점	82×1.0=82점	85점	0점	50점	307점
O사원	90점	90×0.8=72점	85점	0점	50점	297점
P대리	83점	90×1.5=135점	88점	20점	80점	406점

따라서 400점 이상 ~ 410점 이하인 직원은 L과장(400점), P대리(406점) 2명이다.

04

정답 ②

가장 높은 점수를 받은 사람은 435점을 받은 M차장이다.

05

정답 ③

경제학과 출신이며 체력이 우수한 A를 경제팀에 배치한다. 유통관리사 자격증을 소지하고 창의력이 우수한 D를 유통팀에 배치한다. 신용업무 경력을 보유하고, 의사소통능력에서 우수한 점수를 받은 E를 신용팀에 배치한다. 조직이해능력과 의사소통능력이 우수한 C는 상담팀에 배치한다. 그리고 B는 특별한 선호가 없는 총무팀에 배치한다.
따라서 유통팀 – D, 경제팀 – A, 신용팀 – E, 총무팀 – B, 상담팀 – C으로 배치된다.

06

정답 ①

F는 고객 상담 업무 경력이 있기 때문에 고객과 원활한 소통능력을 중시하는 신용팀에 배치하는 것이 적절하다.

07

정답 ④

자료는 연중 계획된 이벤트를 표로 정리하여 보여주고 있다. 따라서 연중이벤트계획표가 자료의 제목으로 가장 적절하다.

08

정답 ②

6월의 주제는 '음악'이므로 통기타 연주회가 주제와 어울리지 않는다는 말은 적절하지 않다.

09

정답 ④

다영이가 입사한 3월 24일은 넷째 주 수요일이므로 가장 빠르게 이수할 수 있는 교육은 홀수달 셋째, 넷째 주 목요일에 열리는 'Excel 쉽게 활용하기'이다. 이후에 가장 빠른 것은 매월 첫째 주 화요일에 열리는 'One page 보고서 작성법'이지만 교육비가 각각 20만 원, 23만 원으로 지원금액인 40만 원을 초과하기 때문에 신청할 수 없다. 그 다음으로 빠른 것은 짝수달 첫째 주 금요일에 열리는 '성희롱 예방교육'으로 교육비는 15만 원이므로 총 교육비는 35만 원으로 지원금액을 만족한다. 따라서 다영이가 지원금액 한도 안에서 가장 빠르게 신청할 수 있는 강의는 ④이다.

10

정답 ②

일정표에 따라 겹치는 교육들을 정리해보면 먼저 '신입사원 사규 교육 – One page 보고서 작성법'은 2, 3월 첫째 주에 겹치지만 입사일이 3월 24일인 동수는 '신입사원 사규 교육'을 일정상 들을 수 없으므로 적절하지 않다.
'비즈니스 리더십 – 생활 속 재테크'의 경우엔 4, 8월 셋째 주 월요일로 겹치지만 같은 월요일에 진행되므로 같은 주에 두 개를 듣는다는 조건에 부합하지 않아 적절하지 않다.
'One page 보고서 작성법 – 성희롱 예방교육'은 2, 4, 6, 8, 10, 12월 첫째 주라는 점이 겹치며, 'One page 보고서 작성법'은 화요일, '성희롱 예방교육'은 금요일에 진행되므로 같은 주에 두 개를 듣는다는 조건에 부합한다. 따라서 동수가 신청하려고 했던 교육은 ②이다.

11

정답 ②

A/S 접수 현황에서 잘못 기록된 일련번호는 총 7개이다.

분류1	• ABE1C6<u>100121</u> → 일련번호가 09999 이상인 것은 없음 • MBE1D<u>B</u>001403 → 제조월 표기기호 중 'B'는 없음
분류2	• MBP2CO<u>120202</u> → 일련번호가 09999 이상인 것은 없음 • ABE2D<u>0</u>001063 → 제조월 표기기호 중 '0'은 없음
분류3	• CBL3<u>S</u>8005402 → 제조년도 표기기호 중 'S'는 없음
분류4	• SBE4D5<u>101483</u> → 일련번호가 09999 이상인 것은 없음 • CBP4D6<u>100023</u> → 일련번호가 09999 이상인 것은 없음

12

제조연도는 시리얼 번호 중 앞에서 다섯 번째 알파벳으로 알 수 있다. 2018년도는 'A', 2019년도는 'B'로 표기되어 있으며, A/S 접수 현황에서 찾아보면 총 9개이다.

13

A/S 접수 현황에 제품 시리얼 번호를 보면 네 번째 자리의 숫자가 분류1에는 '1', 분류2에는 '2', 분류3에는 '3', 분류4에는 '4'로 나눠져 있음을 알 수 있다. 따라서 네 번째 자리가 의미하는 메모리 용량이 시리얼 번호를 분류하는 기준이다.

14

• 양면 스캔 가능 − Q · T · G스캐너
• 카드 크기부터 계약서 크기 스캔 지원 − G스캐너
• 50매 이상 연속 스캔 가능 − Q · G스캐너
• A/S 1년 이상 보장 − Q · T · G스캐너
• 예산 4,200,000원까지 가능 − Q · T · G스캐너
• 기울기 자동 보정 − Q · T · G스캐너
따라서 구매할 스캐너의 순위는 G스캐너 − Q스캐너 − T스캐너 순이다.

15

A, B, C, D, E의 승진점수를 계산하면 다음과 같다.

승진후보자	실적평가점수	동료평가점수	혁신사례점수	이수교육	합계
A	34	26	22	다자협력	82+2=84
B	36	25	18	혁신역량	79+3=82
C	39	26	24	−	89
D	37	21	23	조직문화, 혁신역량	81+2+3=86
E	36	29	21	−	86

2순위로 동점인 D와 E 중에 실적평가점수가 더 높은 D가 선발된다. 따라서 승진자는 C와 D이다.

16

변경된 승진자 선발 방식에 따라 A, B, C, D, E의 승진점수를 계산하면 다음과 같다.

승진후보자	실적평가점수	동료평가점수	혁신사례점수	이수교육	합계
A	34	26	33	다자협력	93+2=95
B	36	25	27	혁신역량	88+4=92
C	39	26	36	−	101
D	37	21	34.5	조직문화, 혁신역량	92.5+2+4=98.5
E	36	29	31.5	−	96.5

승진점수가 가장 높은 두 명은 C와 D이므로 이 두 명이 승진한다.

17

정답 ⑤

오답분석

① W3은 (3, 5)와 (10, 2)에 위치해있다.
② B3은 (2, 2)와 (9, 4)에 위치해있다.
③ W5는 (3, 10)와 (12, 10)에 위치해있다.
④ B6는 (6, 6)와 (13, 6)에 위치해있다.

18

정답 ③

W6(13, 6)이 아닌 B6(13, 6) 또는 W6(12, 4)이거나 W6(2, 8)이다.

19

정답 ①

제시된 조건에 따르면 ☆☆=◎◎=◎☆=❶❶❶❶이므로 ?에 들어갈 도형은 ①이다.

20

정답 ④

제시된 조건에 따르면 △=☆☆=❶❶❶❶이므로 ?에 들어갈 도형은 ④이다.

21

정답 ②

제시된 조건에 따르면 ⒟⒟=Ⓑ Ⓑ Ⓑ Ⓑ=Ⓑ Ⓑ ⒸⒸ=ⒹⒸⒸ이므로 ?에 들어갈 도형은 ②이다.

22

정답 ④

제시된 조건에 따르면 Ⓑ Ⓑ=ⒹⒹ=ⒼⒼ이므로 ?에 들어갈 도형은 ④이다.

23

정답 ③

제시된 조건에 따르면 ∩=∪∪=∧∧이므로 ?에 들어갈 도형은 ③이다.

24

정답 ③

제시된 조건에 따르면 ∩∩=∪∪∪∪=∪∪∨이므로 ?에 들어갈 도형은 ③이다.

25

정답 ①

매장의 비주얼은 경영기획관리부서에서 관리한다고 하였으므로 VM팀은 4층이 아닌 5층에 배정된다. 따라서 4층에는 디자인, 마케팅, 영업기획, 영업관리팀이 속한다.

26

정답 ③

VM팀은 5층에 있으므로 첫 번째 번호는 5, VM을 한글로 변환하면 '비주얼 마케팅'이므로 'ㅂ'에 해당하는 자리는 3, 대리에 부여되는 번호는 3이므로 VM팀의 B대리의 내선번호는 00 – 5533이다.
총무팀은 6층에 있으므로 첫 번째 번호는 6, 'ㅊ'에 해당하는 자리는 4, 사원에 부여되는 번호는 4이므로 총무팀 A사원의 내선번호는 00 – 644이다.

27

정답 ⑤

고객팀은 경력 사항을 중요시하되, 남성보다 여성을 선호하므로 고객팀에 배치할 신입사원으로는 여성이면서 5년의 경력을 지닌 이현지가 가장 적절하다.

[오답분석]

① 회계팀에 배치할 신입사원으로는 회계학을 전공한 장경인이 가장 적절하다.
② 영업팀은 일본어 능통자를 선호하므로 이유지와 이현지를 고려할 수 있다. 이때, 영업팀은 면접점수를 중요시하므로 면접점수가 더 높은 이유지가 영업팀에 배치되는 것이 가장 적절하다.
③ 인사팀에 배치할 신입사원으로는 컴퓨터학을 전공한 김리안이 가장 적절하다.
④ 제조팀에 배치할 신입사원으로는 영어, 중국어, 프랑스어 사용이 가능한 강주환이 가장 적절하다.

28

정답 ④

각 부서별로 배치될 수 있는 신입사원을 정리하면 다음과 같다.
• 회계팀 : 장경인(회계학 전공)
• 영업팀 : 이유지(면접점수 88점)
• 고객팀 : 이현지(경력 5년), 강주환(경력 7년)
• 제조팀 : 이유지, 강주환
• 인사팀 : 이현지(필기점수 90점), 강주환(필기점수 88점)
따라서 어느 부서에도 배치될 수 없는 신입사원은 김리안이다.

29

정답 ①

제시된 문제에서 실외 온도는 영하이므로 세 계기판의 수치를 모두 고려해야 하며, 실내 온도는 20℃ 미만이므로 Parallel Mode를 적용한다. 따라서 PSD는 계기판 숫자의 평균인 4.7(≒14/3)이다. 이때 검침일이 월요일이므로 기준치는 세 계기판의 표준 수치의 합인 15가 된다. 따라서 PSD가 기준치에 미치지 못하므로 눌러야 할 버튼은 정상 버튼이고, 상황통제실의 경고등에는 녹색불이 들어오므로 필요한 조치는 정상 가동이다.

30

정답 ③

검침일이 금요일이고 비정상 버튼을 눌렀으므로 PSD는 '기준치+5'인 12.5(=15/2+5)와 수치가 같거나 더 높아야 한다. 검침 당시 실외 온도계의 온도는 영상이었으므로 중간 계기판의 수치를 제외한 계기판 숫자의 평균은 12(=(13+11)/2)이다. 이것은 12.5에 미치지 못하므로 PSD 수치를 검침 시각 계기판 숫자의 합으로 취급하는 Serial Mode가 적용되었을 것이며, 이는 검침하는 시각에 실내 온도계의 온도가 20℃ 이상일 때 적용되는 모드이므로 실내용 온도계의 수치는 영상 20℃ 이상이었을 것이라 예상할 수 있다.

2024 최신판 SD에듀 해양경찰 종합적성검사 최신기출유형 + 모의고사 4회

개정4판1쇄 발행	2024년 03월 20일 (인쇄 2024년 02월 02일)
초 판 발 행	2021년 01월 20일 (인쇄 2020년 12월 24일)
발 행 인	박영일
책 임 편 집	이해욱
편 저	최윤지 · SDC(Sidae Data Center)
편 집 진 행	여연주 · 이근희
표지디자인	김도연
편집디자인	최미란 · 곽은슬
발 행 처	(주)시대고시기획
출 판 등 록	제10-1521호
주 소	서울시 마포구 큰우물로 75 [도화동 538 성지 B/D] 9F
전 화	1600-3600
팩 스	02-701-8823
홈 페 이 지	www.sdedu.co.kr

I S B N	979-11-383-6758-5 (13320)
정 가	23,000원

※ 이 책은 저작권법의 보호를 받는 저작물이므로 동영상 제작 및 무단전재와 배포를 금합니다.
※ 잘못된 책은 구입하신 서점에서 바꾸어 드립니다.

해양경찰

종합적성검사

정답 및 해설

SD에듀가 합격을 준비하는 당신에게 제안합니다.

성공의 기회! **SD에듀**를 잡으십시오.
성공의 Next Step!

결심하셨다면 지금 당장 실행하십시오.
SD에듀와 함께라면 문제없습니다.

기회란 포착되어 활용되기 전에는
기회인지조차 알 수 없는 것이다.

– 마크 트웨인 –